PONS

Hallo! GRAMMATIKTRAINING für Deutsch als Zweitsprache

von
Christian Fandrych / Ulrike Tallowitz

PONS GmbH
Stuttgart

PONS

Hallo!
GRAMMATIKTRAINING
für Deutsch als Zweitsprache

von
Christian Fandrych/Ulrike Tallowitz

3. Auflage 2017

Originaltitel: Klipp und Klar
Übungsgrammatik Grundstufe Deutsch
in 99 Schritten.

www.pons.de
E-Mail: info@pons.de

Redaktion: Eva-Maria Jenkins, Marcelo Rodríguez
Layoutkonzeption: Elmar Feuerbach
Illustrationen: Susanne Bochem, Mainz
Gestaltung und Satz: Regina Krawatzki, Stuttgart
Umschlaggestaltung: Sabine Kaufmann, Stuttgart
Titelfoto: Fotolia, New York (Markus Mainka)
Druck und Bindung: Medienhaus Plump, Rheinbreitbach
Printed in Germany

ISBN: 978-3-12-562529-7

So lernen Sie mit diesem Buch

Sie möchten sich richtig gut und sicher auf Deutsch ausdrücken können? Dieses Grammatiktraining macht Sie in **99 Kapiteln** mit den wichtigsten Grammatikthemen der deutschen Sprache vertraut.

Der **übersichtliche Aufbau** des Buches macht Ihnen das Lernen ganz leicht. Jede Lektion besteht aus einer Doppelseite.

- Auf der **linken Seite** lernen Sie das neue Grammatikthema mit einer kleinen Szene aus dem Alltag kennen. Durch **viele Beispiele** und **einfache Regeln** wird das Thema erklärt. **Lerntipps** helfen in kniffligen Situationen.
- Auf der **rechten Seite** trainieren Sie das neue Thema mit zahlreichen Übungen. Die **Lösungen** finden Sie am Ende des Buches.

Extra des Buches:
Am Ende des Buches finden Sie einen **ausführlichen Serviceteil** mit **praktischen Lernlisten**:

- unregelmäßige Verben
- Verben mit Dativ- und Akkusativ-Objekt
- Verben mit festen Präpositionen
- Adjektive und Substantive mit festen Präpositionen
- Verben, Adjektive, Partizipien und Substantive mit „zu" + Infinitiv
- Präpositionen und Kasus

Hallo! Grammatiktraining vermittelt Ihnen den kompletten Grammatikstoff, den Sie für die Prüfung **Zertifikat Deutsch** brauchen und enthält Übungen, die den Niveaustufen A1, A2 und B1 des Gemeinsamen Europäischen Referenzrahmens entsprechen.
Das Buch ist für das selbstständige Lernen zu Hause geeignet, aber auch für den Einsatz in Deutschkursen, denn es passt zu jedem Lehrwerk und ist somit eine ideale Ergänzung.

Viel Spaß und Erfolg beim Lernen wünschen Ihnen

Ihre Autoren und die Redaktion!

Einfache Sätze

Partner im Satz (1)

Partner im Satz (2)

Absichten und Möglichkeiten (1)

Inhalt

Zeiträume

Partner im Satz (3)

Satz-Kombinationen

Perspektiven

Absichten und Möglichkeiten (2)

Beschreiben und Zeigen

Wortbildung

Anhang

1 Kochst du heute? – Ja, klar!

Aussagen

Ich	koche.		
Heute	koche	ich.	
Ich	arbeite.		
Heute	fahren	sie nach Köln.	
Wir	kommen	gerne	mit.
❶	❷ Verb		

kommen … mit

trennbare Verben 7

Aussagen: Verb auf Position II
Subjekt auf Position I oder direkt nach dem Verb

Ja/Nein-Fragen

Kochst	du?	
Arbeiten	Sie?	
Kommen	Sie	mit?
❶ Verb	❷	

Antworten

Ja.
Nein, ich …

Ja/Nein-Fragen: Verb auf Position I
Subjekt direkt nach dem Verb

Verb-Endung

Singular

Kochst **du**? (*familiär*)
Kochen **Sie**? (*formell*) → Ja, **ich** koche.

Plural

Kocht **ihr**? (*familiär*)
Kochen **Sie**? (*formell*) → Ja, **wir** koch**en**.

alle Verb-Endungen 3

1 Machen Sie das?

1. ● Kochen Sie heute? ○ *Klar, heute koche ich. (Ja, ich koche heute.)*
2. ● Arbeitest du viel? ○ Ja, ______________________.
3. ● Lesen Sie gerne? ○ Ja, ______________________.
4. ● Kommst du heute? ○ Ja klar, ______________________.
5. ● Hört ihr gerne Musik? ○ Ja, ______________________.

2 Im Zug München-Hamburg

1. ● *Kommen Sie* aus München? ○ Nein, ich komme aus Stuttgart.
2. ● fahren Sie nach Hamburg? ○ Nein, ich fahre nach Hannover.
3. ● Wohnte Sie in Hannover? ○ Nein, ich wohne in Frankfurt.
4. ● arbeite Sie in Frankfurt? ○ Nein, ich arbeite in Mainz.

3 Sophie fragt und fragt

1. ● Papa, *spielen wir gleich*? ○ Okay, wir spielen gleich.
2. ● Papa, lesen wir jetzt? ○ Gut, wir lesen jetzt.
3. ● Papa, kochen wir heute Spagetti? ○ Na gut, wir kochen Spagetti.
4. ● Papa, essen wir jetzt? ○ Gut, wir essen jetzt.
5. ● Papa, fahren wir gleich? ○ Ja, wir fahren gleich.

4 Hobbys am Wochenende

spielen ● lesen ~~schlafen~~ ● träumen ● malen ● essen ● hören ● …

Am Wochenende *schlafe* und Träume 1 ich gern lange.
Dann spiele 2 ich Tennis oder lese 3 ein Buch.
Manchmal höre 4 ich Musik und male 5 ein Bild dabei.
Am Wochenende esse 6 ich immer im Restaurant.

5 Fragen Sie und antworten Sie frei:

lesen ● ~~kochen~~ ● ~~telefonieren~~ ● ~~träumen~~ ● ~~arbeiten~~

jetzt ● ~~gerade~~ ● ~~heute~~ ● ~~oft~~ ● ~~manchmal~~ ● gerne ● nie ● ~~immer~~

● *Entschuldigung, arbeiten Sie gerade?* ○ *Ja! Ich arbeite!*
● träumen Sie heute ○ Ja! ich träume
● telefonieren Sie oft ○ ja! ich telefoniere
● kochen Sie manchmal ○ ja manchm. koche ich
● lesen Sie gerne! ○ ja! ich lese gerne

6 Guten Tag! Im Zug: Ein Passagier steigt ein. Ein Dialog beginnt.

arbeiten in … ● leben in … ● studieren in … ● fahren nach … ● kommen aus … ● wohnen in …

● Guten Tag!
○ Guten Tag.
● Kommen Sie aus ______________?
○ Ja / Nein, ich komme aus ______________. Und Sie?
● Ich ______________.
○ …

W-Fragen

Was	machst	du, Klaus?	
Wohin	fahren	Sie?	
Wie	heißen	Sie?	
Wer	kommt	heute	mit?
❶ W-Wort	❷ Verb		

Fragen

- Was machst du, Klaus?
- Wer kommt mit?
- Wie heißen Sie?
- Wo wohnen Sie?
- Wohin fahren Sie?
- Woher kommen Sie?
- Wann kommt ihr?

Antworten

- Ich spiele.
- Ich! (Ich nicht.)
- Müller, Klaus Müller. (Ich heiße Müller.)
- In Hamburg. (Ich wohne in Hamburg.)
- Nach München. (Ich fahre nach München.)
- Aus Italien. (Ich komme aus Italien.)
- Heute. (Wir kommen heute.)

?⟶	(?)	⟶?
Woher?	**Wo?**	**Wohin?**
… aus …	… in …	… nach …

Berlin, Wien, … (Städte)
Spanien, Russland, Japan, … (Länder)

Präpositionen **24 – 28**

1 Wer ...? Wo ...? Was ...? Was passt?

1. Wohin fahren Sie? *1. c* — a) Morgen.
2. Wer kommt mit? ____ — b) Aus Düsseldorf.
3. Wo wohnen Sie? ____ — c) Nach Bern.
4. Woher kommen Sie? ____ — d) Ich arbeite.
5. Was machen Sie? ____ — e) Wir!
6. Wann fahren wir nach Hamburg? ____ — f) In Salzburg.

2 Ein Dialog im Zug

● Guten Tag! Endlich fahren wir los! *Wohin* fahren Sie denn?

○ Nach Leipzig, und Sie?

● Ich fahre ____ 1 Potsdam.

○ Ah, Potsdam! Schön! Und ____ 2 kommen Sie?

● ____ 3 München, und Sie?

○ Ich komme gerade aus Nürnberg.

● Arbeiten Sie in Leipzig?

○ Nein, ich arbeite ____ 4 Halle, aber ich wohne ____ 5 Leipzig.
Und Sie, ____ 6 machen Sie ____ 7 Potsdam?

● Ich schaue Schloss Sanssouci an und besuche Freunde.

○ Wie schön!

3 Fragen Sie!

1. ● ____ ○ Ich spiele.
2. ● ____ ○ Heute oder morgen.
3. ● ____ ○ Nein, wir fahren nach Berlin.
4. ● ____ ○ Klaus kommt mit.
5. ● ____ ○ In München.

4 Bürokratie. Fragen und antworten Sie.

Beamter: 1. Wie *heißen Sie* ____? (heißen)
Student: Ich ____.
Beamter: 2. Woher ____? (kommen)
Student: ____.
Beamter: 3. ____? (wohnen)
Student: ____.
Beamter: 4. ____? (studieren)
Student: ____. (Physik, Germanistik, Soziologie, ...)
Beamter: 5. ____? (fahren)
Student: ____.

Personalpronomen, Verben im Präsens

kommen					
Singular			Plural		
ich **du** **er / sie / es**	komme komm**st** komm**t**	Sie komm**en** (*formell*)	**wir** **ihr** **sie**	komm**en** komm**t** komm**en**	**Sie** komm**en** (*formell*)

Das Subjekt bestimmt die Endung: **du** komm**st**

Hinweis
„**Sie** kommen" (formelle Anrede, Singular und Plural) ist formal identisch mit „**sie** kommen".

Hinweis
Mündlich oft: ich komm', ich mach', ich sag' …

du oder *Sie* ?

du / ihr (+ **Vorname**):
Familie, Kinder, Freunde, Studenten (*familiär*)
„**Klaus**, komm**st du** mit? Ich gehe los."

Sie (+ **Herr / Frau** + **Familienname**):
Erwachsene, Fremde (formell)
„**Herr Maier**, komm**en Sie** mit? Gehen wir los?"

Sie oder *sie* ?

Herr Maier, komm**en Sie** mit?
Herr Maier und Frau Stern, komm**en Sie** mit?

Maria arbeitet, **sie** komm**t** nicht mit.
Klaus und Maria arbeiten, **sie** komm**en** nicht mit.

Genus

der … er	**Der Mann** wartet. **Er** wartet lange.	Da kommt **der Zug**. **Er** kommt aus Jena.	maskulin (m.)
das … es	**Das Kind** schläft. Gleich wacht **es** auf.	**Das Auto** ist alt, aber **es** funktioniert.	neutrum (n.)
die … sie	**Die Frau** telefoniert. **Sie** fährt los.	**Die Wohnung** ist groß, aber **sie** ist billig.	feminin (f.)

1 Kombinieren Sie:

macht ● gehst ● ~~male~~ ● wohnt ● fahren ● komme ● machen ● spielst

ich male, ______________________

____

____

ihr ● du ● wir ● Sie ● er ● es ● ~~ich~~ ● sie

2 Wir gehen los – und ihr?

1. ● He Peter, wohin *gehst* du? ○ Ich ______ jetzt nach Hause. | ~~gehen~~, gehen
2. ● ______ Sie? ○ Ja, das ______ Sie doch! | arbeiten, sehen
3. ● Klaus und Markus, was ______ ihr? ○ Ruhe! Wir ______ Schach. | machen, spielen
4. Da ______ Markus. Er ______ in Berlin. | kommen, wohnen
5. Wann ______ wir endlich los? Und wann ______ der Zug in Graz an? | fahren, kommen

3 Einladung zum Essen

Klaus und Maria:	1. Katharina, Thomas, komm*t* *ihr* mit? Wir fahr___ nach Hause.
Katharina und Thomas:	2. Was mach___ ___ denn da?
Klaus und Maria:	3. ___ koch___ und dann ess___ ___.
Katharina und Thomas:	4. Prima! ___ komm___ gleich. Klaus, koch___ ___? Oder koch___ Maria?
Maria:	5. Klaus koch___. Was trink___ ___?
Katharina und Thomas:	6. ___ trink___ gerne Saft.

4 Fragen Sie Freunde:

1. Woher kommen Sie? (Plural) → *Woher kommt ihr?*
2. Wann stehen Sie normalerweise auf? (Singular) → ______
3. Was machen Sie morgens? (Plural) → ______
4. Was spielen Sie gerne? (Plural) → ______
5. Wo wohnen Sie zur Zeit? (Singular) → ______

5 „er“, „sie“ oder „es“?

1. Das Schiff geht nach England. Heute Abend fährt *es* los.
2. Klaus spielt nicht, ___ arbeitet.
3. Die Arbeit macht Spaß, aber ___ ist anstrengend.
4. Herr Fischer und Herr Bauer fahren heute nach Nürnberg. ___ arbeiten dort.
5. Da kommt der Zug! ___ fährt weiter nach Hamburg.

6 „Sie“ oder „sie“?

1. Ich heiße Ulrich Maier. Wie heiß*en* *Sie*?
2. Da kommen Karin und Thomas. Was mach___ ___?
3. Ah, guten Tag Frau Müller. Komm___ ___ mit? Wir gehen in die Kantine.
4. Claudia arbeitet, ___ komm___ nicht mit.
5. ● Guten Abend, Herr Weber und Frau Weber, fahr___ ___ ins Zentrum? Nehmen Sie mich mit?
   ○ Ja natürlich, steig___ ___ ein!

4 Er schläft. Sie liest. Das Kind isst.

Unregelmäßige Verben: Vokal-Änderung

Beispiel: **lesen**

ich	lese	**wir**	lesen
du	**liest**	**ihr**	lest
er / sie / es	**liest**	**sie**	lesen
Sie (*formell*)	lesen	**Sie** (*formell*)	lesen

Singular: **Vokal-Änderung**

Plural und „Sie": keine Änderung

Unregelmäßige Verben **Anhang**

	e → ie	e → i	!!!	a → ä	au → äu	!!!
	lesen	**sprechen**	**nehmen**	**fahren**	**laufen**	**wissen**
ich	lese	spreche	nehme	fahre	laufe	weiß
du	**liest**	**sprichst**	**nimmst**	**fährst**	**läufst**	**weißt**
er / sie / es	**liest**	**spricht**	**nimmt**	**fährt**	**läuft**	**weiß**
wir	lesen	sprechen	nehmen	fahren	laufen	wissen
…	…	…	…	…	…	…
	sehen	essen, geben, helfen		schlafen, tragen		

"werden" **48**

Verb-Endung: Varianten

finde**n**	
ich	finde
du	find**e**st
er / sie / es	find**e**t
wir	finden
ihr	find**e**t
sie	finden
Sie (*formell*)	finden

bilden, arbeiten, warten

läche**ln**	
ich	läch**le**
du	lächelst
er / sie / es	lächelt
wir	läche**ln**
ihr	lächelt
sie	läche**ln**
Sie (*formell*)	läche**ln**

klingeln, sammeln

rei**s**en	
ich	reise
du	rei**st**
er / sie / es	reist
wir	reisen
…	

heißen – du heißt …
beißen

1 Kombinieren Sie:

ihr • du • er • es • ich • wir • sie • Sie

sie spricht, ______________________

____

____

spricht • nimmt • weiß • gebe • siehst • nehme • klingeln • schläft • sprecht • gebt • gibt • läufst • schlaft • lauft • wisst • liest • seht • wartet

Wer sucht, der findet!

2 Ich lächle nie

1. • Warum lächelst du nicht?
   ○ *Ich lächle nie.*
2. • Klingelst du oder ich?
   ○ Ich ______________________
3. • Sammeln Sie Briefmarken?
   ○ Nein, ich ______________________ Münzen.
4. • Wie ______________________ der Herr dort? (heißen)
   ○ Tut mir leid, das ______________________ ich nicht. (wissen)

3 Fragen Sie einen Freund oder eine Freundin:

1. Arbeiten Sie viel? → *Arbeitest du viel?*
2. Reisen Sie gerne? → ______________________
3. Warten Sie schon lange? → ______________________
4. Nehmen Sie Zucker? → ______________________
5. Was lesen Sie gerade? → ______________________
6. Sprechen Sie Russisch? → ______________________

4 Im Flugzeug

Familie Engel *fliegt* nach Spanien. Das Flugzeug ________ 1, | ~~fliegen~~, starten
es ________ 2 los, immer schneller, es fliegt! Martin ________ 3 hinaus. | fahren, sehen
Ulrike ________ 4 ein Buch. Da ________ 5 die Stewardess. | lesen, kommen
Sie ________ 6 nur Spanisch! Endlich. Das Essen! Herr Engel ________ 7 | sprechen, essen
nicht, er ________ 8. Aber Frau Engel, Martin und Ulrike ________ 9. | schlafen, essen
Martin ________ 10: „Wann kommen wir an?" Frau Engel ________ 11: | fragen, antworten
„Martin, ich ________ 12 es nicht! ________ 13 du nicht?" | wissen, schlafen
Aber Martin ________ 14, er ________ 15 nicht. | lesen, schlafen

5 Finden Sie Reime:

1. er trägt ______________________
2. du siehst ______________________
3. du heißt ______________________
4. ihr geht *ihr seht,* ______________________

schlagen • wissen • lesen • sehen • drehen • beißen • stehen • ...

Frau Kaiser ist Direktorin.
Heute ist sie nervös.
Sie hat viele Termine.

sein und *haben* im Präsens

sein	
ich	**bin**
du	**bist**
er / sie / es	**ist**
wir	**sind**
ihr	**seid**
sie	**sind**
Sie (*formell*)	**sind**

haben	
ich	habe
du	**hast**
er / sie / es	**hat**
wir	haben
ihr	habt
sie	haben
Sie (*formell*)	haben

sein + Adjektiv / Substantiv

Ich	bin	sehr	glücklich.
Wir	sind	heute	müde.
Sie	ist		Direktorin.
Das	ist		Goethe.
➊	➋ Verb		

„sein" + Adjektiv (ohne Endung)
„sein" + Substantiv

Deklination der Adjektive 86, 87

haben + Substantiv

Ich	habe	immer	Glück.
Sie	hat		Pech.
Er	hat	nie	Zeit.
Wir	haben		Lust.
➊	➋ Verb		

Feste Wendungen:
„haben" + Substantiv (ohne Artikel)

Beispiele mit „sein"

- Ist sie nervös? ○ Ja (, sie ist nervös).
- Ist er Direktor? ○ Ja (, er ist Direktor).
- Ist das Goethe? ○ Nein, das ist Bach.
- Bist du müde? ○ Ja, ich bin fix und fertig!

Was ist los? Wo ist das Problem?

Da ist Maria! Sie steigt aus.

Beispiele mit „haben" (feste Wendungen)

Ich habe Zeit.

Habt ihr Lust? Fahren wir nach Hamburg?

Ich habe Angst / Hunger / Durst.

Ich habe immer Pech.

Sie hat Talent. Haben Sie auch Talent?

Sie hat Geld, aber kein Talent.

Er hat Mut!

1 Wie ist ...?

alt • sonnig • langweilig • kosmopolitisch • interessant • ~~historisch~~ • schick • exotisch • gefährlich • groß

1. Ich *bin* aus Wien. Wien *ist* sehr *historisch*.
2. Wir ______ aus München. München ______ ______
3. Was, ihr ______ aus Mexiko? Mexiko ______ ______
4. Aha, Sie ______ aus London. London ______ ______
5. Marta und Eva ______ aus Rom. Rom ______ ______

2 Müde oder fit?

1. • Bist du müde? ○ Nein, ich ______ nicht müde, ich ______ unglücklich.
2. • ______ Sie nervös? ○ Wir? Nervös? Nein, nein, wir ______ sehr ruhig.
3. • ______ er fit? ○ Nein im Gegenteil: Er ______ fix und fertig!
4. • ______ sie arrogant? ○ Arrogant? Nein, sie ______ elegant.
5. • ______ ihr glücklich? ○ Ja, wir ______ sehr glücklich.

3 Berufe

~~Direktorin~~ • Argentinier • Vize-Direktor • Künstler

1. • *Ist* sie *Sekretärin*? ○ Nein, sie *ist* *Direktorin.*
2. • ______ Sie Direktor? ○ Nein, ich ______ ______
3. • ______ du Franzose? ○ Nein, ich ______ ______
4. • ______ Klaus und Karl Lehrer? ○ Nein, sie ______ ______

4 „haben“

1. Ich *habe* heute viel Zeit, aber ich ______ keine Lust.
2. • ______ du Talent? ○ Ich ______ Geduld, aber ich ______ kein Talent.
3. • ______ ihr Geld? Wer Geld ______, der ______ Glück – oder? ○ Geld ist nicht alles!

5 Schlechte Laune: „haben“ oder „sein“

Ich bin müde. Das Wetter *ist* schlecht. Der Chef ______ 1 arrogant. Das Projekt ______ 2 noch nicht fertig. Ich ______ 3 Angst! Und ich ______ 4 keine Lust. Immer ______ 5 ich Pech! ______ 6 das Leben nicht traurig? Was ______ 7 nur los? ______ 8 das normal?

6 Ist das ...?

~~Pisa~~ • Berlin • London • Wien • Paris • New York

a) ~~der schiefe Turm~~

b) der Eiffelturm

c) der Big Ben

d) das Brandenburger Tor

e) das Empire State Building

f) der Stephansdom

a) *Das ist der schiefe Turm. Er ist in Pisa.*
b) ______
c) ______
d) ______
e) ______
f) ______

Imperativ

	Singular	Plural
familiär	Peter, **komm** bitte!	Ah, Marta und Paul, **kommt** herein!
formell	Frau Beier, **kommen Sie** herein!	Herr und Frau Kunze, **kommen Sie** bitte!

familiär: normalerweise kein Pronomen: Komm! Kommt!
Bei Kontrast steht manchmal das Pronomen: Mach **du** das mal! (Ich mache es nicht!)
formell: „Sie" ist obligatorisch: Kommen Sie!

Positionen im Satz

Komm	bitte!	
Macht	ab und zu eine Pause!	
Lesen	Sie mal	vor !
❶ Verb		

Funktionen

Bitte
Rat
Aufforderung

Der Imperativ allein ist sehr direkt,
„bitte" und „mal" machen Imperative höflich:
Fahr **bitte** langsam! (Auch möglich: **Bitte** fahr langsam!)
Schau **mal**, ist das nicht schön?

Das sagt man oft:
Hört mal zu, das ist wichtig!
Sprechen Sie bitte langsam!
Nehmen Sie bitte Platz!

Unregelmäßige Verben

e → i		**Aber:**		**arbeiten (-e-)**	
du sp**ri**chst →	Sprich!	du f**ä**hrst →	Fahr!	du arbeit**e**st →	Arbeit**e**!
ihr sprecht →	Sprecht!	ihr fahrt →	Fahrt!	ihr arbeit**e**t →	Arbeit**e**t!
Sie sprechen →	Sprechen Sie!	Sie fahren →	Fahren Sie!	Sie arbeiten →	Arbeiten Sie!

Ebenso:
Lies! Lest! Lesen Sie!
Nimm! Nehmt! Nehmen Sie!
geben, essen, helfen, sehen, …

Ebenso:
Lauf! Lauft! Laufen Sie!
schlafen, halten, …

Ebenso:
finden, warten, öffnen, atmen, …

unregelmäßige Verben 4

haben	
Du hast Angst. →	**Hab** keine Angst!
Ihr habt Angst. →	Habt keine Angst!
Sie haben Angst. →	Haben Sie keine Angst!

sein	
Du bist nicht vorsichtig. →	**Sei** vorsichtig!
Ihr seid nicht vorsichtig. →	**Seid** vorsichtig!
Sie sind nicht vorsichtig. →	**Seien** Sie vorsichtig!

1 Reisetipps für Ihren Freund / Ihre Freundin

Autofahren ist gefährlich! ___*Fahr*___ bitte vorsichtig! ______1 immer auf den Verkehr! ______2 mal Pause, ______3 gesund und ______4 nicht so viel Kaffee! ______5 viel Geduld und ______6 vernünftig!

| ~~fahren~~, achten,
| machen, essen, trinken
| haben, sein

2 Bitten Sie einen Fremden / eine Fremde!

1. Sprich bitte langsam! → *Sprechen Sie bitte langsam!*
2. Wiederhol das bitte! → ____________________
3. Erklär das bitte! → ____________________
4. Hör bitte genau zu! → ____________________

3 Liebe Kinder ...

Liebe Kinder, ich arbeite heute länger. ___*Geht*___ bitte in die Küche, da ist etwas zu essen. ______1 auch etwas Milch! Dann ______2 noch ein bisschen, aber ______3 nicht! ______4 nicht so spät ins Bett! Und ______5 vorher die Zähne! ______6 gut und ______7 was Schönes!
Ich komme so um 10 Uhr nach Hause. Eure Mama.

| ~~gehen~~
| trinken, spielen
| streiten, gehen, putzen
| schlafen, träumen

4 Delegieren Sie!

1. Das ist kompliziert. Wer hilft mir mal? (Anna) *Anna, hilf mir bitte mal!*
2. Wer telefoniert mit der Firma in Jena? (Frau Maier) ____________________
3. So ein Chaos! Wer bringt das in Ordnung? (Lukas und Klaus) ____________________
4. In Wien ist ein Kongress. Wer fährt hin? (Frau Blau) ____________________

5 Bitten Sie höflich!

1. (ihr; warten) *Wartet bitte*____________________, ich komme gleich!
2. (du; nicht so lange arbeiten) ____________________, es ist Freitag!
3. (du; pünktlich sein) ____________________, die Maiers sind so pedantisch!
4. (ihr; etwas Geduld haben) ____________________, ich bin gleich fertig.

6 Der Chef ist krank. Der Chef schickt eine E-Mail an Herrn Maier.

Lieber Herr Maier, ich bin krank und komme heute nicht!
Bitte ___*öffnen Sie*___ die Post! Rufen Sie mich an und ______1 ! Das München-Projekt ist wichtig. ______2 nicht bis morgen, ______3 sofort! Ganz wichtig:
Frau Rot hat morgen Geburtstag. ______4 bitte Blumen und eine Flasche Sekt!
Ah – da ist noch etwas: ______5 mit Herrn Huber in Passau, aber ______6 vorsichtig, der Mann ist sehr kritisch.
______7 Geduld und ______8 ihm alles!
Bis später, Walter Schmidt.

warten ● telefonieren ● reagieren ● berichten ● sein ● ~~öffnen~~ ● haben ● erklären ● kaufen

7 Was nehmen wir mit?

Trennbare Verben

Was	**nehmen** wir **mit**?	mitnehmen
	Verb im Satz	**Infinitiv**

! Hinweis
Trennbare Präfixe sind immer betont:
<u>mit</u>nehmen, <u>ein</u>packen, …

Positionen im Satz

Ich Was	packe nehmen	alles wir	ein. mit?	Aussage W-Frage
➊	➋ konjugiertes Verb	Satzmitte	Satzende: Präfix	
	Fahren Kommt	wir bitte schnell	los? mit!	Ja/Nein-Frage Bitte, Aufforderung
	➊ konjugiertes Verb	Satzmitte	Satzende: Präfix	

Diese Präfixe sind immer trennbar:

ab-	Achtung auf Gleis 3! Der Zug **fährt** gleich **ab**!
an-	**Fang** schon mal **an**, ich komme gleich!
auf-	Ich bin müde, ich **höre** jetzt **auf**.
aus-	Oh, da ist die Schulstraße, hier **steige** ich **aus**!
ein-	Am Samstag **kaufe** ich immer viel **ein**.
her-	**Schau** mal **her**! Findest du das Kleid schön?
hin-	Karl macht morgen ein Fest – **gehen** wir **hin**?
los-	Es ist schon spät, **fahren** wir **los**?
mit-	Wir gehen ins Kino, **kommt** ihr **mit**?
raus-/rein-	**Komm** doch **rein**! (**Komm** doch **herein**!)
vor-	Was machen wir jetzt? – **Schlag** doch was **vor**!
weg-	**Lauf** nicht zu weit **weg**!
zu-	**Hören** Sie mir bitte genau **zu**: …
zurück-	**Komm** bitte bald **zurück**!

Andere Verben mit zwei Teilen:

- Endlich – die Sonne scheint! Ich **gehe** jetzt **spazieren**. Kommst du mit?
- Immer **spazieren gehen**! Ich **sehe** lieber **fern**! (spazieren gehen, fernsehen)
- Heute spielen die Berliner Philharmoniker. **Gehen** wir **hin**?
- Wo **findet** das Konzert denn **statt**?
- Im Nationaltheater. (hingehen, stattfinden)

Lernen Sie die Schweiz **kennen** – im Winter **fährt** man **Schi**, im Sommer **geht** man **baden**! (kennen lernen, Schi fahren, baden gehen)

1 Unterstreichen Sie die trennbaren Verben:

Heute räume ich mal auf. Die Wohnung sieht chaotisch aus! Wie fange ich nur an? Vielleicht wasche ich zuerst das Geschirr ab. Dann putze ich die Fenster. Da klingelt das Telefon. Wer ruft denn jetzt an?
Da hört das Klingeln wieder auf. Zu dumm! Ich sauge, wische, trockne ab, poliere … Am Schluss bin ich sehr müde!

2 Ein Albtraum

Jemand sagt: „*Steigen* Sie sofort *ein*! Wir ________ gleich ________ 1!" | ~~einsteigen~~, losfliegen
Ich gehorche. Auf einmal sind da viele Leute. Alle ________ ________ 2. | herschauen
Jemand ________ die Tür ________ 3. Wir ________ ________ 4. | zumachen, losfliegen
Ich rufe: „Halt, halt! Ich ________ nicht ________ 5, ________ | mitkommen, zurückfliegen
Sie sofort ________ 6!" Alle lachen. Sie ________ nicht ________ 7. | zuhören
Wohin fliegen wir? Da ________ ich plötzlich ________ 8. | aufwachen
Ein Glück, ich fliege nicht, ich liege im Bett!

3 Karla und Paul bereiten eine Reise vor

Karla: Bitte, bitte, Paul, *hol das Flugticket ab*! | ~~das Flugticket abholen~~
Dann ________ die Wohnung ________ 1! | aufräumen
Ah, und bitte ________ auch ________ 2! | abwaschen
Und ________ den Reisepass ________ 3! | einstecken
Ich ________ 4, | Proviant einkaufen
________ 5 und | alles einpacken
________ das Haus ________ 6. | abschließen
Dann ________ wir endlich ________ 7. | losfahren

4 „hin" oder „her"?

1. Schau mal *her*, bin ich nicht schick? 2. Kommen Sie bitte ________ und unterschreiben Sie das!
3. Heute ist ein großes Fest im Park – gehen wir ________? 4. Der Film ist sehr brutal, ich gucke lieber nicht ________. 5. Gib das Buch mal ________, es gehört mir!

5 Vergnügungen. Fragen Sie einen Kollegen oder eine Kollegin.

1. spät aufstehen ● *Stehst du auch gerne so spät auf?* ○ *Ja. / Nein. / Nicht so gern.*
2. lang frühstücken ________ ________
3. spazieren gehen ________ ________
4. einkaufen ________ ________
5. Freunde anrufen ________ ________
6. fernsehen ________ ________
7. Musik hören ________ ________
8. früh einschlafen ________ ________
… ________ ________
________ ________

Pluralsignale

Artikel 12–15

	Singular	Plural	
1. Artikel:	der, das, die	**die**	**die** Berge, **die** Autos, …
	ein, ein, eine	–	Berge, Autos

! Tipp
Lernen Sie Singular und Plural immer zusammen.

2. Plural-Endungen: **-e, -n/-en, -er, -s, -** der Film – die Filme; die Blume – die Blumen, …

3. Umlaut: a, au, o, u (Singular) -> **ä, äu, ö, ü** (Plural) der Vogel – die Vögel, …

Es gibt einige Regeln und Trends für die Pluralformen:

Endung	Wann?	Beispiele
-e **¨-e**	**oft:** Substantive mit einer Silbe (m., n., f.)	der Tag – die Tag**e**, das Jahr – die Jahr**e**, … der Ball – die B**ä**ll**e**, die Hand – die H**ä**nd**e**, …
-n/-en **-nen**	**oft:** feminine Substantive **immer:** nach *-e, -ie, -ung, -heit/-keit* **oft:** Namen für Personen und Tiere **feminine Endung** *-in*	die Frau – die Frau**en**, die Zeit – die Zeit**en**, … die Theorie – die Theori**en**, die Übung – die Übung**en**, … der Kollege – die Kolleg**en**, der Affe – die Aff**en**, die Studentin – die Studentin**nen**, …
-er **¨-er**	**oft:** neutrale Substantive mit einer Silbe einige maskuline Substantive **immer:** nach *-tum*	das Bild – die Bild**er**, das Buch – die B**ü**ch**er**, der Mann – die M**ä**nn**er**, der Wald – die W**ä**ld**er**, der Reichtum – die Reicht**ü**m**er**, …
-s	**oft:** internationale Wörter, vor allem aus dem Englischen; nach *-a, -e, -i, -o, -u*	das Baby – die Baby**s**, das Hobby – die Hobby**s**, das Hotel – die Hotel**s**, das Foto – die Foto**s**, …
- **¨**	**immer:** bei *-chen, -lein* **meistens:** bei *-er, -en, -el*	das Mädchen – die Mädchen, das Vöglein – die Vöglein, … der Lehrer – die Lehrer, der Löffel – die Löffel, …

Fremdwörter mit anderen Pluralformen:

das Museum – die Muse**en**; das Thema – die Them**en**, die Firma – die Firm**en**; das Lexikon – die Lexik**a**

Immer Singular:	das Obst, das Gemüse, die Milch, die Butter, das Fleisch, …
Immer Plural:	die Leute, die Eltern, die Geschwister, die Ferien, die Kosten, die Lebensmittel, die Möbel, …

1 Identifizieren Sie die Pluralsignale:

1. die Schwestern *n*
2. die Brüder ______
3. die Tanten ______
4. die Onkel ______
5. die Söhne ______
6. die Töchter ______
7. die Bücher ______
8. die Freundinnen ______
9. die Büros ______
10. die Wohnungen ______
11. die Wände ______
12. die Menschen ______
13. die Züge ______
14. die Regeln ______
15. die Bilder ______

2 Beim Einkaufen

Sie: Schau mal, die *Birnen* sehen gut aus! | ~~Birne~~
Er: Ja, die nehmen wir. Kaufen wir auch ______ 1 ? | Apfel
Sie: Gute Idee! Siehst du die ______ 2 ? | Pflaume
Er: Ja, klar! Aber die sind sehr teuer. Was brauchen wir noch?
Sie: Moment. Wo ist die Liste? Ah, hier steht noch: ______ 3, | Nudel
______ 4, ______ 5, und ______ 6 ! | Ei, Olive, Taschentuch
Er: Vergiss nicht die ______ 7 ! | Süßigkeit

3 Das Urlaubsparadies

Hier finden Sie alles: *Berge*, *Täler* und *Seen*. | ~~Berg, Tal, See~~
Es gibt große ______ 1 und weite ______ 2, | Wald, Ebene
lange ______ 3 und dezente ______ 4, | Strand, Hotel
bunte ______ 5 und freche ______ 6. | Fisch, Vogel
Eltern und ______ 7 sind hier glücklich, und auch | Kind
______ 8 und ______ 9 sind begeistert! Buchen Sie schnell! | Großvater, Großmutter

4 Bilden Sie Reime:

1. (der Baum) – die Bäume: ______
2. (der Gast) – die Gäste: ______
3. (die Wand) – die Wände: ______
4. (der Zug) – die Züge: *die Flüge*
5. (das Band) – die Bänder: ______
6. (die Rose) – die Rosen: ______

der Ast • das Land •
der Raum • ~~der Flug~~ •
der Rest • die Dose •
die Hose • der Rand •
die Hand

5 Besitz. Was haben Sie mehr als einmal? Machen Sie eine Liste.

Stifte, Bücher

6 Sprachvergleich

	Deutsch	______ (Ihre Sprache)
Substantive ohne Plural:	*das Fleisch*	
Substantive ohne Singular:		

9 Wie viel ist zwei plus zwei?

Zahlen

0 – 9		10 – 19		20 – 29		30 – 90	
null	0	**zehn**	10	**zwanzig**	20		
eins	1	**elf**	11	**ein**undzwanzig	21		
zwei	2	**zwölf**	12	**zwei**undzwanzig	22		
drei	3	**drei**zehn	13	**drei**undzwanzig	23	**drei**ßig	30
vier	4	**vier**zehn	14	**vier**undzwanzig	24	**vier**zig	40
fünf	5	**fünf**zehn	15	**fünf**undzwanzig	25	**fünf**zig	50
sechs	6	**sech**zehn	16	**sechs**undzwanzig	26	**sech**zig	60
sieben	7	**sieb**zehn	17	**sieben**undzwanzig	27	**sieb**zig	70
acht	8	**acht**zehn	18	**acht**undzwanzig	28	**acht**zig	80
neun	9	**neun**zehn	19	**neun**undzwanzig	29	**neun**zig	90

! Hinweis
1 = **„eins"**, aber:
ein Baum, **eine** Pflanze: Endungen wie Indefinit-Artikel!

35
fünfund**dreißig**

! Hinweis
Im Text schreibt man 1, 2, 3, 4, … , 12 als Wörter: eins, zwei, drei, vier, … , zwölf.
beide (*es gibt genau zwei*): Sie streckt **beide** Hände aus. Er hat zwei Schwestern. **Beide** studieren.

100 – 900		1 000 – 1 000 000		Kombinationen	
(**ein**)**hundert**	100	(**ein**)**tausend**	1 000	210	zweihundert(und)zehn
zweihundert	200	**zwei**tausend	2 000	1 654	(ein)tausendsechshundert(und) vierundfünfzig
dreihundert	300	**drei**tausend	3 000		
vierhundert	400	**zehn**tausend	10 000	11 314	elftausenddreihundertvierzehn
fünfhundert	500	**elf**tausend	11 000		
sechshundert	600	**zwanzig**tausend	20 000	420 933	vierhundertzwanzigtausend(und) neunhundertdreiunddreißig
siebenhundert	700	**hundert**tausend	100 000		
achthundert	800	**zweihundert**tausend	200 000		
neunhundert	900	**eine Million**	1 000 000	1 300 000	eine Million dreihunderttausend

Fragen:
Wie viel kostet die Tasche? – 25 Euro.
Wie viele Schüler sind in der Klasse? – Dreißig.

1 6 5 4
eintausendsechshundertvierundfünfzig

Mathematik

2 + 2 = 4	Zwei plus zwei ist (gleich) vier.	(addieren)
3 x 3 = 9	Drei mal drei ist (gleich) neun.	(multiplizieren)
9 – 4 = 5	Neun minus vier ist (gleich) fünf.	(subtrahieren)
12 : 3 = 4	Zwölf (dividiert) durch drei ist vier.	(dividieren)
0,5; 1,7	null Komma fünf; eins Komma sieben	
½; 1½	ein halb; eineinhalb (anderthalb) …	
⅓; ¼	ein Drittel; ein Viertel	
⅛	ein Achtel	

Geld

€ 18	achtzehn Euro
€ 3,45	drei Euro fünfundvierzig
€ 0,01	1 Cent
€ 0,50	50 Cent
SF 1,–	ein (Schweizer) Franken
SF 1,90	ein Franken neunzig (Rappen)

1 Schreiben Sie die Zahlen:

1. 49 *neunundvierzig* ____
2. 37 ____
3. 98 ____
4. 66 ____
5. 15 ____
6. 24 ____
7. 11 ____
8. 91 ____
9. 73 ____

2 Rechnen und schreiben Sie:

1. *Elf plus einunddreißig ist zweiundvierzig.*	11	+	31	=	*42*
2. ____	3	+	14	=	____
3. ____	204	–	3	=	____
4. ____	12	x	3	=	____
5. ____	16	:	2	=	____

3 Vergleichen Sie die Preise:

1. In Deutschland kostet der Fernseher *dreihundertfünfzig Euro.* (€ 350,- ; SF 490,-)

2. In der Schweiz ____

3. In Österreich kostet der Kühlschrank ____ (€ 169,56) (SF 262,53)

4. Das sind ____ Franken und ____

4 Telefonnummern.

Man schreibt: 11 49 23 **Man spricht:** „eins eins – vier neun – zwei drei“ oder „elf neunundvierzig dreiundzwanzig“

359 21 38 „drei fünf neun – zwei eins – drei acht“ oder „drei fünf neun einundzwanzig achtunddreißig“

Wie ist Ihre Telefonnummer? Wie sagen Sie die Nummer?

____ ____

(Zahl) (Wort)

Fragen Sie Ihren Partner / Ihre Partnerin: „Wie ist deine / Ihre Telefonnummer?“

____ ____

5 Wichtige Telefonnummern. Suchen Sie im Telefonbuch wichtige Telefonnummern. Diktieren Sie die Nummern Ihrem Partner / Ihrer Partnerin.

Nationale Auskunft (Deutschland):	*eins eins acht drei drei*	*118 33*
Nationale Auskunft (Ihr Land):	____	____
Internationale Auskunft:	____	____
Polizei:	____	____
Feuerwehr:	____	____
Krankenhaus / Ambulanz:	____	____

Uhrzeit

 Der Kuckuck ruft oft schon **um fünf** (Minuten) **vor zwölf**.

 Heute ruft er erst **um zehn** (Minuten) **nach zwölf**.

 Das Fußballspiel beginnt **um halb vier** (Uhr).

 **Um Viertel nach fünf** ist es zu Ende. (Im deutschsprachigen Raum regional: viertel sechs)

 Was – **es ist** schon **Viertel vor eins**? (Im deutschsprachigen Raum regional: drei viertel eins)

Temporal-Angaben 50

Fragen

- **Wie spät ist es? / Wie viel Uhr ist es?**
- (Es ist) halb drei. / Zwölf (Uhr).
- **Um wie viel Uhr** / **Wann** kommt der Zug an?
- Um zehn nach neun. / Um vier.

Offizielle Situationen (Flughafen, Reisebüro, Radio, …): Zählung von 0 – 24

0.00 Uhr – 12.59 Uhr — Es ist jetzt **vier Uhr** (und) **zwanzig** (Minuten).
13.00 Uhr – 24.00 Uhr — Der Flug geht um **sechzehn Uhr**.

Jahreszahlen

1648: Man spricht: „sechzehnhundertachtundvierzig"
Nicht: ~~eintausendsechshundertachtundvierzig~~
2004: Man spricht: „zweitausend(und)vier"

Im Text:

2007 gibt es zwei neue EU-Länder. Oder:
Im Jahr 2007 gibt es zwei neue EU-Länder.
(Nicht: ~~In 2007~~ …)

Datum

Man schreibt:	Man spricht:
Weimar, 23. 4. 1790	„Weimar, **den** dreiundzwanzig**sten** Vier**ten** siebzehnhundertneunzig"
München, 1. 2. 02	„München, **den ersten** Zwei**ten** null zwei (oder: zweitausendzwei)"
Zürich, den 3. 7. 2000	„Zürich, **den dritten** Sieb**ten** zweitausend"

Ordinalzahlen 95

Gewichte, Maße

1 kg = ein Kilo(gramm) (= 1000 Gramm)
1 Pfd = ein Pfund
100 g = hundert Gramm
10 g / 1 dag = zehn Gramm
= ein Deka(gramm) (österr.)

1 cm = ein Zentimeter
1 m = ein Meter
1 mm = ein Millimeter
1 km = ein Kilometer
1 km/h = ein Stundenkilometer, ein Kilometer pro Stunde

4 m^2 = vier Quadratmeter
10 m^3 = zehn Kubikmeter
75 l = fünfundsiebzig Liter
15º = fünfzehn Grad (Celsius)

1 Wie viel Uhr ist es?

 5.15 1. *Es ist Viertel nach fünf.*

 3.30 2. ____________________

 3.20 3. ____________________

 9.50 4. ____________________

 11.45 5. ____________________

 7.55 6. ____________________

2 Im Reisebüro: Ein Flug nach Südafrika

● *Wann* fliege ich in Graz los?

○ (17.40) *Um siebzehn Uhr vierzig* .

● Und ____________ 1 komme ich in Wien an?

○ (18.20) ____________________ 2 .

● Aha. Das geht ja schnell. Und ____________ 3 geht es weiter nach Johannesburg?

○ (21.35) ____________________ 4 .

● Danke! Noch eine Frage: ____________________ 5 ?

○ (9.15) *Es ist jetzt Viertel nach neun* !

3 Wichtige Daten. Lesen Sie die Zahlen und schreiben Sie fünf Zahlen in Worten.

1291 ____________________ 1 : Gründung der Schweiz

1871 ____________________ 2 : Gründung des Deutschen Reiches

1914 – 1918 ____________________ bis ____________________ 3 : Erster Weltkrieg

1918 ____________________ 4 : Ende der Monarchie, Gründung der Republik Österreich

1933 ____________________ 5 : Hitler kommt in Deutschland an die Macht.

1939 – 1945 ____________________ bis ____________________ 6 : Zweiter Weltkrieg

1949 ____________________ 7 : Zwei deutsche Staaten entstehen

1955 ____________________ 8 : Neu-Gründung der Republik Österreich

1989 ____________________ 9 : Öffnung der Berliner Mauer, Wende in der DDR

1990 ____________________ 10 : Deutsche Vereinigung

4 Die neue Wohnung. Schreiben Sie in Worten.

Lieber Paul, Berlin, den 12.10.08

die neue Wohnung ist prima! Wir haben drei Zimmer: Das Schlafzimmer ist groß, es hat 17 qm 1 . Auch das Kinderzimmer ist akzeptabel. Nur das Wohnzimmer ist ziemlich klein (nur 12 qm) 2 ! Natürlich kostet das viel Miete: € 830,– 3 im Monat. Aber jetzt haben wir auch Platz für Besuch – komm doch mal nach Berlin!

Alles Liebe, deine Claudia

zwölften Zehnten
null acht
____
____
____
____
____

5 Die Einkaufsliste. Schreiben Sie oder diktieren Sie Ihrem Partner / Ihrer Partnerin.

„Schreib bitte mal auf, heute brauchen wir: Drei Kilogramm Kartoffeln, eineinhalb Pfund Karotten, zwei Liter Milch, ein Pfund Butter, dreihundert Gramm Käse, fünfzig Gramm Oliven und ein Liter Salatöl."

Einkaufsliste:
3 kg Kartoffeln
…

Aussage

Satzklammer

Ich	ruf'		später nochmal	an,
dann	machen	wir	was	aus.
Die Frau	telefoniert.			
Es	ist		schon	spät.
1	2		Satzmitte	Satzende

Position I: nur ein Element, oft: Subjekt oder ein Adverb („dann", „heute", „dort", ...)
Position II: konjugiertes Verb
Satzmitte: meistens Subjekt zuerst, wenn nicht auf Position I
Satzende: zweiter Verbteil

W-Frage

Wie	heißen	Sie?	
Wo	steigst	du	aus?
1 W-Wort	2	Satzmitte	Satzende

! **Hinweis**
W-Wort: immer auf Position I, Subjekt meistens direkt nach Position II

Ja/Nein-Frage

Telefoniert	Herr Maier gerade?	
Kommst	du	mit?
1	Satzmitte	Satzende

! **Hinweis**
Konjugiertes Verb: Position I, Subjekt: meistens direkt nach Position I

Imperativ

Hör		jetzt	auf!
Schreiben	Sie	bitte!	
1		Satzmitte	Satzende

! **Hinweis**
Verb im Imperativ: Position I, „bitte" steht manchmal vor dem Verb: Bitte schau mal her!

Satz-Kombinationen

Sie liest	**und**	er sieht fern.	Bleibe ich zu Hause	**oder**	gehe ich spazieren?
Heute arbeite ich,	**aber**	morgen habe ich Zeit.	Ich höre jetzt auf,	**denn**	ich bin sehr müde.

Hauptsatz-Kombination 58

1 Die Sonne scheint! Unterstreichen Sie das Subjekt.

Heute ist Herr Maier froh. Der Chef ist nicht da, die Arbeit ist leicht und die Sonne scheint. Er überlegt: „Was mache ich heute Abend? Fahre ich nach Hause oder gehe ich spazieren?" Da ruft Anna an und fragt: „Gehen wir heute Abend essen?" Aber der Chef kommt früh zurück. Er hat schlechte Laune: „Was machen Sie da, Herr Maier? Rufen Sie bitte sofort in Stuttgart an! Es ist dringend! Wir warten und warten und der Katalog ist immer noch nicht da. Ach ja: Die Kunden aus Hamburg kommen gleich. Heute Abend gehen wir alle essen – Sie kommen bitte mit!"

2 Maiers warten nicht gerne! Ordnen Sie den Dialog.

Marie: **Walter:**

1. d 1. ~~Bist du fertig? Es ist schon spät!~~

____ 2. Ja, du weißt doch, Maiers warten nicht gerne! Mach bitte schnell!

____ 3. Ich habe es. Was nehmen wir mit? Wein? Blumen? Schokolade?

____ 4. Okay, dann gehen wir jetzt los!

a. Wein und Blumen. Schokolade finde ich kindisch.

b. Ja. Aber ich habe gar keine Lust!

c. Ja ja, ich komme ja schon. Wo ist das Geld?

d. ~~Was? Müssen wir schon los?~~

3 Formulieren Sie die Bitten als Fragen:

1. Packt bitte alles ein! -> *Packt ihr bitte alles ein?*
2. Hör jetzt bitte auf! -> ____
3. Ruf mich nachher an! -> ____
4. Koch bitte heute Abend! -> ____

4 Was für Fragen passen?

1. ● *Wo wohnt Frau Klos?* ○ In Halle. (Frau Klos)
2. ● ____? ○ Nein, ich lese.
3. ● ____ ○ Das ist Frau Lohse, die Lehrerin.
4. ● ____ ○ Ich lese gerade ein Buch.

5 Kombinieren Sie Sätze:

aber ● und ● denn ● oder

1. Heute scheint die Sonne. Herr Maier ist glücklich.

Heute scheint die Sonne und Herr Maier ist glücklich.

Herr Maier ist glücklich, denn heute scheint die Sonne.

2. Ich gehe gerne spazieren. Ich schwimme nicht gerne.

____

3. Endlich ist Urlaub! Was meinst du: Fahren wir nach Italien? Fahren wir nach Frankreich?

____

4. Nein, ich komme heute nicht. Ich habe viel Arbeit und schlechte Laune.

____

5. Es regnet. Herr Maier ist immer noch glücklich. Anna kommt heute Abend.

____

12 Ein Pferd, eine Kirche, ein Turm!

Nominativ und Akkusativ: Indefinit-Artikel

Nominativ	Akkusativ	
Da ist **ein Turm**!	Die Frau sieht	**einen Turm**.
Da ist **ein Pferd**!	Die Frau sieht	**ein Pferd**.
Da ist **eine Kirche**!	Die Frau sieht	**eine Kirche**.
Eine Frau klingelt.	Sie bringt	**einen Brief**.
Ein Zug kommt an.	Wir kaufen	**eine Zeitung**.

Verben mit Dativ oder Akkusativ → **Anhang**

Das Subjekt des Satzes ist immer ein Nominativ.

Der Kasus des Objekts hängt vom Verb ab. Das Objekt von vielen Verben, z.B. von „sehen", ist ein Akkusativ. In einigen Sprachen sagt man auch „direktes Objekt".

Subjekt	Verb
Wir	tanzen.

Subjekt	Verb		Akkusativ-Objekt
Sie	liebt	nur	einen Mann.
Wir	machen		eine Party.
Ich	lese		ein Buch.

Zeit-Ausdrücke:
„Ein**en** Moment, bitte! Der Chef kommt gleich."

Nominativ und Akkusativ: Indefinit-Artikel

	Singular						Plural		
	maskulin		neutrum		feminin				
Nominativ	ein	Turm	ein	Pferd	eine	Kirche	Türme	Pferde	Kirchen
Akkusativ	**einen**	Turm	ein	Pferd	eine	Kirche	Türme	Pferde	Kirchen
Dativ	einem	Turm	einem	Pferd	einer	Kirche	Türmen	Pferden	Kirchen
Genitiv	eines	Turms	eines	Pferds	einer	Kirche	Türme	Pferde	Kirchen

Der Indefinit-Artikel ist oft Mengenangabe: Ich kaufe **einen** Apfel und zwei Birnen.

Dativ → **15**
Genitiv → **19**

1 Was passt hier zusammen?

1. Karl hat heute		Taxi.
2. Angelika macht oft	einen	gute Ideen.
3. Dort drüben ist	ein	Birnen.
4. Hoffentlich findest du bald	eine	Wohnung.
5. Wir suchen	–	Fehler.
6. Sabine isst gern		Frisör.

Achten Sie auf das Genus der Substantive!

2 Im Geschäft

Gisela hat heute Gäste. Sie kauft im Lebensmittelgeschäft ein. Sie nimmt *eine* Melone, zwei Pfund Äpfel, ___1___ Pfund Kartoffeln, ___2___ Wein aus Frankreich, ___3___ Rinderbraten, ___4___ Glas Pilze, ___5___ Salat und ___6___ Packung Spinat. ___7___ Apfel ist schon schlecht. Gisela reklamiert. Dann kauft sie noch ___8___ Zeitung und trinkt im Café ___9___ Kaffee.

3 Gibt es hier ...?

Wir wohnen in Oberneudorf. Das ist eine kleine Stadt. Hier gibt es

eine Kirche, ________________

____

____

~~Kirche~~ • Schule • Rathaus • Eissalon • Bank • Kino • Bahnhof • Einkaufszentrum • ...

4 Zeitausdrücke

1. Er ist schon *einen* Monat hier. 2. ________ Augenblick, bitte! 3. Er telefoniert ________ Stunde lang.

5 Peter ist reich

Er hat *eine* Kamera, ________ Auto, ________ Job und ________ Haus.

6 Ein Ehepaar macht einen Ausflug

Herr und Frau Müller machen *einen* Ausflug. Sie nehmen die S-Bahn. Frau Müller hat schon ___1___ Fahrkarte, Herr Müller braucht ___2___ Münze für die Maschine. In Starnberg besichtigen sie ___3___ Kirche. ___4___ Reiseleiter beschreibt gerade ___5___ Bild von Dürer. – Im Restaurant essen sie noch ___6___ Schweinebraten und trinken ___7___ Bier. Dann fahren sie wieder nach Hause.

7 Im Restaurant

1. Kellner:	Sie wünschen, bitte?
2. Frau López:	Ich möchte gern *einen* Tee und ________ Stück Kuchen, bitte.
3. Herr López:	Und ich möchte ________ Schnitzel und ________ Apfelsaft!
4. Leo:	Ich will ________ Wurst und ________ Cola!
5. Kellner:	Kommt sofort!
Variieren Sie:	Kaffee, Limo, Traubensaft, Glas Milch, Torte, Gulasch, Spagetti, Steak, Pizza, Hamburger, Hot Dog

13 Siehst du das Pferd dort?

Nominativ und Akkusativ: Definit-Artikel

Nominativ	Akkusativ
Der Mann fragt:	Siehst du **den Turm**?
Die Frau antwortet:	Nein, aber ich sehe **die Kirche**.
Das Kind fragt:	Seht ihr **das Pferd**?
Die Eltern lachen:	Ja, **das Pferd** sehen wir!

! Hinweis
Das Akkusativ-Objekt kann auch auf Position I stehen.

Positionen im Satz 23

Deklination: Definit-Artikel

	Singular						Plural			
	maskulin		neutrum		feminin					
Nominativ	der	Mann	das	Kind	die	Frau	die	Männer	Kinder	Frauen
Akkusativ	**den**	Mann	das	Kind	die	Frau	die	Männer	Kinder	Frauen
Dativ	dem	Mann	dem	Kind	der	Frau	den	Männern	Kindern	Frauen
Genitiv	des	Mannes	des	Kindes	der	Frau	der	Männer	Kinder	Frauen

Unterschied Indefinit- / Definit-Artikel 14
Dativ 15
Genitiv 19

Fragewörter

Nominativ		Akkusativ	
Wer fragt?	**Der** Mann.	**Wen** fragt sie?	**Den** Mann.
Was ist dort?	**Der** Turm.	**Was** siehst du?	**Den** Turm.

1 Wer? Wen? Was?

1. Wer sagt das? (Mutter) *Die Mutter.*
2. Wer will das? (Vater) ____________
3. Wen will er sprechen? (Bruder) ____________
4. Was sucht er? (Buch) ____________
5. Was findet er? (Briefe) ____________

2 Wie bitte? Wen siehst du? Peter und Karin sind in der Disko. Die Musik ist sehr laut. Karin versteht Peter nicht gut.

Peter: Da, guck mal! Da kommt Celine Dion!

Karin: Was? – *Wer* kommt da?

Peter: Celine Dion! Und da ist auch Leonardo di Caprio!

Karin: ____________ 1 sagt du? ____________ 2 siehst du?

Peter: Leonardo di Caprio! Mit Madonna! Ich lese gerade eine Biografie von Madonna.

Karin: Wie bitte? ____________ 3 ?

Peter: Eine Biografie von Madonna. So, und jetzt tanzen wir.

Karin: ____________ 4 ?

3 Deutschunterricht. Herr López hat heute Kopfschmerzen. Er versteht den Lehrer nicht.

„Entschuldigen Sie bitte, Herr König. Ich verstehe *den* Satz nicht, und ich verstehe auch ________ 1 Akkusativ noch nicht. Können Sie bitte ________ 2 Deklination noch einmal erklären? Ich verstehe ________ 3 Wörter, aber ich verstehe ________ 4 Text nicht.

4 Schule

Text • Übungen • Wörter • Satz • Fragen

1. Wiederholen Sie bitte *den Satz!*
2. Buchstabieren Sie bitte ________ ____________
3. Lesen Sie bitte ________ ____________ vor!
4. Schreiben Sie bitte ________ ____________ ab!
5. Beantworten Sie bitte ________ ____________
6. Machen Sie bitte ________ ____________

5 Subjekt (S) oder Objekt (O)?

1. <u>Die Sätze</u> analysiere ich schnell. S ☐ O ☒
2. <u>Der Mann</u> sieht den Dieb. S ☐ O ☐
3. <u>Den Dieb</u> sieht der Mann. S ☐ O ☐
4. <u>Die Ampel</u> bemerkt die Frau nicht sofort. S ☐ O ☐

6 Wo ist der Akkusativ? Unterstreichen Sie.

1. Der Hund beißt <u>den Mann</u>.
2. Die Brüder begrüßt das Kind, nicht den Onkel.
3. Den Mann sieht die Frau nicht.
4. Die Frau liebt der Mann sehr.
5. Das Land in Afrika kennt die Frau gut.
6. Der Junge kennt die Frau gut.

Auf einem Schloss in
Märchenland leben
eine Prinzessin und ihre Eltern ...

Die Prinzessin hat einen Ball.
Sie wirft den Ball in die Luft.
Ein Frosch fängt den Ball ...

Indefinit-Artikel

Hier wohnt **eine** schöne Prinzessin.	*eine neue Person*
Ich habe **ein** gelbes Auto.	*eine neue Sache*
Er ist **ein** schöner Mann.	*generelle Charakterisierung*
Aleppo ist **eine** Stadt.	*Definition*
Maria kauft **einen** Apfel und zwei Bananen.	*Zahl*

Definit-Artikel

Hier wohnt eine schöne Prinzessin.	**Die** Prinzessin ...	*die Person ist schon erwähnt*
Ich habe ein gelbes Auto.	**Das** Auto hat vier Türen.	*die Sache ist schon erwähnt*
Fragen Sie **den** Mann in Uniform!		*man zeigt auf eine bestimmte Person*
Wo wohnt **der** Bundeskanzler?		*die Person ist allgemein bekannt*
Wo ist **die** Donau?		*die Sache ist allgemein bekannt*

„Fragen Sie den Mann in Uniform!"

Definit-Artikel auch bei generellen Aussagen: **Der Mensch** hat Vernunft, **das Tier** hat Instinkt.
Der Winter ist hier immer sehr kalt.

Kein Artikel im Deutschen:

Er ist Lehrer / Arzt / Mechaniker.	(*Beruf*)
Sie ist Deutsche / Französin / Amerikanerin.	(*Nationalität*)
Das ist Frau Müller.	(*Name*)

1 Stadt-Land-Fluss. Ergänzen Sie die Definitionen.

Stadt ● Land ● ~~Fluss~~ ● Schloss

1. Der Rhein ist *ein Fluss.*
2. Liechtenstein ist ______________________________
3. Innsbruck ist ______________________________
4. Hamburg ist ______________________________
5. Neuschwanstein ist ______________________________

Der Mensch denkt und Gott lenkt.

2 Geografie

1. Wie heißt *die* Hauptstadt von Österreich?
2. Und wie heißt __________ Land im Norden von Deutschland?
3. __________ Rhein fließt durch die Schweiz, Deutschland und Holland.
4. __________ Meer bei Hamburg heißt „Nordsee".

3 Marias Familie

Marias Familie ist sehr groß. Sie hat noch beide Eltern, *eine* Großmutter, __________ 1 Großvater und vier Geschwister: drei Schwestern und __________ 2 Bruder. __________ 3 Schwestern heißen Lore, Franka und Angelika, __________ 4 Bruder heißt Wolfgang. __________ 5 Schwester wohnt in Wien, die anderen wohnen noch zu Hause. __________ 6 Bruder ist 10 Jahre alt. Er hat schon __________ 7 Computer und __________ 8 Fernseher. Franka und Angelika haben zusammen __________ 9 Zimmer. __________ 10 Zimmer ist sehr groß und hat __________ 11 Etagenbett.

4 Indefinit-Artikel, Definit-Artikel oder kein Artikel?

1. Hast du *einen* Augenblick Zeit? Ich möchte noch __________ Tasse Tee.
2. Wir warten schon sehr lange. Wann fährt __________ Zug ab?
3. Ist __________ Fisch frisch?
4. Ich möchte bitte __________ Landkarte von Europa. Und was kosten __________ Kugelschreiber?
5. ● __________ Zeitung, bitte! ○ __________ Süddeutsche oder __________ Abendzeitung?
6. Der „Gare du Nord" ist __________ Bahnhof von Paris.
7. Ich schicke einen Brief nach England. Ich brauche __________ Briefmarke.
8. Ergänzen Sie bitte __________ Verben!
9. Fritz hat __________ Sohn. __________ Sohn ist 12 Jahre alt.
10. Ich stelle vor: Das ist __________ Frau Vox, und das ist __________ Herr Bix.

5 Was sind sie von Beruf?

1. Frau Naumann unterrichtet Französisch in der Schule. Sie ist ______________________________.
2. Eduard studiert noch. Er ist ______________________________.
3. Herr Rabe lehrt an der Universität. Er ist ______________________________.
4. Eva schreibt viele Briefe am Computer. Sie ist ______________________________.

Und Sie? Und Ihre Mutter? Und Ihr Vater? Und Ihr Mann / Ihre Frau?

15 Sie zeigt der Freundin das Haus.

Sabine zeigt der Freundin das Haus.

Dativ

Dativ
Sabine zeigt **der Freundin** das Haus. Der Briefträger gibt **dem Mann** einen Brief. Die Stewardess bietet **einem Mann** Tee an. Der Verkäufer zeigt **den Frauen** die Frühjahrsmode. Männer schenken **Frauen** oft Blumen zum Geburtstag.

Der Dativ bezeichnet meist „die andere Person" im Satz. In einigen Sprachen sagt man auch „indirektes Objekt". Viele Verben im Deutschen haben diese Konstruktion:

Verb

Subjekt — Dativ-Objekt — Akkusativ-Objekt

Monika liest **einer** Freundin eine Geschichte vor.

Einige Verben haben diese Konstruktion:

Verb

Subjekt — Dativ-Objekt

Das Buch gefällt **der Studentin**.
Ebenso: schmecken, gehören, antworten, helfen, begegnen, …

! Hinweis
Das Dativ-Objekt kann auch auf Position I stehen: **Den Frauen** gefällt die Frühjahrsmode.

Wem gehört das Auto?

Fragewort: **Wem**?

Deklination

	Singular						Plural			
	maskulin		neutrum		feminin					
Nominativ	der	Mann	das	Kind	die	Frau	die	Männer	Kinder	Frauen
Akkusativ	den	Mann	das	Kind	die	Frau	die	Männer	Kinder	Frauen
Dativ	**dem**	Mann	**dem**	Kind	**der**	Frau	**den**	Männern	Kindern	Frauen
Genitiv	des	Mannes	des	Kindes	der	Frau	der	Männer	Kinder	Frauen
Nominativ	ein	Mann	ein	Kind	eine	Frau		Männer	Kinder	Frauen
Akkusativ	einen	Mann	ein	Kind	eine	Frau		Männer	Kinder	Frauen
Dativ	**einem**	Mann	**einem**	Kind	**einer**	Frau		Männern	Kindern	Frauen
Genitiv	eines	Mannes	eines	Kindes	einer	Frau		Männer	Kinder	Frauen

Verben mit Dativ oder Akkusativ → Anhang *Genitiv* → 19 *Deklination der Substantive* → 20

1 Wo ist der Dativ? Unterstreichen Sie.

1. Die Frau schreibt dem Freund einen Brief.
2. Der Freundin schreibt sie nie einen Brief.
3. Heute schickt sie der Mutter ein Paket zum Muttertag.
4. Dorothea Schlegel begegnet Goethe zum ersten Mal 1799.
5. Der Fisch ist nicht gut: Das Mädchen ist krank und den Frauen ist schlecht.
6. Gern zeigen die Leute den Touristen den Weg.

2 Besitz

1. Gehört der Schlüssel *dem* Mann? Nein, er gehört *der* Frau.
2. Gehört das Fahrrad ________ Schülerin? Nein, es gehört ________ Lehrer.
3. Gehört der Teddy ________ Kind? Nein, er gehört ________ Vater!

3 Was stiehlt der Dieb wem?

Ein Dieb ist im Hotel „Rosenkavalier". Er stiehlt *der* Schauspielerin ________1 Armband. ________2 Geschäftsmann stiehlt er ________3 Kreditkarte. Sogar ________4 Kindern stiehlt er ________5 Videos. Und ________6 Königin stiehlt er ________7 Krone.

4 Ferien in einem fernen Land

Familie Droll aus Dresden macht Ferien. Sie finden das Land sehr schön, aber … das Sushi schmeckt *dem* Vater nicht, der Sake schmeckt ________1 Mutter nicht, der Reis schmeckt ________2 Sohn nicht und die Hotels gefallen ________3 Tochter nicht. Nächstes Jahr bleiben sie zu Hause!

5 Was passt hier?

1. Dieser Kaffee ist dünn. Er *schmeckt* der Frau nicht.
2. Die Wohnung ist groß und hell. ________________ sie den Großeltern auch?
3. Der Koffer ist sehr schwer. ________________ Sie bitte der Dame!
4. Das Essen in dem Restaurant ist sehr scharf. Es ________________ den Kindern nicht.
5. Typisch Schule: Der Lehrer fragt den Schüler, der Schüler ________________ dem Lehrer.

6 Geschenke zu Weihnachten

Onkel • Großeltern • ~~Mutter~~ • Vater • Schwester • Bruder

Es ist Weihnachten. Hans hat viele Geschenke für die Familie. Er *schenkt der Mutter eine CD und dem Vater …*

____

Und was bekommt er?

Personalpronomen: Akkusativ und Dativ

Nominativ	Akkusativ	Dativ
ich	Mein Freund ruft **mich** an.	Das Buch gehört **mir**.
du	Wir besuchen **dich** morgen.	Die Tasche gehört **dir**.
er	Ich suche den Ball. – Wer hat **ihn**?	Was gefällt Paul? – Die Kamera gefällt **ihm**.
sie	Er sucht die Tasche. – Petra hat **sie**.	Was gefällt Maria? – Die CD gefällt **ihr**.
es	Sie sucht das Geld. – Er hat **es**.	Was gefällt dem Kind? – Der Ball gefällt **ihm**.
wir	Doris und Paul besuchen **uns** am Sonntag.	Der Computer gehört **uns**.
ihr	Karin und Hans besuchen **euch** am Montag,	Die Gläser gehören **euch**.
sie	und ihr besucht **sie** am Dienstag.	Und den Müllers? – Die Bilder gehören **ihnen**.
Sie	Aber ich besuche **Sie** heute noch!	Aber das Geld gehört jetzt **Ihnen**

Positionen im Satz

Ich	gebe	dem Mann	das Buch	heute noch.
Ich	gebe	ihm	das Buch	heute noch.
Ich	gebe	**es**	dem Mann	heute noch.
Ich	gebe	**es**	ihm	heute noch.

! **Hinweis**
Dativ vor Akkusativ

Aber:
Personalpronomen im Akkusativ steht vor dem Dativ.

„es" 56

1 Was sagen Sie?

1. Die Blumen sind sehr schön! *1. c* — a) Mir ist kalt.
2. Das Auto fährt zu schnell. ______ — b) Mir ist schlecht.
3. Ich weiß die Antwort nicht. ______ — c) Ich danke dir.
4. Mach bitte das Fenster zu! ______ — d) Das ist mir peinlich.

2 Auf einer Party

1. Ich kenne Ottos Frau nicht. *Kennst du sie?*
2. Ich mag die Musik nicht. ______
3. Ich sehe Franz nicht. ______
4. Ich verstehe die Leute nicht. ______

3 Wo ist denn bloß mein Schlüssel? Herr Meier fährt ins Büro. Er sucht seine Sachen zusammen. Seine Frau hilft ihm.

1. Ich brauche den Brief. *Gib ihn mir bitte!*
2. Wo ist denn mein Notizheft? *Hol*
3. Hast du meine Telefonkarte? ______
4. Dort drüben sind die Fahrkarten! ______

4 Besitz

1. Otto: Sag mal, gehört *dir* das Fahrrad?
2. Peter: Nein, ______ gehört es nicht.
3. Otto: ______ gehört es denn?
4. Peter: ______ Mann da drüben.

5 Wie geht es dir?

● Hallo, Luise! Hallo, Franz!
○ Hallo, Karin! Wie geht es *dir*?
● Ganz gut. Und ______ 1 ?
○ Nicht so gut. Wir haben beide eine Erkältung.
● Oh, das tut ______ 2 leid.

6 Was passt hier?

1. Herr Schmitz reist viel. *Er* ist jetzt in Rom.
2. Der Film ist sehr gut. Ich sehe ______ heute zum 3. Mal.
3. Willi begegnet einer Dame im Park. Woher kommt ______? ______ ist sie?
4. Die Schüler bitten den Lehrer: „Herr Hausmann, helfen ______ ______ bitte?"
5. Mein Computer ist kaputt. Können Sie ______ reparieren?

7 Beim Mittagessen. Bitten Sie höflich um die Sachen auf dem Tisch.

● *Gibst du / Geben Sie mir bitte den Saft?*
○ *Ja, bitte, hier ist er. / Ja bitte, hier hast du ihn.*

Salz ● Zucker ● Brot ● Milch ● ~~Saft~~ ● Wasser

6 Was gefällt / schmeckt Ihnen? Und Ihrem Partner?

Bücher von Günter Grass, Jazz, Technomusik, Comics, Mangos, Bananen, Frühling, Sommer, Herbst, Winter, …

Beispiel: *Mir gefällt Jazz gut. Und Ihnen?*

gut ● sehr gut ● nicht gut

17 Frau Dr. Franke ist nicht hier.

Negation im Satz

Ich	gebe	ihm das Bild	**nicht.**		
Ich	brauche	das Buch jetzt	**nicht.**		
Ich	rufe	ihn heute	**nicht**	an.	Verb mit Präfix
Hans	ist	wirklich	**nicht**	mein Bruder.	„sein" + Substantiv
Der Film	ist	gar	**nicht**	gut.	„sein" + Adjektiv
Herr Schmidt	ist		**nicht**	da.	„sein" + Adverb
Der Zug	fährt	heute	**nicht**	schnell.	Adverb: wie?
Das Flugzeug	kommt	sicher	**nicht**	aus Hamburg.	Objekt mit Präposition

„nicht" negiert den Satz. Tendenziell steht „nicht" am Ende des Satzes, aber einige Elemente stehen immer nach „nicht".

Negation mit „kein" 18

Negation als Korrektur

Ich	gebe	**nicht ihm** das Bild,	sondern ihr.	Korrektur der Aussage
Susie	ruft ihn	**nicht heute** an,	sondern morgen.	
Heute	kommt	**nicht meine Schwester**,	heute kommt mein Bruder.	

„nicht" negiert hier nur ein Element des Satzes und steht vor diesem Element.

Wichtige Negationen mit „nicht":

Eva ist **leider nicht** da, Monika **auch nicht**.

Das Essen schmeckt mir **gar nicht**.

● Ist Johanna schon hier? ○ Nein, **noch nicht**.

● Geht Ralf noch in den Kindergarten? ○ Nein, er geht **nicht mehr** in den Kindergarten, er geht jetzt in die Schule.

Andere Negationswörter:

● Siehst du etwas? ○ Nein, ich sehe **nichts**.

● Du hörst mir **nie** zu! ○ Doch, ich höre dir immer zu!

Frage mit „nicht": ● Gehst du heute **nicht** zum Deutschkurs?

○ **Doch**, natürlich gehe ich! ○ **Nein**, heute gehe ich nicht.

1 Formulieren Sie negativ:

1. Das Buch gefällt mir gut. → *Das Buch gefällt mir nicht gut.*
2. Das ist nett von Ihnen! → ____________________
3. Ich bleibe hier. → ____________________
4. Ich kenne sie. → ____________________

2 Fragen und Antworten

- Hören Sie nicht gut? ○ *Doch, ich höre gut.*
- Kommen Sie heute nicht? ○ ____________________
- Fahren Sie nicht gern Auto? ○ ____________________
- ____________________ ○ Nein, ich komme nicht mit.
- ____________________ ○ Nein, es gibt nichts mehr zu trinken.

3 Was ist das Gegenteil?

+	−
etwas	nie
noch	nichts
sehr	noch nicht
schon	nicht mehr
immer	gar nicht
alles	

(etwas → nichts)

4 Was ist denn mit Karin los?

- Es ist 12 Uhr! Und Karin ist *noch nicht* hier!

○ Schon 12 Uhr? Dann kommt sie sicher ________ 1 !

- Um 13 Uhr ruft Karin an: Ich kann ________ 2 kommen, ich habe zu viel Arbeit.
- Das macht ________ 3 ! Jakob ist ________ 4 hier.

○ Wir sehen uns alle morgen.

leider nicht • nicht mehr • nichts • auch nicht • ~~noch nicht~~

5 Etwas stimmt nicht!

1. Heute *spielen nicht die Rolling Stones*, sondern die „Bad Boys". | ~~Rolling Stones~~
2. Ali ____________________, er schenkt ihr die CD. | das Buch
3. Franz ____________________, er gibt es ihr. | ihm, das Buch
4. Angelika ____________________, sie fährt erst morgen nach Hause. | heute

6 Erklären Sie:

1. Die Sonne scheint. *Es regnet nicht.* | ~~regnen~~
2. Sie hat wenig Geld. ____________________ | reich
3. Es ist zu laut hier! ____________________ | verstehen
4. Georg telefoniert viel. ____________________ | gern schreiben

18 Er hat keinen Job mehr!

Jetzt ist Peter arm. Er hat keinen Job mehr, kein Haus und auch keine Kamera mehr.

Negation: *kein*

Peter hat einen Job, ein Haus und eine Kamera.	Peter hat **keinen Job**, **kein Haus** und **keine Kamera** mehr.
Im Traum ist Elisabeth eine Prinzessin.	In der Realität ist sie **keine Prinzessin**.
Er hat drei Kinder.	Sie hat **keine Kinder**.
Petra trinkt Kaffee.	Ulla trinkt **keinen Kaffee**, sondern Tee.
Er hat viel Geld.	Sie hat **kein Geld**.

Indefinit-Artikel:	ein Haus	→	kein Haus
Ohne Artikel:	Kaffee	→	keinen Kaffee
	Glück	→	kein Glück
Plural:	Kinder	→	keine Kinder

Deklination

	Singular						Plural			
	maskulin		neutrum		feminin					
Nominativ	kein	Rock	kein	Hemd	keine	Hose	keine	Röcke	Hemden	Hosen
Akkusativ	kein**en**	Rock	kein	Hemd	keine	Hose	keine	Röcke	Hemden	Hosen
Dativ	kein**em**	Rock	kein**em**	Hemd	kein**er**	Hose	kein**en**	Röcken	Hemden	Hosen
Genitiv	kein**es**	Rocks	kein**es**	Hemds	kein**er**	Hose	kein**er**	Röcke	Hemden	Hosen

! Hinweis
Die Deklination von „kein" ist wie die Deklination von „ein".

Deklination von „ein" 15

Genitiv 19

Ohne Fleiß kein Preis

kein
Sie hat **keinen Mantel**.
Er hat **kein Geld**.
Sie kauft **keine Blumen**.
Er hat **kein Auto**.
Er hat **keinen Hunger**.
Er kauft **keinen Pulli**, sondern eine Jacke.

nicht
Er wäscht **den Mantel nicht**.
Sie findet **das Geld nicht**.
Er kauft **die Blumen** heute **nicht**.
Er kann **nicht Auto fahren**.
Sie hat **nicht viel Hunger**.
Sie kauft **nicht den lila, sondern den rosa Pulli**.

1 „kein" oder „nicht"?

1. Heute ist es *nicht* kalt hier.
2. Er hat ______ Glück in der Liebe.
3. Sie hat ______ Kugelschreiber.
4. Wir haben ______ Haus, sondern eine Wohnung.
5. Er versteht ______ gut Deutsch.
6. Der Computer hat zum Glück ______ Virus.

2 Wie ist das in Ihrem Land?

1. In Deutschland fangen Kinder mit 6 Jahren die Schule an. Z.B.: *In den Niederlanden fangen Kinder mit 5 Jahren die Schule an.*
2. In der Schweiz spricht man vier Sprachen. ______
3. In Österreich gibt es 3000-Meter-Berge. ______
4. Deutschland hat viele Hafenstädte. ______
5. Deutschland hat zwei Meeresküsten. ______

3 Ein Gespräch. Sprechen Sie mit einem Partner: Bei Ihnen ist alles anders.

Partner:	Sie:
1. Ich gehe sonntags zum Fußball.	*Ich gehe nie zum Fußball.*
2. Meine Familie sieht viel fern.	______
3. Wir haben einen Videorekorder.	______
4. Ich sehe gern Fernsehkomödien.	______
5. Wir spielen auch Kartenspiele.	______

4 Sagen Sie das Gegenteil:

1. Ich rufe Frau Dr. Franke an. → *Ich rufe Frau Dr. Franke nicht an.*
2. Er schreibt den Brief. → ______
3. Sie hat Zeit. → ______
4. Sie hat viel Zeit. → ______
5. Das Zimmer hat Telefon. → ______

5 Wo steckt die Wahrheit? Beate schreibt einen Brief an ihre Mutter. Sie schreibt von ihrem neuen Freund Andreas.

Andreas ist wunderbar. Er ist immer pünktlich und sehr höflich. Er ist 20 Jahre alt, und er ist Informatiker. Er arbeitet bei Siemens. Er hat ein Auto, und er raucht nicht. Er isst sehr gern Fisch. Er steht morgens immer sehr früh auf und geht dann gleich zur Arbeit. Er ist sehr reich. …

Tatsächlich weiß Beate: *Andreas ist nicht immer pünktlich, und er ist auch nicht immer höflich.*
Er ist nicht 20 Jahre alt, sondern 30, und …

______

______

______

Wessen Hut ist das? – Das ist Monika**s** Hut.
Wessen Computer ist das? – Das ist **ihr** Computer.
Wessen Brille ist das? – Das ist die Brille **des** Chef**s**.
(Wem gehört die Brille? – Dem Chef.)

Funktion von Possessiv-Artikel und Genitiv: Ausdruck von Besitz und Zugehörigkeit.
Fragewort: **Wessen**?

Dativ 15

Possessiv-Artikel

ich	mein	Darf ich vorstellen, das ist **mein Sohn** Hans.
du	dein	Wo ist denn **dein Sohn** heute?
er	sein	Dort drüben, das ist Otto, und daneben, das ist **sein Bruder**.
sie	ihr	Ah, da ist Susanne, und das ist **ihr Mann**.
es	sein	Hier ist auch das Baby und **sein Stoffhund**.
wir	unser	Wie gefällt euch **unser Haus**?
ihr	euer	Wo liegt denn **euer Haus**?
sie	ihr	Darf ich vorstellen: Das sind Herr und Frau Schulz, und das ist **ihr Sohn**.
Sie	Ihr	Frau Wang, wo ist denn **Ihr Mann**?

„ein“, „kein“ 12, 18

Deklination des Possessiv-Artikels: wie *„ein“* und *„kein“*

	Singular						Plural	
	maskulin		neutrum		feminin			
Nominativ	mein	Bruder	mein	Kind	mein**e**	Schwester	mein**e**	Eltern
Akkusativ	mein**en**	Bruder	mein	Kind	mein**e**	Schwester	mein**e**	Eltern
Dativ	mein**em**	Bruder	mein**em**	Kind	mein**er**	Schwester	mein**en**	Eltern
Genitiv	mein**es**	Bruders	mein**es**	Kindes	mein**er**	Schwester	mein**er**	Eltern

Ebenso: dein, sein, ihr, sein, unser, euer, ihr, Ihr

euer Bruder, aber: euren Bruder, eure Schwester, eure Kinder …; unsere Schwester, mündlich auch: unsre Schwester

! Tipp **Drei Entscheidungen:**
1. **Wer** hat etwas? — sie -> **ihr** Vater, er –> **sein** Vater, ich –> **meine** Eltern
2. **Artikel** des Substantivs: — **seine** Mutter (die Mutter), **sein**_ Vater (der Vater)
3. **Kasus** des Substantivs: — Er besucht **seinen** Vater (Akkusativ).

Genitiv

das Büro **des Chefs**
das Lachen **des Kindes**
die Praxis **der Ärztin**
das Werk **eines Meisters**
die Blätter **der Bäume**

Substantiv + Genitiv

Name im Genitiv

Monikas Auto
Österreichs Grenzen

Hans'_ Anzug
Heinrich **Heines** Gedichte

Genitiv + Substantiv

von + Dativ statt Genitiv

Substantive ohne Artikel:
der Verkauf **von Äpfeln**
Umgangssprache:
das Auto **von Frau Müller**
die Freundin **von meinem Bruder**

Substantiv + „von“ + Dativ

Deklination der Substantive 20

1 Wohin kommen die Sachen? Frau K. packt den Koffer aus. Ihre Sachen kommen in das Regal links, seine Sachen in das Regal rechts

ihre Haarbürste, ______

______
______
______
______
______
______

Buch • Handtasche • Föhn • ~~Anzug~~ • ~~Haarbürste~~ • Zeitschrift • Regenschirm • Strumpfhose • Kostüm • Shorts • Rasierapparat • Lockenwickler

sein Anzug, ______

______
______
______
______
______
______

2 Was passt zusammen?

1. der Titel	*1. b*	a. der Banken
2. der Gipfel	______	b. der Zeitschrift
3. der Name	______	c. der Sekretärin
4. das Geld	______	d. der Welt
5. das Ende	______	e. des Berges

Kennen Sie diese Filme?

6. Das Kabinett	______	a. Gottes
7. Geheimnisse	______	b. der Sterne
8. Aguirre oder der Zorn	*8. a*	c. des Dr. Caligari
9. Krieg	______	d. einer Seele

3 Wessen ...? Wem ...?

wessen? • wem? • mein • ~~dein~~ • sein • ihr • unser • euer • Ihr • ihr

1. Wolfgang, lass bitte *deine* Zeitung nicht immer auf dem Tisch liegen!
2. Ich finde ______ Schlüssel nicht. Wo sind sie nur?
3. Wo ist denn Georg? Ist das hier ______ Fahrrad?
4. Maria ist schon weg, aber ______ Tasche ist noch hier!
5. ______ Deutschlehrerin heißt Frau Linde, wir mögen sie sehr gern.
6. ______ Mantel ist das hier in der Garderobe? Und ______ gehört der Hut?
7. Frau Kondratzky, bitte buchstabieren Sie ______ Namen!
8. Wie ist bitte der Vorname ______ Tochter, Herr Bode?
9. Erika! Jörg! Kommt rein und macht ______ Hausaufgaben!

4 Partyfloskeln

1. Guten Abend, Herr Scholz, sind Sie allein? Ist *Ihre* Frau nicht da?
2. Wie geht es denn ______ Mann, Frau Schumacher?
3. Und wie geht es ______ Kindern, Herr Ackermann?
4. Herr Danzig, darf ich Ihnen ______ Mann vorstellen?

5 Das ist meine Familie

Links vorn, das ist *mein* Vater, daneben ______ 1 Mutter. Gleich rechts daneben, das ist ______ 2 Tante Anna, die Schwester ______ 3 Mutter. Hinten stehen Richard, mein Bruder, und ______ 4 Frau Carla. Die Tochter ______ 5 Bruders ist auch da, gleich vorn rechts. Ganz vorn liegt ______ 6 (Richard) Hund, er gehört auch zur Familie. Und wo bin ich?

20 Kennst du schon meinen neuen Nachbarn?

Deklination der Substantive

Der Artikel zeigt Genus und Kasus des Substantivs. Das Substantiv selbst hat nur wenige Endungen.

<table>
<tr><th></th><th colspan="6">Singular</th><th colspan="4" rowspan="2">Plural</th></tr>
<tr><th></th><th colspan="2">maskulin</th><th colspan="2">neutrum</th><th colspan="2">feminin</th></tr>
<tr><td>Nominativ</td><td>der</td><td rowspan="3">Maler</td><td>das</td><td rowspan="3">Bild</td><td>die</td><td rowspan="4">Kunst</td><td>die</td><td rowspan="2">Maler</td><td rowspan="2">Bilder</td><td rowspan="2">Künste</td></tr>
<tr><td>Akkusativ</td><td>den</td><td>das</td><td>die</td><td>die</td></tr>
<tr><td>Dativ</td><td>dem</td><td>dem</td><td>der</td><td>den</td><td>Maler**n**</td><td>Bilder**n**</td><td>Künste**n**</td></tr>
<tr><td>Genitiv</td><td>des</td><td>Maler**s**</td><td>des</td><td>Bild**es**</td><td>der</td><td>der</td><td>Maler</td><td>Bilder</td><td>Künste</td></tr>
</table>

! Hinweis

Genitiv: **-es** nach Wörtern mit einer Silbe und nach *-d*, *-t*, *-s*, *-sch*, *-tz*: des Wort**es**, des Fluss**es**, des Witz**es** …

! Hinweis

Dativ Plural: Fremdwörter mit *-s*: die Radio**s** – den Radio**s**

n – Deklination

<table>
<tr><th></th><th colspan="2">Typ I</th><th colspan="2">Typ II</th><th colspan="2"></th></tr>
<tr><th></th><th colspan="4">Singular</th><th colspan="2" rowspan="2">Plural</th></tr>
<tr><th></th><th colspan="2">maskulin</th><th colspan="2">maskulin</th></tr>
<tr><td>Nominativ</td><td>der</td><td>Nachbar</td><td>der</td><td>Name</td><td>die</td><td rowspan="4">Nachbarn – Namen</td></tr>
<tr><td>Akkusativ</td><td>den</td><td rowspan="3">Nachbar**n**</td><td>den</td><td rowspan="2">Name**n**</td><td>die</td></tr>
<tr><td>Dativ</td><td>dem</td><td>dem</td><td>den</td></tr>
<tr><td>Genitiv</td><td>des</td><td>des</td><td>Name**ns**</td><td>der</td></tr>
</table>

Nur ein paar Substantive haben n-Deklination (Beispiele im Nominativ und Genitiv):

Typ I: immer *-n*/*-en* außer im Nominativ Singular

Maskuline Lebewesen auf *-e*: der Junge – des Junge**n**, der Kunde – des Kunde**n**, der Affe – des Affe**n**, der Türke – des Türke**n**, der Franzose – des Franzose**n**, …

Fremdwörter auf *-ant*, *- ent*, *-ist*, *- oge*, *-at*: der Student – des Student**en**, der Biologe – des Biologe**n**, …

Einige weitere maskuline Substantive: der Herr – des Herr**n**, der Mensch – des Mensch**en**, der Nachbar – des Nachbar**n**, der Bauer – des Bauer**n**, der Bub – des Bub**en** (österreichisch / süddeutsch), …

Typ II: wie Typ I, aber *-s* im Genitiv Singular

Einige maskuline Abstrakta auf *-e*: der Name – des Name**ns**, der Gedanke – des Gedanke**ns**, der Friede – des Friede**ns**, der Buchstabe – des Buchstabe**ns**, …

Ebenso: Ein Substantiv neutrum: das Herz – das Herz – dem Herz**en** – des Herz**ens**

1 Ergänzen Sie die richtige Form des Substantivs:

| ~~der Antragsteller~~
| die Ehefrau
| der Freund
| der Park
| das Kind
| der Vater

1. Bitte eintragen: Geburtsdatum des *Antragstellers* und der ________.
2. Im Sommer besuchen uns wieder unsere ________ aus der Schweiz.
3. Ich liebe Palermo! Dort gibt es so viele ________!
4. Leihst du deinen ________ dein Auto?
5. Was schenkst du denn deinem ________ zum Geburtstag?

2 Endung -(e)n oder nicht?

1. Student*en* haben meist nicht viel Geld, sie essen deshalb in der Mensa.
2. Buchstabieren Sie bitte Ihren Vor- und Nachname____!
3. Wir kennen das Mädchen, aber nicht den Junge____.
4. Wie gefällt denn den Praktikant____ ihre Arbeit?
5. Der Löwe____ ist der König der Tiere____.
6. Kennen Sie schon Herr____ Oculi, den Augenarzt?
7. Optimist____ sagen, das Glas ist halb voll, Pessimist____ sagen, das Glas ist halb leer.

3 Was passt hier?

1. der Anfang *des Films*
2. das Ende ________
3. das Büro ________
4. das Gehalt ________
5. die Abfahrt ________
6. die Dame ________
7. die Meinung ________
8. die Stimme ________

Bestimmen Sie zuerst den Artikel: „der", „das" oder „die"?

Chef • Zug • Herz • Liebe • Haus • ~~Film~~ • Kollege • Leute

(Manche Wörter passen auch mehrfach.)

4 Nachbarschaft. Setzen Sie die Wörter ein und ergänzen Sie die Endung (wenn nötig).

Herr • Franzose • Mensch • ~~Nachbar~~ • Herr • Affe

- Kennst du schon unseren neuen *Nachbarn*, ________ 1 Gérard?
- Ja, ich finde ihn sehr nett. Ich glaube, er ist ________ 2.
- Stell dir vor, er hat einen ________ 3 als Haustier, aus Mexiko.
- Wie aufregend! Ich hoffe, der ________ 4 beißt unsere Katze nicht.
- Ich glaube nicht. Er ist ja zahm und tut den ________ 5 und Haustieren nichts.

Schreiben Sie ähnliche Dialoge mit: Nachbar / Nachbarin, Herr / Frau, Däne, Grieche, ... Löwe, Hase, ...

____
____
____
____

21 Er zieht sich schon alleine an.

Die Mutter zieht ihn an.

Reflexive Verben

Akkusativ					Dativ				
ich	ziehe	**mich**	an		ich	ziehe	**mir**	den Mantel	an
du	ziehst	**dich**	an		du	ziehst	**dir**	den Mantel	an
er / sie / es	zieht	**sich**	an		er / sie / es	zieht	**sich**	den Mantel	an
wir	ziehen	**uns**	an		wir	ziehen	**uns**	den Mantel	an
ihr	zieht	**euch**	an		ihr	zieht	**euch**	den Mantel	an
sie	ziehen	**sich**	an		sie	ziehen	**sich**	den Mantel	an
Sie	ziehen	**sich**	an		Sie	ziehen	**sich**	den Mantel	an

Subjekt ← Reflexiv-Pronomen

Reflexiv-Pronomen im Akkusativ

Wenn es ein Akkusativ-Objekt gibt, dann steht das Reflexiv-Pronomen im Dativ.

! Hinweis
Reflexiv-Pronomen = Personal-Pronomen.
Außer: **sich**

Dativ 15

Ebenso: sich (die Hände) waschen, sich die Zähne / die Nase putzen, sich rasieren, sich duschen, …
Weitere reflexive Verben: sich freuen, sich schämen, sich beeilen, sich sorgen, sich erholen, sich ausruhen, sich amüsieren, sich etwas merken, sich bedanken, sich erkundigen, …

Gegenseitig

Anke und Ralf lieben **sich**.
(Oder: Sie lieben **einander**.)

Ebenso: sich begrüßen, sich kennen lernen, sich ansehen, sich begegnen, sich verstehen, sich küssen, sich umarmen, …

Positionen im Satz

Marianne	ruht		**sich**			im Urlaub		aus.
Jeden Tag	sonnt	sie	**sich**			am Strand.		
Jeden Morgen	putzt		**sich**	Peter			die Zähne.	
	Setzen	Sie	**sich**		bitte	hierher!		
❶	❷ Verb	Satzmitte						Satzende

Das Reflexiv-Pronomen steht normalerweise ganz links in der Satzmitte.
Aber: Ein Personalpronomen als Subjekt steht immer <u>vor</u> dem Reflexiv-Pronomen.

1 Ergänzen Sie das Reflexiv-Pronomen:

1. Es ist 7 Uhr! Steh bitte auf, wasch *dich* und putz ______ die Zähne!
2. Beeilt ______ bitte!
3. Vorsicht, das Messer ist scharf! Schneiden Sie ______ nicht!
4. Wann sehen wir ______ wieder, mein Liebster?
5. Freust du ______ schon auf die Ferien?
6. Merk ______ die Regel gut!
7. Vorsicht, die Suppe ist heiß! Verbrenn ______ nicht den Mund!

2 Wo fehlt etwas? Ergänzen Sie das Reflexiv-Pronomen an der richtigen Stelle.

1. Das Kind spielt mit der Kerze und verbrennt den Finger.
   Das Kind spielt mit der Kerze und verbrennt sich den Finger.
2. Jedes Jahr zu Silvester verletzen viele Menschen beim Feuerwerk.
3. Sie gehen ins Kabarett und amüsieren köstlich.
4. Wir erkundigen nach den Preisen für einen Flug nach Stuttgart.
5. Morgen wasche ich die Haare.

3 Hermann und Annette

1. Hermann und Annette – sich schon seit langem kennen
   Hermann und Annette kennen sich schon seit langem.
2. sich jeden Tag an der Bushaltestelle sehen ______
3. sich jedes Mal freundlich begrüßen ______
4. sich immer im Bus nebeneinander setzen ______
5. sich während der Fahrt gut unterhalten ______
6. sich am Ende der Busfahrt verabschieden ______
7. sich sehr sympathisch finden ______
8. aber: sich nie am Abend treffen und sich nie zu Hause besuchen ______

______

4 Hermann erzählt. Erzählen Sie aus der Perspektive von Hermann.

1. Ich kenne Annette schon seit langem.
2. *Jeden Morgen sehen wir uns an der Bushaltestelle.*
3. Wir begrüßen ______
4. …

5 Eine andere Geschichte

Anke und Ralf lernen sich im Italienischkurs kennen. Sie finden sich gleich sympathisch.

Schreiben Sie die Geschichte weiter: sich oft nach dem Unterricht treffen – sich gut verstehen – sich verlieben – sich streiten – sich wieder vertragen – sich verloben – heiraten – Happyend!?

22 Die Fliege ist dicker.

Komparativ und Superlativ

Grundform	Komparativ	Superlativ
dick	dick**er**	**am** dick**sten**
dünn	dünn**er**	**am** dünn**sten**
schlecht	schlecht**er**	**am** schlecht**esten**
teuer	teur**er**	**am** teuer**sten**
lang	**länger**	**am längsten**
kurz	**kürzer**	**am kürzesten**
groß	**größer**	**am größten**
nah	**näher**	**am nächsten**
hoch	**höher**	**am höchsten**
gut	**besser**	**am besten**
gern	**lieber**	**am liebsten**
viel	**mehr**	**am meisten**
sehr	**mehr**	**am meisten**

Besondere Formen:
-esten nach *-d, -t, -s, -ß, -sch, -x, -z*
teuer – teurer, sauer – saurer, …

a, o, u –> ä, ö, ü
Ebenso: alt, arg, arm, hart, kalt, krank, scharf, schwach, schwarz, stark, warm, grob, dumm, gesund, jung, klug

Unregelmäßig:
A arbeitet **viel**, aber B arbeitet **mehr**.
Ich interessiere mich **sehr** für Biologie, aber noch **mehr** für Chemie.

Vergleiche

Hans ist (genau) **so groß wie** Erika.
Norbert ist **nicht so groß wie** Hans.
Hans und Erika sind **größer als** Norbert.

! Hinweis
Grundform: **wie**
Komparativ: **als**

Das sagt man oft:
Die Mücke ist dick, aber die Fliege ist **noch dicker**. Herr Braun hat viel Geld, aber Herr Schwarz hat **noch mehr**! Frau Lila hat **viel mehr** Geduld als ihr Mann.

Satzklammer 23

Positionen im Satz

Er	kommt	später	zurück	als sie.
Hans	ist	genauso	groß	wie Erika
➊	➋			

! Hinweis
„als …" und „wie …" meistens nach der Satzklammer!

1 Schreiben Sie den Komparativ und den Superlativ:

1. alt	*älter*	*am ältesten*	5. viel	*mehr*	*am meisten*
2. jung	______	______	6. teuer	______	______
3. groß	______	______	7. gut	______	______
4. hoch	______	______	8. gern	______	______

2 Etwas Geografie

1. Hamburg ist etwa so groß *wie* Vancouver.
2. Ist die Donau wirklich länger ______ der Rhein?
3. Der Eiffelturm ist nicht so hoch ______ das World Trade Center.
4. Was glauben Sie: Ist die Zugspitze höher ______ das Matterhorn oder umgekehrt?
   (Die Zugspitze ist der höchste Berg Deutschlands, das Matterhorn der höchste Berg der Schweiz.)

3 Vergleichen Sie:

~~warm~~ ● klug ● höflich ● sehr ● viel ● bequem

1. Heute ist es viel *wärmer als* gestern, 28 Grad!
2. Alex ist nicht so ______ er glaubt!
3. Dein Stuhl sieht ______ aus ______ mein Stuhl.
4. Thomas arbeitet viel ______ sein Nachbar.
5. Ich interessiere mich sehr für Malerei, aber noch ______ für Theater.
6. Sind die Menschen heute ______ früher?

4 Meine Freundin und ich

1. Meine Freundin Beate ist zwei Jahre *jünger als* ich.
2. Sie geht gern Schilaufen, aber ich schwimme ______.
3. Sie ist 5 cm ______, aber sie wiegt genauso ______ ich.
4. Ihre Haare sind schwarz und etwas ______ meine.
5. Ich gehe oft ins Kino, aber sie ist eine Filmfanatikerin, sie geht ______.

Schreiben Sie noch drei Sätze: viele Leute kennen, schon 2 Jahre hier leben, viel fernsehen

5 Hobbys

Maria sagt: „Ich fahre *gern* Rad, aber *lieber* gehe ich spazieren."
Und Sie? Was machen Sie gern?
(schwimmen, tauchen, Tennis spielen, Golf spielen, joggen, tanzen, wandern, klettern, …)

6 Eine Super-Familie

Großmutter / Großvater ● Mutter / Vater ● Onkel / Tante ● Schwester / Bruder ● Nichte / Neffe ● …

1. Wer in Ihrer Familie ist *am geduldigsten*, wer am …?
2. Meine … ist am geduldigsten, …

jung ● alt ● schlank ● fleißig ● musikalisch ● humorvoll ● ~~geduldig~~

Die Tierpflegerin gibt den Tieren ihr Futter, dem kranken Tiger gibt sie Medizin.

Elemente in der Satzmitte

Satzklammer (gibt … aus / zurück)

Die Tierpflegerin	gibt			den Tieren		ihr Futter.	
Die Kinder	ziehen			sich	schnell	die Schuhe	aus.
Heute	bringe	ich		meiner Mutter		den Wagen.	
Morgen	bringt	sie	ihn	mir			zurück.
❶	❷	Satzmitte					Satzende

Position I: Subjekt oder Adverb

Satzmitte: Subjekt meist direkt hinter dem Verb, wenn nicht auf Position I
Dativ vor Akkusativ, aber Pronomen im Akkusativ vor Dativ
Adverbien stehen oft zwischen zwei Objekten.

Positionen im Satz 11, 16

Akkusativ oder Dativ auf Position I

Bernd	liest		seinen Kindern		ein Märchen	vor,
den Schluss	erzählt	er	ihnen	aber erst morgen.		
Das	verstehe	ich		gut!		
Die Tierpflegerin	bringt		ihren Tieren	heute	neues Futter,	
dem kranken Tiger	gibt	sie			Medizin.	
❶	❷			Satzmitte		Satzende

Akkusativ oder Dativ auf Position I: Verbindung mit Kontext, Thema, Kontrast

Neue Information

					Neue Information	
Heute	bringe	ich	meinem Sohn		ein Fahrrad	mit.
Morgen	leihe	ich		das Fahrrad	einem Freund.	
Ich	kaufe		ihr	das Kleid	heute.	
Ich	kaufe		ihr	heute	ein Kleid.	
❶	❷			Satzmitte		Satzende

Neue Information: rechts in der Satzmitte, oft mit Indefinit-Artikel!

Indefinit-Artikel 14

1 Am Bahnhof. Markieren Sie: Subjekt Akkusativ-Objekt Dativ-Objekt

Der Zug kommt in Köln an. Peter Schulz steigt aus. Er hat Hunger und sucht ein Restaurant. Da sieht er am Zeitungskiosk eine Kollegin. Sie lächelt ihn an. Er vergisst seinen Hunger sofort. Schnell geht er hin und begrüßt sie: „Guten Tag, Frau Korte. Was machen Sie denn hier? Darf ich Sie zu einem Kaffee einladen?" Frau Korte nimmt die Einladung an. In der Cafeteria holt er ihr eine Tasse Kaffee und sie bietet ihm Schokolade an. Fast eine Stunde unterhalten sie sich. Dann fährt ihr Zug ab und Peter ist wieder allein.

2 Wohin gehören Dativ und Akkusativ?

1. Heute bringt der Briefträger Post aus Amerika. (dem Ehepaar)
   Heute bringt der Briefträger dem Ehepaar Post aus Amerika.
2. Nächste Woche besuche ich in London. (dich) ____________________
3. Er sagt ihr noch nicht. (es) ____________________
4. Wir schenken einen Rasenmäher. (unseren Nachbarn) ____________________

3 Formulieren Sie anders:

1. Ich fange morgen meine Diät an! -> *Morgen fange ich meine Diät an!*
2. Volker sieht jeden Abend die Nachrichten im Fernsehen. ->
3. Es regnet nun schon zwei Stunden. ->
4. Leider kommen Herr und Frau Stolz heute nicht mit. ->
5. Der Flüchtling erzählt uns immer wieder die Geschichte seiner Familie. ->

4 Warten am Flughafen. Antworten Sie mit dem Thema auf Position I:

1. Sag mal, was bringst du deinen Freunden und ihrer Tochter aus Kanada mit?
   Meinen Freunden bringe ich Lachs mit, und ihrer Tochter Schokolade.
   (Freunden – Lachs; Tochter – Schokolade)
2. Ich fahre nach Bayern, zum Schloss Neuschwanstein. Kennst du das?
   ____
   (Bayern – gut; Schloss Neuschwanstein – nicht)
3. Kennst du den Witz von der Ameise und dem Elefanten?
   ____
   (den Witz – noch nicht)

5 Was macht der Koch / der Lehrer / der Arzt?

1. bereitet – der Koch – vor – am Nachmittag – kauft – das Fleisch – die Suppe – er – dann
   Der Koch bereitet am Nachmittag die Suppe vor. Dann kauft er das Fleisch.
2. am Donnerstag Morgen – 45 Tests – seinen Schülern – erklärt – er – korrigiert – noch einmal – die Regel – am Mittwoch Abend – der Lehrer
3. verschreibt – eine Lungenentzündung – sofort – der Arzt – hat – ein Antibiotikum – denn – er – dem Mann

Sätze mit Lokal-Objekten

Wo?

Wo ist etwas?
Wo passiert etwas?

Im Kühlschrank sind Milch und Käse. Das Obst steht **auf dem Tisch**.
Die Getränke sind **unter dem Regal**. Der Schlüssel hängt **über dem Regal an der Wand**.

Präposition + Substantiv im Dativ (= Lokal-Objekt)

Subjekt	Verb	Lokal-Objekt
Das Obst	steht	**auf dem Tisch**.

Statische Verben:
sein, bleiben, liegen, stehen, sitzen, hängen, stecken, …

Gebrauch 25

Lokale Präpositionen

in	in der Schüssel · in der Kiste · im Regal	Klaus und Martin sind schon **im Bett**. (= liegen) Das Buch steht **im Regal**. Eva ist **in der Schule**. Der Schlüssel steckt **im Schloss**.
auf	auf dem Tisch · auf dem Berg	Das Obst steht **auf dem Tisch**. Das Kind spielt **auf der Straße**.
unter	unter dem Regal · unter Menschen	Der Ball liegt **unter dem Regal**. Endlich bin ich wieder **unter Menschen** (= nicht allein).
über	über dem Tisch	Die Lampe hängt **über dem Tisch**. Das Buch steht im Regal **über dem Fernseher**.
an	an der Wand · am Fenster	Der Mantel hängt **am Haken**. Ich sitze **am Schreibtisch**. Sie sitzt **an ihrer Magisterarbeit**. Sie steht oft **am Fenster** und schaut hinaus.

am: an + dem → **am** Fenster
im: in + dem → **im** Regal

Mündlich auch: auf'm (= auf dem), über'm (= über dem), unter'm (= unter dem)

Aber: Jemand zeigt auf etwas: an **dem** Fenster, in **dem** Haus (= an **diesem** Fenster, in **diesem** Haus)

dieser 92

1 Was passt hier zusammen?

1. ~~Das Buch steht~~
2. Das Foto liegt
3. Der Schreibtisch steht
4. Das Bild hängt
5. Die Katze liegt
6. Der Koffer liegt

a. im Korb.
b. auf dem Schrank.
c. über dem Kamin.
d. am Fenster.
e. unter der Zeitung.
f. ~~im Regal~~.

1. *Das Buch steht im Regal.*
2. ______
3. ______
4. ______
5. ______
6. ______

2 Was für ein Chaos!

Achten Sie auf das Genus!

Liebe Helga, ich halte das nicht mehr aus. Diese Kinder! Schrecklich!
Die Wohnung ist ein einziges Chaos: In der Küche stehen Tassen und
Teller *auf dem Tisch*, das Obst liegt ______ 1,
Käse und Wurst sind ______ 2, und die Zeitung liegt
______ 3. Das Wohnzimmer sieht nicht besser aus:
Die Spielsachen liegen ______ 4 und ______ 5.
Nur das Bild hängt am richtigen Platz: ______ 6, ______ 7.
Sind deine Kinder auch so schlimm? Wann wird das endlich besser?
Melde dich mal!
Liebe Grüße, Veronika

| ~~auf, Tisch~~; auf, Boden
| in, Regal
| unter, Tisch
| auf, Sofa; unter, Stühle
| an, Wand; über, Kamin

3 Was passt?

1. Seid ihr immer noch *im* Bett?
2. Der Hut hängt ______ Garderobe.
3. Such doch mal ______ Schublade!
4. Ich sitze gerne ______ Schatten ______ Baum.
5. Bitte, Kinder, spielt ______ Garten, nicht ______ Straße!
6. Nur ______ Freunden fühle ich mich richtig wohl!
7. Haben Sie auch eine Satellitenschüssel ______ Dach?
8. ______ Wolken scheint immer die Sonne.

4 Lieber Klaus,

liegen • hängen • sein • stehen • stecken

vielen Dank für alles! Leider muss ich jetzt schnell los.
Das Buch von Jurek Becker *liegt auf dem Wohnzimmertisch*. Ich finde es
sehr gut! Die Fotos ______ 1. Wir haben keine Getränke mehr, die
Flaschen ______ 2. Es gibt noch etwas Milch, die ______ 3. Deine Jacke ______ wieder
______ 4, vielen Dank für's Leihen! ______ 5 eine Fahrkarte für die U-Bahn, ich brauche sie
nicht!
Alles Liebe, Susanne

P.S. Ach mein Gott, der Fahrradschlüssel – wo ist der nur?
Ich glaube, er liegt ______ 6, vielleicht ______ 7
er aber auch ______ 8.

Kühlschrank • Regal • Wohnzimmertisch • Fahrradschloss • Schublade • …

Sätze mit Lokal-Objekten

Wo?

Neben mir sitzt mein kleiner Bruder Micha.
Hinter uns stehen meine Eltern, und
zwischen ihnen, das ist Onkel Paul.

Links ist meine Schwester Carola.
Hinten stehen meine Eltern.

Wo ist etwas?
Wo passiert etwas?

Präposition + Dativ (= Lokal-Objekt) — Lokal-Adverb

Lokale Präpositionen

neben		Das Bad ist **neben der Küche**. Die Post ist **neben dem Supermarkt**.
zwischen		Paul sitzt **zwischen Karin und Sven**. ● Wo ist nur das Foto? ○ Es liegt **zwischen den Briefen**.
vor		**Vor dem Haus** steht ein alter Baum. Ich warte **vor der Post** auf dich.
hinter		Er steht **hinter ihr**. Das Kind versteckt sich **hinter der Tür**.

Lokal-Adverbien

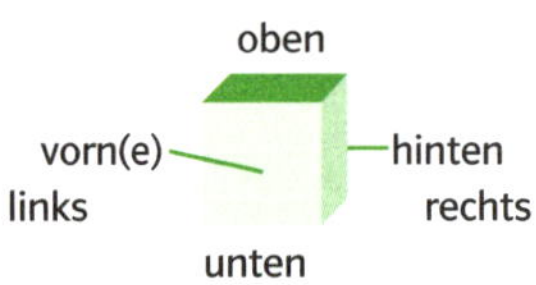

Wir wohnen **oben**, Maiers wohnen **unten**.
Hinten stehen die Erwachsenen, **vorn** sitzen die Kinder.
Links sitzt Micha, **rechts** meine Schwester.

Weitere Lokal-Adverbien 29

Was steht – sitzt – liegt – ist ...?

sein	Der Ball **ist** unter dem Tisch. Das Buch **ist** in der Küche. Karl **ist** im Wohnzimmer.
stehen	Das Buch **steht** im Regal. Der Teller **steht** auf dem Tisch. Was **steht** in dem Brief?
liegen	Das Buch **liegt** auf dem Boden. Neben dem Teller **liegen** Messer und Gabel. Die Jacke **liegt** auf dem Stuhl. Das Wort **liegt** mir auf der Zunge. (idiomatisch: *es fällt mir gleich ein*)
sitzen	Hinter dem Vorhang **sitzt** eine Katze. Kinder, **sitzt** bitte nicht so lange vor dem Fernseher! (*seht nicht so lange fern*). Die Schraube **sitzt** nicht fest. Die Brille **sitzt** auf der Nase.
hängen	Der Schlüssel **hängt** am Haken. Der Mantel **hängt** an der Garderobe. Das Bild **hängt** an der Wand.
stecken	Der USB-Stick **steckt** im Computer. Der Schlüssel **steckt** im Schloss. Wo **steckst** (= bist) du denn?
bleiben	Wie lange **bleibt** er in der Stadt?

! Hinweis
Im Deutschen benutzt man oft die spezifischen Verben, nicht so oft „sein“.

1 Familienskizze

Da, schau mal: Das ist mein Vater – da, zwischen meiner Mutter und meinem großen Bruder. Rechts neben meinem Bruder steht Großvater. Hier vorne sitze ich. Rechts neben mir liegt Prinz, unser Kater. Links von mir sitzt meine Tante Herta, die finde ich sehr nett.

Skizzieren Sie:

2 Wer wohnt wo?

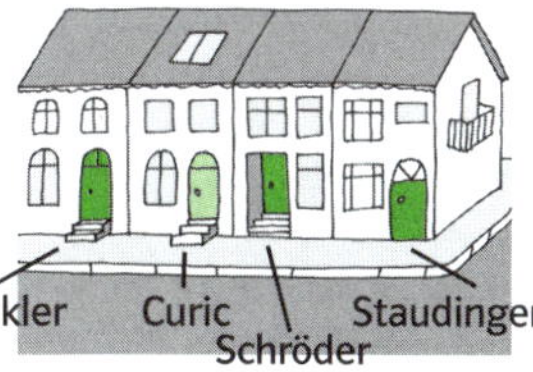

1. Familie Winkler wohnt *ganz links.*
2. Das Ehepaar Staudinger wohnt ____________________
3. Frau Schröder und ihr Freund wohnen ____________________
4. Familie Curic wohnt ____________________

~~ganz links~~ • ganz rechts • links neben • zwischen • rechts neben

3 Das neue Haus

zwischen • unter • oben • vor • neben • unten

Liebe Carmen,

das ist also unser neues Haus! *Neben* *dem* Haus gibt es einen kleinen Garten. Das Haus hat zwei Stockwerke: ____________ 1 sind die Küche, eine Toilette, das Wohnzimmer und eine Abstellkammer, ____________ 2 sind die Schlafzimmer. Das Bad ist ________ ____________ 3 (unser) Schlafzimmer und ____________ 4 Kinderzimmer, das ist sehr praktisch. ________ ____________ 5 Erdgeschoss ist noch ein großer Keller, das ist in Deutschland ganz normal. Leider ist ________ ____________ 6 Haus eine Baustelle, darum ist es oft sehr laut. Aber das hört sicher bald auf!

Achtung!
das Haus, das Schlafzimmer, das Erdgeschoss

4 Sitten. Formulieren Sie mit Präpositionen aus den Kapiteln 24 und 25.

1. ~~Vorhänge, die Fenster (Pl.)~~ — In Deutschland haben viele Leute *Vorhänge vor den Fenstern.*
2. viele Satellitenschüsseln, die Dächer — ____________________ gibt es ____________________
3. Radwege, Gehsteig — In vielen Städten gibt es ____________________

5 liegen – stehen – hängen ...?

1. Das Foto *liegt im* *Regal.*

2. Das Foto ____________ ____________

3. Das Foto ____________ ____________

6 Ein Traum

Samstagmorgen. Ich schlafe lange. Dann stehe ich auf. Alles ist schon fertig: Eine weiße Tischdecke *liegt* ________ 1 Tisch. Der Kaffee duftet; ein Korb mit Brötchen ____________ 2 Kaffeekanne, und auch die Zeitung ____________ 3 Tisch. Die Katze ____________ 4 Fensterbrett und schnurrt mich freundlich an. Das Wochenende kann beginnen!

Sätze mit Direktional-Objekten

Wohin?

Stellen wir die Vase **ins Regal**? **Ans Fenster**? **Auf den Tisch**?
Am besten **in den Schrank**!

Präposition + Substantiv im Akkusativ (= Direktional-Objekt)

Wohin stellen wir die Vase?

Subjekt	Verb	Akkusativ-Objekt	Direktional-Objekt
Wir	stellen	die Vase	in den Schrank.

Dynamische Verben:
legen, stellen, setzen, hängen, stecken, …

„kommen", „gehen", „fahren" … 27, 28

Perspektiven

Wohin?	an • auf • in • neben • zwischen • vor • hinter • über • unter	**Substantiv oder Pronomen im Akkusativ**
Wo?		**Substantiv oder Pronomen im Dativ**

Wohin? A→B

Setzen Sie sich doch **aufs Sofa**, das ist bequemer!
Ich **lege** die Schlüssel **unter die Fußmatte**.
Stell das Auto doch **in die Garage**!
Hängen Sie den Mantel hier **an die Garderobe**.
Steck bitte das Hemd **in die Hose**!
Die Schulsachen **gehören** nicht **in die Küche**!
● **Wohin kommen** denn die Teller?
○ Hier **in den Schrank**!

Wo? A

Man sitzt sehr gut **auf dem Stuhl**!
Paula **liegt auf dem Sofa** und liest.
Im Schrank steht die Vase gut, da seh' ich sie nicht!
● Wo **ist** nur mein Reisepass?
○ Such doch mal **in deiner Handtasche**!
Im Wohnzimmer findest du die Zeitung.
Die Kinder **verstecken** sich immer **im Schrank**.

ans: an + das → **ans** Fenster Mündlich auch: aufs, hinters, übers, vors Regal (= auf das, hinter das, …)
ins: in + das → **ins** Regal
Aber: Jemand zeigt auf etwas: an **das** (= an **dieses**) Fenster; in **das** (= in **dieses**) Regal.

„dieser" 92

1 Was passt hier zusammen?

1. ~~Hängen wir das Bild~~
2. Stell bitte den Tisch
3. Ich lege die Zeitungen
4. Setz dich bitte
5. Ich stelle das Buch
6. Hängen Sie Ihren Mantel

a. dort an den Haken!
b. ins Regal.
c. ~~über den Kamin?~~
d. ans Fenster.
e. hinter deine Mutter!
f. zwischen die Lexika.

1. *Hängen wir das Bild über den Kamin?*
2. ______
3. ______
4. ______
5. ______
6. ______

2 Fototermin

Achten Sie auf das Genus!

auf • unter • ~~neben~~ • vor • hinter

Klaus, setz dich bitte mal *neben deine* Schwester. Karl, du bist so groß, stell dich mal ______ 1 Geschwister! Und leg die Zeitung ______ 2 Tisch! Was machen wir mit Waldi, dem Hund? Am besten legt er sich ______ 3 ganze Familie, sonst sieht man ihn nicht. Nein, Waldi, setz dich bitte nicht ______ 4 Tisch! So ist es gut! Bitte alle lächeln!

3 Wo ist das? – Wohin gehört das?

● Ich finde den Fahrradschlüssel nicht, er hängt nicht *am* Schlüsselbrett und er steckt nicht ______ 1 Schloss! ○ Du steckst ihn doch oft ______ 2 Handtasche, vielleicht ist er da? Oder such mal ______ 3 Manteltaschen. Am besten hängst du ihn in Zukunft immer ______ 4 Schlüsselbrett, dann finden wir ihn immer. ● Ah, jetzt sehe ich ihn, er liegt ______ 5 Wohnzimmertisch. Du hast recht, Schlüssel gehören ______ 6 Schlüsselbrett. Jetzt muss ich aber los, tschüs!

4 Jetzt räumen wir auf! Ergänzen Sie Verben und Lokal-Objekte.

Achten Sie auf das Genus!

| ~~Schrank~~
| Korb, Tisch
| Kiste
| Regal
| Garderobe, Garage
| Garten

Jetzt räumen wir auf! Die Kinder helfen mit! Aber man muss ihnen alles sagen:
Stellt bitte die Tassen und Teller *in den Schrank*! Hebt das Obst auf und ______ es ______ 1, ______ den Korb dann ______ 2! Räumt bitte im Wohnzimmer auf: ______ die Spielsachen ______ 3 und ______ die Bücher ______ 4! ______ eure Jacken ______ 5! ______ bitte das Fahrrad ______ 6, nicht ______ 7.

5 Wohin mit den Möbeln?

Karin und Margot ziehen in eine Wohngemeinschaft. Sie richten die Küche gemeinsam ein. Aber sie haben sehr unterschiedliche Meinungen!

Karin: *Stellen* wir den Tisch *an die Wand*? (Wand)
Margot: Nein, nein, nicht an die Wand! Wir stellen *ihn* (er) besser ______ 1 (Mitte des Raums), ______ 2. (Lampe)
Karin: Wirklich? Das finde ich nicht gut. Dann lieber ______ 3 (Fenster), da hat man wenigstens Licht!

Spielen Sie mit einem Partner / einer Partnerin weiter.

Kommen Sie zu uns auf die Insel, denn bei uns sind Sie König! Leben Sie am Strand, unter Palmen, am Meer!

Verben + Direktional- Objekt

Wohin kommen / gehen / fahren … Sie?
Kommen Sie **zu uns**! Kommen Sie **auf die Insel**!
Kommen Sie **nach Deutschland**!

„zu" und „nach" immer + Dativ

Präposition + Akkusativ

Verben + Lokal- Objekt

Wo wohnen / leben / sind … Sie?
Bei uns sind Sie König!
In Deutschland gibt es auch arme Leute.

Immer: Präposition + Dativ

! Hinweis
Direktional-Objekte: Nur „zu" und „nach" mit Dativ, sonst immer Akkusativ!

Verwendung der Präpositionen

Wohin?		Wo?	
zu	Gehen wir **zu dir**! Im Urlaub fahren wir **zu Freunden nach Polen**. Ich gehe jetzt **zur** (= zu der) **Post**. Er geht **zum** (= zu dem) **Marktplatz**. (*Personen, Institutionen, Läden, Plätze*)	bei	Bleib bitte **bei mir**! Ich arbeite **bei Siemens**. Die Bank ist **bei der Kirche**. Ich habe einen Termin **beim** (= bei dem) **Zahnarzt**. (*Personen, Arbeitsplatz, Nähe*)
nach	Ich fahre **nach Österreich / nach Zürich**. Die Straße führt **nach Norden**. Schau mal **nach links**! (*Länder + Orte <u>ohne Artikel</u>, Lokal-Adverbien*)	in	Ich wohne **in Österreich / in Zürich**. **In welcher Stadt** wohnen Ihre Kinder? (*Länder + Orte <u>ohne Artikel</u>; Gebäude*)
in	Wir fahren **in die Schweiz / in die USA / in den Süden**. Ich gehe **in die Schule / ins Haus**. (*Länder + Orte <u>mit Artikel</u>; Gebäude*)	in	Ich arbeite **in der Schweiz / in den USA**. Ich bin **in der Schule / im Haus**. (*Länder + Orte <u>mit Artikel</u>: Gebäude*)
auf	Kommen Sie **auf die Insel**! Lauf nicht **auf die Straße**! Ich gehe **auf die Universität**. Wir fahren **aufs Land**. (*Insel, Oberfläche, Institution*)	auf	**Auf Kreta** ist es heiß. Es gibt kein Leben **auf dem Mond**. Manche Menschen leben **auf der Straße**. (*Insel, Oberfläche*)
an	Fahrt **ans Meer / an den Strand**! Geh bitte nicht zu nah **ans Ufer**, das ist gefährlich! (*Meer, See, …; Nähe / Rand von etwas*)	an	Ich bin **am Strand / am Meer**. Vorsicht **am Bahnsteig 3**, der Zug fährt ein! (*Meer, See, …; Nähe / Rand von etwas*)

Präpositionen 24 28

! Hinweis
Ich gehe / fahre **nach Hause**. (*in meine Wohnung*)
Ich gehe / fahre **heim**. (süddeutsch/österreichisch)

Ich bin **zu Hause**. (*in meiner Wohnung*)
Ich bin **daheim**. (süddeutsch/österreichisch)

zum: zu + dem → **zum** Strand; **zur**: zu + der -> **zur Schule**
beim: bei + dem → **beim** Zahnarzt

Aber: Jemand zeigt auf etwas:
Ich gehe zu **dem** (= zu **diesem**) Haus

„dieser" 92

1 Dativ oder Akkusativ?

Achten Sie auf das Genus!

Isabella: ● Was machen wir heute? Gehen wir *ins* Kino oder ______ 1 Theater?

Konstanze: ○ ______ 2 Theater sind die Leute so elitär, da gehe ich nicht so gerne hin, und ______ 3 Kino gibt es gerade keinen guten Film.

Isabella: ● Wir können auch ______ 4 (zu, mein) Bruder gehen, der macht heute ein Fest.

Konstanze: ○ Oh Gott, die Feste ______ 5 (bei, dein) Bruder kenne ich, nein, da bleibe ich lieber ______ 6 (zu, Haus).

2 Ein perfekter Ausflug

~~vor~~ ● an ● nach ● in ● auf ● zu

Am Morgen holt unser Reisebus Sie *vor der* Haustür ab. Dann fahren wir ______ 1 Österreich. Wir frühstücken ______ 2 Café unterwegs. Danach geht es weiter ______ 3 Salzburg. Dort gehen wir zuerst ______ 4 Mozarthaus, dann steigen wir ______ 5 Burg. Der Nachmittag ist frei. Um fünf Uhr treffen wir uns ______ 6 Dom und gehen gemeinsam ______ 7 Essen. Das Gasthaus liegt sehr schön ______ 8 Ufer der Salzach. Abends fahren wir gemütlich wieder zurück ______ 9 Hause.

3 Geografie. Fragen Sie Ihren Partner / Ihre Partnerin.

~~Jena~~ ● Graz ● Genf ● Malmö ● Istanbul ● Rom ● Kiew ● Prag ● Mailand ● Seattle ● Krakau

● *In welchem Land liegt Jena?*

○ *Jena liegt in Deutschland.*

Polen ● die Türkei ● Italien ● Tschechien ● Österreich ● ~~Deutschland~~ ● die Ukraine ● die Schweiz ● die USA ● Schweden

4 Hobbys und Interessen

1. Ich arbeite *bei der Post*. Am Wochenende fahre ich gerne ______ See. Da angle ich. Das ist sehr entspannend, man sitzt einfach nur ______ Ufer und schaut ______ Wasser.
2. Wir gehen noch ______ Schule. Im Sommer fahren wir mit meinen Eltern ______ Meer, meistens ______ Insel. Dort liegen wir die meiste Zeit einfach ______ Strand oder baden ______ Meer. Das ist Erholung!
3. Also, ich wandere gerne. Egal, wo. Manchmal steige ich ______ Berg, manchmal wandere ich ______ Wald, oft gehe ich zu Fuß ______ Stadt.
4. Wir fahren am Wochenende oft ______ Freunden. ______ Freunden ist es gemütlich und persönlich, nicht so anonym wie ______ Hotel. Wir haben auch oft Gäste. Die bleiben manchmal ziemlich lange ______ (wir), wir gehen mit ihnen ______ Museum oder ______ Oper. Freunde sind das Wichtigste!

5 Was machen Sie gerne in Ihrer Freizeit?

Schreiben Sie einen kurzen Text wie in Übung 4: Wohin fahren Sie gerne? Wo sind Sie gerne?

Woher?
Die Orangen kommen **aus** Südafrika, die Eier sind **vom** Bio-Bauernhof.

Weitere lokale Präpositionen + Dativ
Woher?

aus	• Kommen Sie **aus Mexiko**? ○ Nein, ich bin **aus Chile.** Sie nimmt das Buch **aus dem Regal**. Ich trinke **aus dem Glas / aus der Tasse.** Ich komme **aus dem Urlaub.** (Ich fahre in Urlaub; ich bin im Urlaub)	*Herkunft* *Gegenteil von „in"*
von	Sie kommt **von ihrer Mutter**. Sie kommt gerade **von der Arbeit**. Iss bitte **vom Teller**, nicht **vom Tisch**!	*Bewegung weg von …*

vom: von + dem -> **vom** Strand; aber: Jemand zeigt auf etwas: Kommst du von **dem** (von **diesem**) Strand?

Wo?

gegenüber	**Gegenüber dem Kaufhaus** ist der U-Bahn-Eingang. **Dem Kaufhaus gegenüber** … Sie steht **mir gegenüber**.

Hinweis
„gegenüber" steht vor oder hinter dem Substantiv; immer hinter dem Pronomen!

Weitere lokale Präpositionen + Akkusativ

durch	Hast du Lust – bummeln wir **durch die Altstadt**? Er joggt jeden Morgen **durch den Park**. Schau mal **durch das Fernrohr**, da sieht man alles ganz deutlich!
gegen	Der Vogel fliegt **gegen die Scheibe**. Sie schwimmt **gegen den Strom**. (idiomatisch: *sie tut nicht das, was alle tun*)
über	Gehen Sie nur bei Grün **über die Ampel / über die Straße**! Er fährt **über die Brücke**. (*auf die andere Seite*) Fährt der Zug nach Wien auch **über Salzburg**?
um (herum)	Fahren wir durch die Stadt oder **um die Stadt** (herum)? Abends sitzt die ganze Familie **um den Tisch** (herum).
entlang	Er geht **die Straße entlang**. (*er folgt der Straße*)
bis	Ohne Artikel: Ich fahre **bis Düsseldorf**. (*Endpunkt*) Mit Artikel: Immer Kombination mit zweiter Präposition: Ich fahre **bis zum** Stadtplatz. Der Weg geht **bis ans Ufer**.

Zur U-Bahn? Gehen Sie über den Zebrastreifen, dann links, immer die Straße entlang, biegen Sie dann rechts ab. Gegenüber dem Kaufhaus ist der Eingang.

Hinweis
„entlang" steht meistens hinter dem Substantiv!

1 Was passt?

1. Ich ~~komme von der~~
2. Kommt ihr aus
3. Fahren wir zu
4. Der Regen trommelt gegen
5. Geh endlich aus der
6. Das Kind läuft über die
7. Ich geh' jetzt ins
8. Ich trinke aus der

a. Düsseldorf
b. Tasse
c. ~~Arbeit~~
d. Wiese
e. Büro
f. Kerstin und Eva
g. das Fenster
h. Sonne

1. *Ich komme von der Arbeit.*
2. ______
3. ______
4. ______
5. ______
6. ______
7. ______
8. ______

2 Woher? Ergänzen Sie „aus" oder „von" + Artikel (wo nötig).

1. Was – Sie sind auch *aus der* Schweiz?
2. Komm endlich ______ Haus, es ist so schönes Wetter!
3. Geh doch bitte ______ Ufer weg, das ist gefährlich!
4. Auf dem Weg ______ Flughafen in die Stadt gibt es immer einen schrecklichen Stau.
5. Warum kommst du denn schon wieder so spät ______ Arbeit?
6. Kommt ihr gerade ______ Urlaub? Ihr seht so erholt aus!

3 Wie komme ich zur Uni?

● Entschuldigung, wie komme ich zur Uni?

○ Das ist etwas kompliziert. Gehen Sie immer *die Straße entlang*, ______ 1. Gehen Sie ______ 2, dann kommen Sie an eine Baustelle. Sie müssen ______ 3 gehen, ______ 4. Überqueren Sie diese Straße und biegen Sie dann nach links ab, dann ist es nicht mehr weit. Der Haupteingang der Uni ist ______ 5.

● Vielen Dank, das ist sehr freundlich. Wissen Sie, ich bin ______ 6, da sind die Universitäten meistens auf einem extra Campus, da findet man alles!

| ~~entlang, Straße~~
| bis zu, Park; durch Park
| um … herum, Baustelle
| bis an, Schnellstraße
| gegenüber, Hochhaus
| aus, USA

4 Wegbeschreibung von Passau nach München. Ergänzen Sie: „durch", „über", „entlang", „bis (zu)".

Ihr könnt *über* Mühldorf fahren, aber da kommt man ______ 1 viele kleine Orte, das kann lange dauern. Besser fahrt ihr ______ 2 Straubing und Landshut, da ist alles Autobahn. Die Autobahn geht ______ 3 München-Schwabing. Dann fahrt ihr Richtung „Deutsches Museum", immer der Isar (= Fluss in München) ______ 4. Fahrt auf keinen Fall ______ 5 Zentrum, das ist mit dem Auto sehr problematisch. Beim Deutschen Museum ist eine Brücke; ______ 6 diese Isar-Brücke müsst ihr fahren. Dann ist es nicht mehr weit ______ 7 uns, wir wohnen in der Milchstraße, gleich hinter dem Kulturzentrum Gasteig. Gute Fahrt!

Sätze mit Lokal-Objekten

Wo?

Wo ist etwas?	Wo passiert etwas?
hier, da, dort drinnen – draußen; drüben oben, unten, vorne, hinten, links, rechts irgendwo – nirgendwo / nirgends überall, …	

! Hinweis
Adverbien haben keine Endungen.

Verwendung der Lokal-Adverbien

hier (*ganz nah beim Sprecher*)	da (*allgemein: Präsenz, Lokalisierung*)	dort (*entfernt vom Sprecher*)
„Der Ball ist **hier**.“	„Ah, **da** ist der Ball!“ „Tut mir leid, Karl ist nicht **da**!“	„Siehst du den Ball **dort**?“

drinnen – draußen	Dort **drinnen** ist das Paradies, und ich stehe hier **draußen**!
da drin / hier drin	● In welchem Schrank sind nur die Tassen? Schau mal **da drin**!
drüben	● Wo ist die Post? Die ist da **drüben**. (*auf der anderen Seite*)
überall irgendwo / nirgendwo	● Hast du meine Brille gesehen? Ich suche sie **überall**, aber ich kann sie **nirgendwo** (**nirgends**) finden! Ich glaube, die liegt **irgendwo** im Bad.
innen – außen	**Außen** ist das Auto rot, **innen** ist es grau und schwarz.
woanders	Hier ist das Buch nicht! Such lieber **woanders**, vielleicht im Wohnzimmer!

Kombinationen: **Hier drinnen** ist es sehr warm! Der Laden ist **da vorne**, hinter der Post.
Links hinten sitzt meine Tante. Oder: **Hinten links** sitzt meine Tante.

Lokal-Adverbien (1) 25

Aussagen

	❶	❷	Satzmitte			Satzende
	Dort drinnen	ist	das Paradies,			
und	ich	stehe		**hier draußen**!		
	Heute	spielen	wir	**hier**	nicht	mit.

Negation 17

Lokal-Adverbien bei Substantiven

● Siehst du das rote Haus **dort**? ○ Ja, es gefällt mir sehr gut!

Den Mann **da vorne** kenne ich, er ist ein Kollege meiner Frau.

! Hinweis
Das Adverb bestimmt das Substantiv, es steht direkt nach dem Substantiv.

1 Gegensätze

1. Ah, das ist also euer Haus. Wohnt ihr oben oder *unten* ?
2. ● Hallo, Gertrud, ist Bernd ________? ○ Nein, tut mir leid, der ist schon weg.
3. Es gibt hier überall teure Läden, aber ________ akzeptiert man Kreditkarten.
4. Seht ihr den Fluss dort? Auf dieser Seite ist Deutschland, ________ beginnt schon Polen.
5. ● Ah! Endlich! Hier drinnen ist es schön warm! ○ Ist es ________ so kalt?

2 Drehbuch für einen Krimi

da drin ● weg ● ~~überall~~ ● nirgends ● da ● dort oben

Szene 1.

Robert kommt in den Raum. Er sucht *überall* den Tresorschlüssel, aber er findet ihn ________ 1.

Robert (nervös): „Wo versteckt Martha nur den Tresorschlüssel? Moment, vielleicht ist er ________ 2, auf dem Schrank? Ah, da ist Marthas Tasche, vielleicht ist er ________ 3? Nein, auch nicht. So ein Mist! Das gibt es doch nicht, er ist einfach ________ 4. Was mache ich nur?" – Plötzlich geht das Licht aus.

Robert: „Wer ist ________ 5? Martha, bist du das?" …

3 Thomas ist krank. Ordnen Sie die Wörter zu Sätzen.

1. Mami, das Buch – gibst – mir – du – bitte – dort oben? *Mami, gibst du mir bitte das Buch dort oben?*
2. bringst – auch – von da hinten – du – mir – den Stift? Ich will malen!
3. Holst du mir auch meinen Teddy? Er – da draußen – liegt – im Garten.
4. Machst du bitte das Fenster auf? Es – hier drinnen – sehr heiß – ist.

4 Die Berge sind wunderschön! Finden Sie passende Lokal-Adverbien, auch in Kombinationen.

Liebe Karla,

seit drei Tagen bin ich in Tirol. Es ist wunderschön: *Oben* auf den Bergen ist es kalt, aber man hat eine prima Sicht. ________ 1 liegt auch noch Schnee! Wir wohnen aber zum Glück im Tal, ________ 2 ist es schön warm. Der Sommer ________ 3 ist herrlich: ________ 4 blühen die Bäume, die Menschen sind freundlich und genießen die Sonne. Am Abend sitzt man hier oft ________ 5, im Garten, und isst Brot mit dem berühmten Speck. Es gibt nur einen Nachteil: In den Bergen gibt es ________ 6 Wanderer, ________ 7 ist man ganz allein.

5 Ein Mietshaus. Beschreiben Sie, wo die Familien wohnen. Kombinieren Sie.

oben, unten, vorne, hinten, links, rechts, in der Mitte, unter …

Beispiel: *Links hinten wohnt die Familie Vargas.*

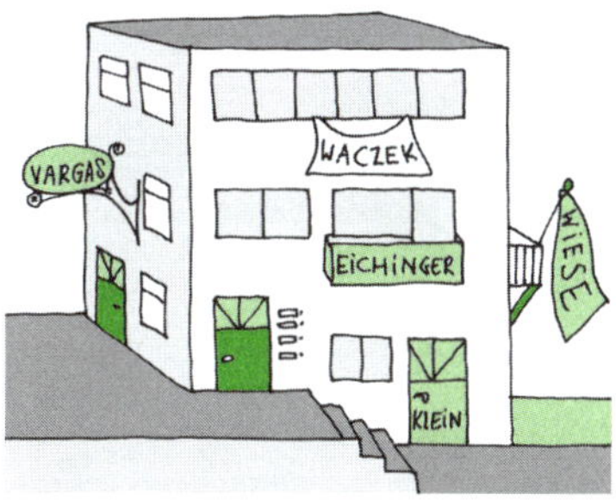

Wohin?	Woher?
Wohin geht / fährt … man?	Woher kommt man?
rauf – runter …	von dort / dorther
hinauf – herunter …	von oben – von unten
vorwärts – rückwärts	von vorne – von hinten
aufwärts – abwärts	
nach rechts – nach oben	von rechts – von links
…	…

! Hinweis
Adverbien haben keine Endungen.

Direktional-Adverbien

her- (*zum Sprecher*)

hin- (*vom Sprecher weg*)

		Kurzform
herauf-	**hin**auf-	rauf- (=herauf- / hinauf-)
herüber-	**hin**über-	rüber- (=herüber- / hinüber-)
herunter-	**hin**unter-	runter-
heraus-	**hin**aus-	raus-
herein-	**hin**ein-	rein-
„zu mir her“	*„von mir weg“*	*man spezifiziert nicht*
(oft schriftlich)		(oft mündlich)

„hin-“, „her-“, „hinauf-“, „rauf-“ … sind Teil des Verbs.
„herunterkommen“: Er kommt zu mir herunter.

trennbare Verben 7

Weitere Direktional-Adverbien

rüber – nach drüben	Da drüben ist ein Freund von mir, ich geh' mal schnell **rüber / nach drüben**.
hierher – dorthin	Komm mal **hierher**, ich möchte dir was sagen! Schau mal **dorthin**, siehst du das Schiff?
aufwärts – abwärts	Ich hasse Achterbahnen – erst geht es langsam **aufwärts**, und dann steil **abwärts**.
vorwärts – rückwärts	In manchen Karussels fährt man mal **vorwärts**, mal **rückwärts** – das ist noch schlimmer.
geradeaus	Gehen Sie immer **geradeaus**, bis Sie an eine große Kreuzung kommen.
irgendwohin, überallhin	Ich möchte am liebsten **irgendwohin** fahren. Egal wohin! **Überallhin**, nur weg von hier!
nach rechts – nach oben	Fahren Sie erst **nach rechts** und dann **nach links**! Schau mal **nach oben**!
von dort / dorther	Sie kommen aus der Ukraine? Meine Freundin ist auch **von dort / dorther**.
von rechts – von oben	In England kommen die Autos **von rechts**! Arabisch liest man **von rechts nach links**.
von außen – von innen	**Von außen** sieht das Haus sehr alt aus, aber **von innen** ist es ganz modern!

Direktional-Adverbien im Satz

Die Autos	kommen		hier	nicht	**von links**!	
Heute	parkst	du	aber gut		**rückwärts**	ein!
❶	❷	Satzmitte				Satzende

Schauen	Sie	mal	**nach rechts**!	
❶	Satzmitte			Satzende

Alles Gute kommt von oben.

Direktional-Adverbien stehen meistens am Ende der Satzmitte, <u>nach</u> der Negation.

Negation 17

1 Ergänzen Sie Adverbien mit „her-" und „hin-":

1. Schau mal, draußen scheint die Sonne, gehen wir *hinaus* auf die Terrasse?
2. Kommt schnell ____ 1, draußen ist es ja unheimlich kalt!
3. ● Hast du Lust, steigen wir morgen auf den Berg?
   ○ Nein, tut mir leid, der ist mir zu hoch, da steige ich nicht ____ 2.
   ● Aber oben hat man eine tolle Sicht ins Tal ____ 3.
   ○ Dann steig du ____ 4 und schau zu mir ____ 5!

2 Eine Bergtour. Ergänzen Sie Lokal- und Direktional-Adverbien.

geradeaus ● herunter ● hinauf ● aufwärts ● von oben ● oben (2x) ● nach links ● nach oben ● nach rechts ● ~~hinaus~~ ● herein ● hinunter

Der erste Tag. Ich schaue vorsichtig durch das Fenster *hinaus*. Die Sonne scheint. So ein schöner Tag! Ich öffne das Fenster, aber sofort mache ich es wieder zu: Es kommt ein kalter Wind ____ 1! Wir packen die Rucksäcke und marschieren los. Ein kurzer Blick ____ 2: Der Berg ist sehr hoch! ____ 3 liegt Schnee! Es geht immer steiler ____ 4. Wir schauen nicht ____ 5, und nicht ____ 6, nur ____ 7. Die Luft wird immer dünner. Karl bleibt stehen und schaut ins Tal ____ 8. Das ist ein Fehler! Man soll immer nur ____ 9 schauen. Wir treffen andere Bergsteiger, sie kommen ____ 10. Ist es noch weit? Nicht mehr sehr weit, sagen sie. Endlich sind wir ganz ____ 11. Die Sonne scheint warm auf uns ____ 12, die Sicht ist wunderbar!

3 In der Geisterbahn. Ordnen Sie die Wörter zu Sätzen.

1. Der Zug fährt los. Wir – nach rechts – fahren. *Wir fahren nach rechts.*
2. Da! Von links – eine kalte Hand – mich – fasst – an. ____
3. Ein Skelett – zu uns – herunter – lacht. ____
4. Jetzt – vorwärts – wir – nicht mehr – fahren. ____
5. Unter uns ist ein riesiger Affe. Er – herauf – klettert – zu uns! ____
6. Wann – wir – fahren – wieder – hinaus – aus der Geisterbahn? ____

4 Antworten Sie mit einem Direktional- oder Lokal-Adverb:

1. ● Schau mal, Mami, da drüben ist Karl! ○ Ja, aber *geh nicht rüber, das ist zu gefährlich.*
   (nicht ... gehen, zu gefährlich)
2. ● Sieh mal, Mathilde, da vorne ist ein schickes Restaurant! ○ Ja, aber wir ... ____
   (nicht ... gehen, keine Zeit)
3. ● Setzen wir uns nach drinnen oder nach draußen? ○ Ich ... ____
   (lieber ... sitzen, ... kalt sein)
4. ● Paul, kletter bitte nicht auf den Baum, das ist gefährlich! ○ Aber Mami, ... ____
   (... so eine schöne Sicht haben)

Verben mit Präpositional-Objekt

Leiden Sie auch **unter dem Regen**?
Schon am Montag **freue** ich mich **auf das Wochenende**!
Jetzt **bin** ich endlich **mit dem Studium fertig**.

Viele Verben haben ein Präpositional-Objekt. Die Präposition gehört fest zum Verb und bestimmt den Kasus.

Subjekt	Verb	„auf" + Akkusativ Präpositional-Objekt
Ich	warte	**auf das Wochenende**!

Subjekt	Verb	„von" + Dativ Präpositional-Objekt
Sie	erzählt	**von ihrer Reise**.

! Tipp
Lernen Sie die Verben mit Präposition und Kasus,
zum Beispiel so:
„warten auf den Regen",
„erzählen von dem Traum"

Manche Verben haben zwei Möglichkeiten:

Mit Präpositional-Objekt:	Ohne Präpositional-Objekt:
Ich **ärgere** mich **über ihn**.	Ich **ärgere** mich.
Unterhaltet ihr euch schon wieder **über Politik**?	Lukas und Sonja **unterhalten** sich.
Vergiss nicht **auf die Schlüssel**! (österreich. Standard)	**Vergiss** die Schlüssel nicht! (deutscher Standard)
Mit einem Präpositional-Objekt:	Mit einem anderen Präpositional-Objekt:
Ich **freue** mich **auf das Wochenende**. (*am Donnerstag*)	Ich freue mich **über das Geschenk**. (*ich habe es schon*)
Ich **denke** immer **an das Wochenende**. (*Gedanken*)	Was denken Sie **über die neue Regierung**? (*Meinung*)
Er **leidet an einer** schweren **Krankheit**. (*längere Zeit*)	**Leiden** Sie auch **unter dem Wetter**? (*im Moment, jetzt*)

Manche Verben haben zwei Präpositional-Objekte:
Er **bedankt** sich **bei ihr für die Geschenke**. **Mit dir diskutiere** ich nicht mehr **über Erziehung**!

Aussagen

Sie	dankt	ihm	sehr	**für seine Hilfe.**	
Mit dir	diskutiere	ich	nicht mehr	**über Erziehung!**	
Wann	fängst	du	endlich	**mit der Arbeit**	an?
❶	❷	Satzmitte			Satzende

Präpositional-Objekte stehen rechts in der Satzmitte (nach der Negation) oder auf Position I.

Präpositional-Objekte:
auf, durch, für, gegen, ohne, über, um: **Mit Akkusativ**
Mit Dativ: aus, bei, mit, nach, seit, von, unter, zu
Mit Akkusativ oder Dativ: an

Verben mit festen Präpositionen **Anhang**

1 Was passt? Was passt nicht?

1. ~~Ich warte schon lange~~
2. Ich freue mich nicht
3. Seit Tagen leide ich
4. Ich spreche nicht gerne
5. Sie interessiert sich gar nicht
6. Ich denke immer nur

a. auf Montag.
b. an ihn.
c. für Fußball
d. ~~auf den Bus.~~
e. unter der Hitze.
f. über Politik.

1. *Ich warte schon lange auf den Bus.*
2. ______
3. ______
4. ______
5. ______
6. ______

2 Lebensberatung

Sie wollen das Leben positiver sehen? Hier sind ein paar Tipps: Viele Menschen hoffen nur *auf* die Zukunft, sie freuen sich immer nur ______ 1 den nächsten Monat, das nächste Jahr. Das ist gefährlich! Leben Sie in der Gegenwart! Freuen Sie sich auch ______ 2 kleine Dinge in Ihrer Umgebung: bunte Schmetterlinge, freundliche Menschen, kleine Komplimente. Interessieren Sie sich ______ 3 Ihre Mitmenschen, denken Sie nicht immer nur ______ 4 sich selbst! Manchmal klappt nicht alles optimal – ärgern Sie sich nicht ______ 5 kleine Probleme! Und: Fangen Sie heute ______ 6 Ihrem neuen Leben an!

3 Gesprächspartner. Ergänzen Sie die Präposition und den Artikel. Achten Sie auf den Kasus.

Mit Werner diskutiere ich gerne ______ 1 Politik. ______ 2 Frisör unterhalte ich mich immer ______ 3 Urlaub. ______ 4 Nachbarin spreche ich immer ______ 5 Garten, und ______ 6 Karin rede ich gerne ______ 7 Gott und die Welt.

4 Sei vorsichtig!

1. Herr Grasberger – Politik – diskutieren *Diskutier nicht mit Herrn Grasberger über Politik!*
2. Herbert – der Unfall – erzählen ______
3. Frau Kreuzer – die Scheidung – erinnern ______
4. In der Schule – das Wochenende – träumen ______
5. Mutter – der Geburtstag – vergessen ______

5 Persönliche Vorlieben. Fragen Sie Ihren Partner / Ihre Partnerin oder schreiben Sie Ihre Vorlieben auf einen Zettel.

sich (sehr) interessieren
sich ärgern / sich freuen
oft denken
hoffen
leiden
sich (nicht) gerne unterhalten
neugierig sein
protestieren

auf ● gegen ● unter ● an ● für ● über ● mit

Politik Sport Mode Kochen
Unhöflichkeit Unpünktlichkeit
Urlaub Freundlichkeit
Arbeit die Vergangenheit
Frieden Glück Reichtum
die Zukunft das Wetter …

● *Interessieren Sie sich für …?*
○ *Nein, interessiere mich für …*

Bezug auf Aussagen und Sachen

● Der Wagen macht ein komisches Geräusch. ○ Ich kümmere mich **darum**. (sich kümmern um)

● Am 4. Juli habe ich Geburtstag. **Dazu** lade ich meine Freunde ein. (jemanden einladen zu)

Präpositional-Adverbien beziehen sich auf eine **ganz Aussage** oder auf **eine Sache**.

Form: da + bei → dabei Ebenso: dafür, dagegen, damit, dazu, ...
Vor Vokal: da + auf → darauf Ebenso: darum, darin, darunter, darüber, ...

Bezug auf Personen

● Hier ist der Kranke! ○ Gut, ich kümmere mich **um ihn**.

● Ich komme morgen! ○ Prima, ich freue mich schon **auf dich**!

! **Bei Personen**: Präposition + Personalpronomen (nicht: ~~darum~~, ~~darauf~~)

Fragewörter

● **Worüber** beschwert er sich denn? ○ Über die laute Musik!

● **Über wen** redet ihr? ○ Über deinen Chef.

Bei Sachen: „wo" + Präposition: wobei, ...
Vor Vokal: „wor-": worauf, worüber, ...
Bei Personen: Präposition + Fragewort

Das sagt man oft:

● Komm, räum mal auf! ○ Nein, ich habe keine Lust **dazu**!
Hier ist alles sehr bürokratisch – **daran** gewöhne ich mich nie!
Was macht die Diplomarbeit – bist du schon **damit** fertig?
Worauf wartest du noch? Fang endlich an!
Womit soll ich das bezahlen? (*so viel Geld habe ich nicht*)

● „Eine Umfrage: Sind Sie für Atomkraft?"
○ „Nein, ich bin dagegen!"

1 Ratschläge. Was passt?

1. ~~Die Arbeit macht mir keinen Spaß.~~
2. Die Beamtin ist sehr unfreundlich zu mir.
3. Morgen ist eine schwere Prüfung!
4. Er weiß nichts von meinen Sorgen.
5. Ich freue mich sehr über Wolfgangs Geschenk!

a. Dann erzähl ihm doch davon! *1. d*
b. Dann bereite dich gut darauf vor! ______
c. Dann bedank dich doch bei ihm! ______
d. ~~Dann hör doch damit auf!~~ ______
e. Dann beschwer dich doch über sie! ______

2 Fragen

1. (sich besonders freuen) ● *Worauf freust du dich besonders?* ○ Auf das Wochenende.
2. (gerade telefonieren) ______ ○ Mit meiner Freundin.
3. (sich gerne erinnern) ______ ○ An meinen vierten Geburtstag.
4. (oft träumen) ______ ○ Von einem Lotteriegewinn.

3 Ergänzen Sie:

1. ● Herr Ober, das Essen ist zu salzig. ○ Oh, das tut mir leid! Ich kümmere mich sofort *darum*.
2. Ein tolles Geschenk! ______ freue ich mich sehr! Ich danke Ihnen ganz herzlich ______.
3. ● Wann schreibt mir denn Jutta endlich wieder! ○ Denk doch nicht immer ______, es gibt noch andere Menschen!
4. ● Herr Minister, was sagen Sie zu den Vorwürfen? ○ ______ sage ich momentan gar nichts!
5. Ihre Arbeit ist hervorragend – ich gratuliere Ihnen ganz herzlich ______.
6. ● Wie lösen wir nur dieses Problem? ○ Sei mal still, ich denke gerade ______ nach!
7. Der Computer ist sehr langsam. ______ arbeite ich nicht mehr.
8. ● Schrecklich heiß ist es hier! ○ Ja, aber Sie gewöhnen sich sicher bald ______.
9. Herr Gretscher ist ein hervorragender Mitarbeiter. Ich kann mich immer vollkommen ______ verlassen.

4 Eine glückliche Ehe

Gut, er ist kein Märchenprinz. Und er ist nicht immer ordentlich. *Daran* gewöhnt man sich aber nach einer Weile. Aber wir interessieren uns beide ______ 1 (Musik, Theater, Kunst). Ich bin nicht mehr so verliebt ______ 2 wie am Anfang, aber es ist völlig klar: Ich gehöre ______ 3 und er gehört ______ 4. Seit acht Jahren bin ich ______ 5 verheiratet und ich bin sehr glücklich ______ 6. Nur ______ 7 (Politik) streiten wir manchmal. Er ist so konservativ! Ich bin für mehr Umweltschutz, er ist ______ 8. Ich bin ______ 9 (der Feminismus), er ärgert sich ______ 10. Und so weiter. Meistens diskutieren wir gar nicht ______ 11 es hat ja doch keinen Sinn.

5 Fragen Sie Ihren Partner / Ihre Partnerin:

● *Worauf freust du dich? / Worauf freuen Sie sich?*
○ *Ich freue mich auf die Ferien.*

(Angst haben, sich ärgern, träumen, lachen, oft sprechen, immer diskutieren, oft denken, glauben, sich interessieren, …)

mein Chef ● die Arbeit ● Fußball ● meine Freundin ● mein Freund ● Geld ● Liebe ● Gott ● Politik ● die Ferien

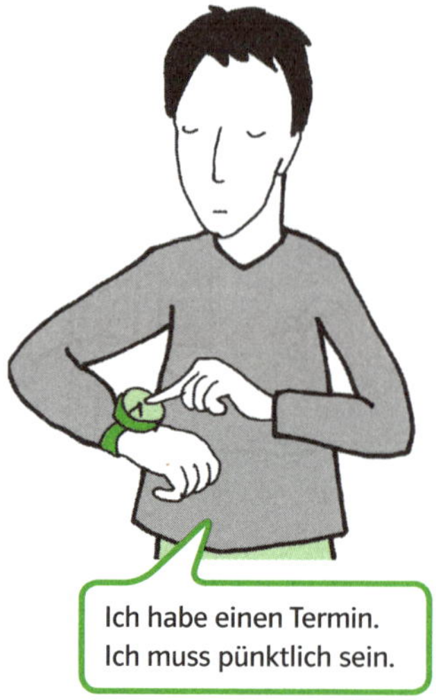

Modalverben im Satz

						Bedeutung
Aussage:	Er	**kann**		schon gut	**rechnen.**	*Fähigkeit*
	Hier	**können**	Sie	sich	**erholen.**	*Möglichkeit*
W-Frage:	Was	**willst**	du	denn	**lesen**?	*Plan, Absicht*
	❶	❷ Modalverb konjugiert		Satzmitte	Satzende: Infinitiv	
Ja/Nein-Frage:		**Müssen**	Sie heute		**pünktlich sein**?	*Notwendigkeit*
		❶ Modalverb konjugiert		Satzmitte	Satzende: Infinitiv	

Präsens

	können	wollen	müssen
ich	kann	will	muss
du	kann**st**	will**st**	mus**st**
er / sie / es	kann	will	muss
wir	könn**en**	woll**en**	müss**en**
ihr	könn**t**	woll**t**	müss**t**
sie	könn**en**	woll**en**	müss**en**
Sie	könn**en**	woll**en**	müss**en**

! Hinweis
Keine Endung:
ich kann — er kann
ich will — er will

Erinnern Sie sich? Andere Verben mit zwei Teilen!

Trennbare Verben 7

! Hinweis
Modalverb ohne Infinitiv:
● Komm, wir gehen jetzt spazieren!
○ Ich will aber nicht!
Mich anziehen? Das kann ich schon alleine!
(Der Infinitiv ist implizit.)

Besondere Verwendung von *können*

Höfliche Bitte

„Können Sie mir bitte helfen?"

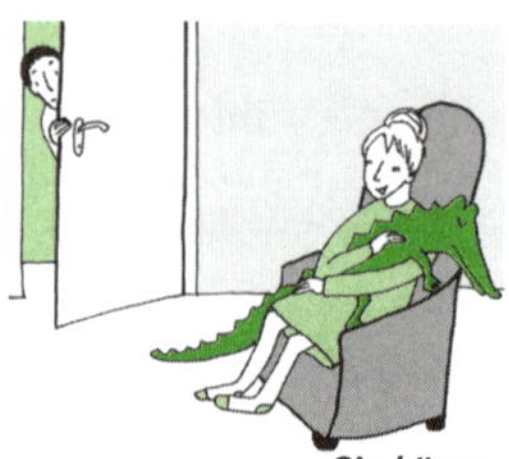

Erlaubnis

„Sie können ruhig hereinkommen!"

1 „müssen" oder „können"?

1. Ich habe es eilig. Ich *muss* um 10 Uhr in der Uni sein.
2. Er ist schon hier? Das ist unmöglich, das ______ nicht sein.
3. Heute komme ich nicht mit. Ich ______ heute das Haus putzen.
4. Fremdsprachen? Ich ______ gut Französisch und ein bisschen Chinesisch.

2 Was passt?

1. ~~Können Sie mir bitte mal helfen?~~	*1. d*	a. Ja, natürlich. Ist dir kalt?
2. Kannst du bitte das Fenster zumachen?	______	b. Ja, klar. Also pass auf: …
3. Kannst du das noch einmal wiederholen?	______	c. Aber natürlich. Verstehen Sie mich jetzt?
4. Können Sie bitte etwas langsamer sprechen?	______	d. ~~Ja, natürlich, gern. Was kann ich machen?~~

3 Hallo! – Eine Nachricht auf dem Anrufbeantworter. Ergänzen Sie bitte: wollen – können – müssen

Hallo, Elisabeth! Hier spricht Heinz. Elke und ich *wollen* am Wochenende einen Ausflug machen. ______ 1 du mitkommen? Das Wetter ist gut, da ______ 2 wir endlich mal in die Berge gehen. Am Samstag ______ 3 ich noch Einkäufe machen, aber am Sonntag ______ 4 wir früh losfahren. Ich ______ 5 zum Mittagessen oben auf dem Berg sein. Ruf bitte schnell zurück!

4 Was fehlt hier? Markieren Sie in den Sätzen mit || , wo ein Verb oder ein Modalverb fehlt und notieren Sie es.

1. Herr Schmidt liegt im Krankenhaus. Er muss jeden Morgen um fünf Uhr eine Tablette ||. 2. Er nicht allein aufstehen. 3. Am Sonntag kommt seine Freundin zu Besuch, aber sie schon bald gehen. 4. Sie will noch ihre Großeltern. 5. Herr Schmidt liest ein Buch, es ist sehr spannend; er es gar nicht mehr aus der Hand legen. 6. Um acht Uhr er fernsehen, aber es gibt keinen guten Film.

1. || *nehmen* 2. ______ 3. ______ 4. ______ 5. ______ 6. ______

5 Was muss man da machen?

1. Sie haben Ihre Kreditkarte verloren. (Bank anrufen – sofort) *Ich muss sofort die Bank anrufen.*
2. Karin meldet sich zum Sprachkurs an. (Formular ausfüllen – zuerst)
3. Juan will Auto fahren. (Führerschein machen – zuerst)

6 Fragen Sie bitte höflich!

1. *Können Sie mir bitte das Salz geben?*	Ja, hier bitte.
2. ______	S – C – H – M – I – T – Z.
3. ______	Nein, ich habe leider kein Kleingeld.

7 Was sagen Sie in dieser Situation?

1. Sie sind die Chefin in einem Büro. Sie interviewen eine Kandidatin für den Job als Sekretärin. Das wollen Sie wissen: Briefe mit dem Computer schreiben? Englisch? Auto fahren? Abends länger bleiben?
2. Sie sitzen im Bus. Sie wollen zum Kaufhaus Karstadt. Was fragen Sie den Busfahrer?

Modalverben im Satz

						Bedeutung
Aussage:	Sie	**darf**		nun endlich	**Auto fahren.**	*Erlaubnis*
W-Frage:	Wann	**soll**	ich	morgen	**kommen?**	*Aufforderung*
	❶	❷ Modalverb konjugiert	Satzmitte		Satzende: Infinitiv	
Ja/Nein-Frage:		**Möchten**	Sie	einen Kaffee	**trinken?**	*Wunsch*
		❶ Modalverb konjugiert	Satzmitte		Satzende: Infinitiv	

Präsens

	dürfen	sollen	(kein Infinitiv)
ich	darf	soll	möchte
du	darf**st**	soll**st**	möchte**st**
er / sie / es	darf	soll	möchte
wir	dürf**en**	soll**en**	möcht**en**
ihr	dürf**t**	soll**t**	möcht**et**
sie	dürf**en**	soll**en**	möcht**en**
Sie	dürf**en**	soll**en**	möcht**en**

Erinnern Sie sich? Andere Verben mit zwei Teilen!

Trennbare Verbern 7

! **Hinweis**
Keine Endung:
ich darf er darf
ich möchte er möchte

! **Hinweis**
Modalverb ohne Infinitiv:
Ich möchte jetzt am liebsten einen Kaffee!
(Der Infinitiv ist implizit.)

ich muss 33
starke Notwendigkeit
Ich brauche Geld:
Ich **muss** arbeiten.

ich soll
Aufforderung durch andere Person
Deine Schwester ist krank,
du **sollst** sie anrufen.

Du sollst Vater und Mutter ehren!
(Aus der Bibel)

ich will 33
starker Wille, Plan
Kim **will** Deutsch lernen, denn
sie **will** in München arbeiten

ich möchte
vorsichtiger Wunsch; höflich
Ich **möchte** einmal eine Reise nach Afrika machen.
Beim Einkaufen: Ich **möchte** bitte 100 g Salami.

1 Verkehrs-Quiz

1 

2 

3 

4 

5 

______ a. Hier ______________________ man nur 50 fahren.

______ b. Autos ______________________ hier halten.

______ c. Hier ______________________ man parken.

______ d. Autos ______________________ jetzt anhalten.

3 e. Jetzt *darf* man weiterfahren.

2 Erziehung

Kind:	Mutter:	Kind:
● Ich will ein Eis haben!	○ Wie sagt man das?	● *Ich möchte bitte ein Eis haben.*
● Ich will jetzt nach Hause gehen!	○ Wie sagt man das?	● ______________________
● Ich will heute schwimmen gehen!	○ Wie sagt man das?	● ______________________

3 Situationen: Muss ich? Darf ich? Kann ich?

1. Ich kann zwar Klavier spielen, aber ich *darf / soll* nicht. (Das stört die Nachbarn.)
2. Ich darf zwar Klavier spielen, aber ich ______________ nicht. (Das Klavier ist kaputt.)
3. Ich will nicht kommen, aber ich ______________. (Es ist nötig.)

4 Was schreibt Klaus?

Klaus macht eine Weltreise. Er schickt seiner Freundin Sibylle eine Postkarte.

> Liebe Sibylle, mir geht es gut, mach dir keine Sorgen.
> Nur noch zwei Monate, dann komme ich nach Hause.
> Vergiss mich nicht! Schöne Grüße an deine Familie!
> Dein Klaus

Sibylle erzählt ihrer Mutter am Telefon:

„Klaus hat geschrieben. Es geht ihm gut. *Ich soll mir keine Sorgen machen*. Stell dir vor, er kommt in zwei Monaten nach Hause. Er sagt, ich ______________ 1. Natürlich vergesse ich ihn nicht! Ach ja, und ich ______________ 2 von ihm sagen."

5 „sollen" oder „müssen"?

1. Sie *müssen* hier unterschreiben, bitte.
2. Was meinst du, Arthur, ______________ ich mit Scheck bezahlen oder bar?
3. Leider ______________ wir morgen wieder nach Hause fahren.
4. Herr Schmidt, Ihre Frau hat angerufen. Sie ______________ bitte gleich zurückrufen.

6 Kinder haben's schwer: „sollen" und „dürfen"

1. Thomas: Erlaubnis – im Bett noch lesen. Aber: vorher die Zähne putzen

   Thomas darf im Bett noch lesen. Er soll sich aber vorher die Zähne putzen.

2. Susanne. Erlaubnis: Reitstunden nehmen. Aber: auch für die Schule lernen
3. Wolfgang. Erlaubnis: zur Party gehen. Aber: pünktlich um 22 Uhr wieder zu Hause sein

Hier darf man nicht rauchen.

Heute ist Sonntag. Er muss nicht arbeiten. (Er braucht nicht zu arbeiten.)

Modalverben: Negation

					Bedeutung
Maria	**kann**	noch	**nicht**	**Auto fahren.**	*sie hat noch nicht die Fähigkeit*
Das	**kann**		**nicht**	**sein!**	*das ist nicht möglich*
Susanne	**will**	am Sonntag	**nicht**	**kochen.**	*sie hat gar keine Lust*
Peter	**möchte**	am Samstag	**nicht**	**kochen.**	*er hat keine große Lust*
Ich	**muss**	heute	**nicht**	**arbeiten.**	*es ist nicht notwendig*
Ich	**brauche**	heute	**nicht**	**zu arbeiten.**	*es ist nicht notwendig*
Er	**darf**	noch	**nicht**	**Auto fahren.**	*es ist verboten, er hat noch keinen Führerschein*
Man	**soll**	mit vollem Mund	**nicht**	**sprechen.**	*das ist nicht akzeptabel*
Ich	**möchte**	**kein** Eis		**essen.**	*ich habe keinen Appetit auf Eis*
Ich	**darf / soll**	**keinen** Kaffee		**trinken.**	*der Arzt hat es mir verboten*
❶	❷	Satzmitte		Satzende	

! Hinweis

Ich brauche nicht zu arbeiten.
Mündlich auch ohne „zu“: Ich brauche nicht arbeiten.
„brauchen“ konjugiert man wie ein normales Verb:
ich brauche, du brauchst, er braucht, …

Negation mit „nicht“ 17
Negation mit „kein“ 18
Verben im Präsens 3

ich brauche nicht
es besteht keine Notwendigkeit
Du brauchst nicht zu kommen.

ich darf nicht
Verbot
Ich darf nicht Auto fahren.
ich habe keinen Führerschein

ich muss nicht
es besteht keine Notwendigkeit
Du musst nicht kommen.

ich soll nicht
moralische Norm oder negative Empfehlung
Der Chef sagt, wir sollen nicht mit dem Auto fahren, sondern mit der Bahn.

1 Was passt?

1. ~~Hier dürfen Sie nicht parken!~~ *1.c* — a. Ja, ich weiß. Das ist schlecht für den Kreislauf.
2. Nach dem Essen soll man nicht schwimmen. ______ — b. Nein, du musst nicht, du willst!
3. Hier können Sie nicht telefonieren. ______ — c. ~~Ist es dort drüben erlaubt?~~
4. Ich muss heute ins Kino gehen! ______ — d. Ich muss aber dringend mal anrufen!

2 Das Leben eines kleinen Jungen. Bitte ergänzen Sie: wollen – können – müssen – dürfen

Es ist Montag Nachmittag. Thomas (6 Jahre) kommt aus der Schule.

Er *will* sofort Fußball spielen. Aber er ______ 1 nicht. Die Mutter sagt:

- Zuerst ______ 2 du deine Hausaufgaben machen!
- Aber ich ______ 3 nicht!
- Dann ______ 4 du auch nicht Fußball spielen.

Das Telefon klingelt. Sein Freund Leonardo fragt:

- Thomas, ______ 5 du rauskommen und spielen?
- Nein, ich ______ 6 nicht, ich ______ 7 zuerst meine Hausaufgaben machen.

3 Was Eltern aus der Sicht der Kinder dürfen / (nicht) müssen / sollen

1. Eltern *müssen* immer arbeiten.
2. Eltern ______ abends lange fernsehen.
3. Eltern ______ mehr Zeit für ihre Kinder haben.
4. Eltern ______ nicht so früh ins Bett.
5. Eltern ______ nicht gehorchen.
6. Eltern ______ tun, was sie wollen.

4 Nichts ist ihr recht! Spielen Sie den Dialog mit Ihrem Partner / Ihrer Partnerin.

Mutter und Tochter sitzen zu Hause. Es regnet. Die Mutter macht Vorschläge, aber die Tochter ist nie einverstanden.

Mutter: Wir können ein Spiel spielen.

Tochter: *Nein, ich möchte kein Spiel spielen.*

Mutter: Dann vielleicht fernsehen? Oder einen Kuchen backen? Oder …

5 Kinder haben's schwer

1. Thomas – Verbot – spät abends fernsehen. Auch nicht: nach 21 Uhr noch im Bett lesen!

   Thomas darf spät abends nicht mehr fernsehen. Er soll auch nach 21 Uhr nicht mehr im Bett lesen.

2. Susanne – Verbot: ihr neues Kleid in die Schule anziehen. Nicht schmutzig machen!

   ______

3. Wolfgang – Verbot: zur Party gehen. Sondern: für seine Prüfung lernen!

   ______

Wie?

Wie macht man etwas?
schnell, langsam, vorsichtig, … gut, besser, am besten, … gern, lieber, am liebsten, …

! Hinweis
Adverbien haben keine Endungen.
Adverbien der Art und Weise können Komparativ und Superlativ haben.

Komparativ, Superlativ 22

Adverbien der Art und Weise im Satz

Fahr	nicht so **schnell**!	
❶	Satzmitte	Satzende

Am liebsten	möchte	Monika				auf der Landstraße	fahren.
Heidrun	liest		ihre Krimis	nicht	**gern**	im Bett.	
Am Abend	hört	sie	sich		**lieber**	ein Konzert im Radio	an.
Das Team	spielt		heute	gar nicht	**gut**.		
Sie	stellt		die Vase		**vorsichtig**	auf den Tisch.	
❶	❷			Satzmitte			Satzende

Das Adverb der Art und Weise steht auf Position I oder in der Satzmitte.
In der Satzmitte steht es nach der Negation und vor dem Lokal- und Direktional-Objekt.

Negation 17

Adverbien der Art und Weise: Verwendung

Lokal- und Direktional-Objekt 24 – 28

gut	Eva spricht **gut** Französisch,
besser	aber Englisch spricht sie **besser**.
am besten	**Am besten** spricht sie Spanisch.
schlecht	Er kann sehr **schlecht** sehen, er braucht eine Brille.
laut	Sprechen Sie bitte etwas **lauter**!
so	● Wie macht man das? ○ Guck mal, **so**!
anders	Kann man das auch **anders** machen?
irgendwie	Ich fühle mich **irgendwie** ganz schlapp heute.
gern	Ich tanze für mein Leben **gern**!
lieber	Nichts mache ich **lieber** als tanzen!
am liebsten	**Am liebsten** möchte ich immer tanzen.

1 Steckbriefe. Bestimmen Sie die Berufe von Rosa, Heinz und Annette.

1. Rosa spricht fließend Französisch, sie schreibt schnell auf der Maschine und organisiert Konferenzen. *Sie ist* ______
2. Heinz behandelt kranke Tiere sorgfältig und spricht geduldig mit ihnen. ______
3. Annette spielt gut Theater und tanzt und singt hervorragend. ______

2 Wer macht was wie?

neugierig • fantastisch • ~~wunderbar~~ • stolz • ~~begeistert~~ • vorsichtig

1. Der Sänger singt, die Zuschauer hören zu.
   Der Sänger singt wunderbar, die Zuschauer hören begeistert zu.
2. Der Vater schlägt einen Nagel in die Wand, der Sohn sieht zu.
3. Der Sohn spielt Theater, der Vater schaut zu.

3 Harry hat es eilig. Ordnen Sie die Wörter zu Sätzen.

1. Harry hat es eilig: Er – ordentlich – nicht – schreiben – ins Heft – die Sätze
   Er schreibt die Sätze nicht ordentlich ins Heft.
2. Er – sorgfältig – nicht – wäscht sich – die Hände
3. Er – vorsichtig – nicht – stellen – in den Schrank – die Teller

4 Der neue Chef

anders • genau • gern • irgendwie • pünktlich • ~~schnell~~ • wenig (manchmal auch Komparativ oder Superlativ)

Liebe Sabine!
Das muss ich dir erzählen: Wir haben einen neuen Chef. Er möchte alles ändern! Stell dir vor, wir Sekretärinnen sollen *schneller* tippen, wir sollen sogar ______ 1 Pause machen. Die Assistenten im Labor sollen ______ 2 arbeiten. Am Morgen sollen wir alle ______ 3 kommen. Alles sollen wir ______ 4 machen! Na ja, ich denke, ______ 5 können wir das alles schaffen. Aber ich möchte ______ 6 wieder meinen alten Chef haben! Bis bald, Monika

5 Was ziehen Sie vor?

1. Schwimmbad – in der Woche: nicht so voll
   Ins Schwimmbad gehe ich lieber in der Woche, da ist es nicht so voll.
2. Kino – am Nachmittag: nicht so teuer
3. Im Urlaub – in den Süden: scheint die Sonne
4. In der Klasse – hinten sitzen: da …

6 Was machen Sie gern in Ihrer Freizeit? Was nicht?

Ich arbeite gern im Garten, aber ich mähe nicht gern den Rasen. / … und ich mähe besonders gern den Rasen.

Und Sie? Sport treiben – Fußball spielen; Musik hören – Jazz; Karten spielen – Poker; ins Kino gehen – Horrorfilme; …

- Was glaubst du? Scheint morgen die Sonne?
- Wahrscheinlich. (Vielleicht. / Leider nicht. / …)

Modal-Adverbien drücken die Haltung des Sprechers aus: Was glaubt er? Was meint er?

Modal-Adverbien

Wahrscheinlichkeit	bestimmt sicher(lich) wahrscheinlich vielleicht eventuell	Heute kann er nicht, aber morgen kommt er **bestimmt**! Sie kommt **sicher(lich)** auch mit. **Wahrscheinlich** scheint morgen die Sonne. Aber **vielleicht** regnet es, es ist nicht sicher. **Eventuell** können wir dann unseren Ausflug nicht machen.
Bewertung	glücklicherweise / zum Glück hoffentlich leider unglücklicherweise dummerweise	Der Benzintank ist leer. Aber sie hat **glücklicherweise** einen Kanister mit Benzin dabei. **Zum Glück** hat sie auch einen Ersatzreifen dabei. Sie kommen doch **hoffentlich** heute noch? **Leider** spricht er nicht Chinesisch. Er kann sich **unglücklicherweise** an nichts erinnern. **Dummerweise** habe ich heute mein Geld nicht mit!
Annahmen	anscheinend wirklich natürlich	• Meinst du, ihm gefällt das Spielzeug? ○ **Anscheinend** schon, er spielt viel damit. (*es sieht so aus, ich glaube es*) • Ich springe nachher vom 10-Meter-Brett. ○ Willst du das **wirklich** machen? (*bist du sicher? / ist das dein Ernst?*) • Ich glaube, ich kann das nicht. ○ Aber Klaus, **natürlich** kannst du das! (*ich bin sicher und will den anderen überzeugen*)

Adverbien der Art und Weise im Satz

! Hinweis
Wörter mit der Endung „-weise" sind immer Adverbien.

Leider	hat	der Wetterbericht		nicht immer	Recht.
Er	kommt		heute **sicher**	nicht mehr nach Hause.	
Nach dem Urlaub	hat	Hans	**natürlich**	kein Geld mehr.	
❶	❷	Satzmitte			Satzende

Das Modal-Adverb steht auf Position I oder in der Satzmitte.
In der Satzmitte steht das Modal-Adverb vor der Negation.

Adverbien der Art und Weise 36
Vermutungen 77, 81

1 Was passt zusammen? Es gibt mehrere Möglichkeiten.

1. Bestimmt ___1.a,f___
2 Zum Glück ______
3. Vielleicht ______
4. Eventuell ______
5. Leider ______
6. Natürlich ______
7. Anscheinend ______

a. hat er heute schlechte Laune. Er sieht sehr ärgerlich aus.
b. haben Millionäre auch Probleme. Das beruhigt mich.
c. weiß er es auch nicht. Wer kann mir helfen?
d. ist Katharina schon zu Hause. Ich weiß es nicht.
e. komme ich heute zum Mittagessen, Mama. Ich komme doch jeden Sonntag!
f. will er dir nicht wehtun. Er meint es nicht so.
g. können wir heute schwimmen gehen. Das kommt auf das Wetter an.

2 Leider, zum Glück oder ...?

1. Ich möchte gern einen Apfelsaft, aber hier gibt es ___*leider*___ nur Orangensaft.
2. Du meinst, er möchte gar nicht mitkommen? Du hast ______________ Recht.
3. Erika ist noch nicht aus der Schule zurück. ______________ ist nichts passiert!
4. Meine Tasche ist weg! ______________ ist nicht viel Geld drin.
5. Frag doch den Portier! ______________ weiß er, wo das Theater ist.

3 Hoffnungen

1. Annegret hofft: Viele Gäste kommen zu meinem Fest.
   Hoffentlich kommen viele Gäste zu meinem Fest!
2. Ihre Freundin Veronika hofft: Ich lerne einen netten Mann kennen.
   ____
3. Ihr Schulfreund Wolfgang hofft: Ich lerne Annegrets Freundin Veronika besser kennen.
   ____
4. Annegrets Mann hofft: Es gibt nicht wieder so viel schmutziges Geschirr wie letztes Mal.
   ____
5. Sohn Uwe hofft: Das Wetter wird schön, da können wir draußen grillen.
   ____

4 Vermutungen

1. Annegret: Warum sind erst fünf Leute da? Es ist doch schon 8 Uhr!
   Wahrscheinlich ___*ist wieder viel Verkehr.*___
2. Ihre Freundin Veronika: Warum spricht der nette Typ da drüben mich nicht an?
   Wahrscheinlich ______________________________
3. Wolfgang: Warum ist Veronika immer mit Annegret in der Küche?
   Wahrscheinlich ______________________________
4. Annegrets Mann: Warum probiert niemand meine Ananas-Bowle?
   Wahrscheinlich ______________________________
5. Uwe: Warum sitzen die Leute so steif herum?
   Wahrscheinlich ______________________________

38 Das ist aber gefährlich!

Das ist gefährlich. (*neutral*) Das ist **aber** gefährlich! (*emotional*)	Mit Modal-Partikeln kann der Sprecher seinen Worten einen besonderen, oft emotionalen Ausdruck geben.

Modal-Adverbien

aber	Das ist **aber** schön! Der Kaffee ist **aber** heiß!		*Erstaunen, Überraschung*; oft „aber“ + Adjektiv
ja	● Was, Uwe, du bist **ja** schon da! ● Peter macht morgen ein Fest. Ich komme **ja** schon!	○ Unser Turnlehrer ist krank. ○ Ich weiß, er hat **ja** morgen Geburtstag.	*Überraschung* *beide wissen, Peter hat morgen Geburtstag* *Verärgerung: du siehst, ich komme schon*
doch	A: Gehen wir einkaufen? B: Nein! Heute ist **doch** Sonntag! Nehmen Sie **doch** ein Taxi! Jetzt komm **doch** endlich!		*B erinnert A:* *heute ist Sonntag, die Läden sind geschlossen* *Ratschlag* *manchmal Ungeduld: das habe ich schon gesagt*
mal	Komm **mal** bitte her! Schau **mal**! Mach **mal** bitte die Tür zu!		*„mal“ macht die Aufforderung freundlicher*

Oft gibt es Kombinationen: Das ist **aber doch mal** etwas anderes!

Imperativ 6

Modal-Partikeln im Satz

Peter	hat	**ja**	morgen	Geburtstag.	
Du	sprichst	**aber**	schon gut		Deutsch!
❶	❷		Satzmitte		Satzende

Komm	**doch**	bitte	**mal**	her!
Mach	**doch**			zu!
❶		Satzmitte		Satzende

! Hinweis
Modal-Partikeln stehen nie auf Position I, sondern immer in der <u>Satzmitte</u>.
Die Modal-Partikeln stehen meist <u>vor</u> den Adverbien. Sie sind immer unbetont.

1 Überraschst Sie das?

~~Sushi~~	schnell	1. *Das Sushi ist aber gut!*
Essen	nett	2. ______
Der neue Lehrer	höflich	3. ______
Kellner	~~gut~~	4. ______
Verkäuferin	lecker	5. ______

2 Noch mehr Überraschungen

1. Er spricht schon gut Deutsch. → *Er spricht aber schon gut Deutsch!*
2. Ich verstehe schon viel. → ______
3. Ihr Name ist kompliziert. → ______
4. Das ist noch weit. → ______

3 Partikeln verstehen. Unterstreichen Sie die Modal-Partikeln und ordnen Sie die Bedeutung zu.

1. Er ist ja schon weg!	*1.b*	a. (ich habe es schon gesagt)
2. Ich weiß es doch nicht.	______	b. (ich bin überrascht)
3. Der Stoff ist aber fein!	______	c. (siehst du das nicht?)
4. Ich komme ja schon!	______	d. (ich bin überrascht über die Qualität)

4 Welche Partikel passt?

ja • mal • doch

1. Da bist du *ja* ! Ich freue mich sehr.
2. Hab ______ keine Angst, da kann gar nichts passieren!
3. Rate ______,wie alt ich bin!
4. • Haben Sie Schokoladeneis? ○ Ich schau ______ nach, einen Moment!
5. Das ist mir zu teuer. Du weißt ______, ich habe wenig Geld.
6. Der Hamburger ist ______ gar nicht so schlecht! Normalerweise schmecken die mir nicht.

5 Mach doch mal!

Kai erzählt seinem Freund Erich: Den ganzen Tag muss ich was im Haus machen, ich hab' gar keine Zeit zu spielen. Dauernd sagt meine Mutter:

„Kai, putz dir doch mal die Zähne!" (sich die Zähne putzen) ...

Was sagt Kais Mutter noch? (sein Zimmer aufräumen, die Post aus dem Briefkasten holen, den Tisch abräumen, einen Brief an Tante Ulla schreiben)

6 Das mache ich ja! Spielen Sie den Dialog mit Ihrem Partner / Ihrer Partnerin.

Karin und Sophie gehen ins Theater. Karin stimmt in allem mit ihrer Freundin Sophie überein.

Sophie: Wir müssen zuerst noch bei der Bücherei vorbei.

Karin: *Wir gehen ja bei der Bücherei vorbei!*

Sophie: Du musst dich aber noch umziehen! ... Bitte nimm genug Geld mit! ... Wir müssen unbedingt pünktlich da sein.

● Ich muss sehr viel reisen. ○ So? Was sind Sie **denn** von Beruf?	Mit Modal-Partikeln kann der Sprecher seinen Worten einen besonderen, oft emotionalen Ausdruck geben.

Modal-Partikeln

wohl	● Ist Peter schon da? ○ Nein, er ist **wohl** noch unterwegs. Ist das **wohl** richtig so?	*ich nehme es an* *in Fragen auch: Unsicherheit*
denn	● Hallo, Paul! ○ Hallo Peter! Wie geht es dir **denn** heute? ● Ich muss sehr viel reisen. ○ So? Was sind Sie **denn** von Beruf? ● Dolmetscherin. ● Hallo, ich bin leider zu spät. ○ Hast du **denn** keine Uhr?	*Interesse, Freundlichkeit* *genauere Nachfrage* *negative Frage: implizierter Vorwurf*
eigentlich	● Wir müssen jetzt los! ○ Wie spät ist es **eigentlich**? ● Möchten Sie eine Tasse Kaffee? ○ **Eigentlich** trinke ich keinen Kaffee, aber heute nehme ich mal einen.	*genauere Frage: oft Wechsel des Themas* *in Aussagen: im Grunde* *(hier auch auf Position I möglich)*
eben / halt	Das ist **halt** so! ● Guck dir mal das Kinderzimmer an! Ein totales Chaos! ○ Beruhige dich. Kinder sind **eben** so.	*da kann man nichts machen* *da kann man nichts machen*

Mündlich auch: Was ist'n hier los? (ist'n = ist denn)

Modal-Partikeln im Satz

Wie	heißt	du	**denn eigentlich**?		
Eigentlich	esse	ich		kein Fleisch.	
Ich	kann	das Auto	**wohl** morgen	zur Reparatur	bringen.
❶	❷		Satzmitte		Satzende

Modal-Partikeln stehen nie auf Position I, sondern immer in der Satzmitte.
Ausnahme: „eigentlich" in der Bedeutung *im Grunde*.
Die Modal-Partikeln stehen meist vor den Adverbien. Sie sind unbetont.

Modal-Partikeln (1) 38

1 In der Pause. Sie sprechen in der Pause mit einem Kursteilnehmer. Fragen Sie ihn freundlich und interessiert.

1. Wie heißen Sie? → *Wie heißen Sie denn?*
2. Woher kommt Ihre Familie? → ______
3. Wo wohnen Sie hier? → ______

2 Kommst du mit in die Kneipe?

Eigentlich muss ich noch einen Vortrag vorbereiten.
(noch einen Vortrag vorbereiten)

- Kommst du morgen mit schwimmen? ______
(schon etwas anderes vorhaben)

- Spielst du am Samstag mit Fußball? ______
(nicht gern Ballspiele spielen)

3 Was passt hier?

denn • eben / halt • eigentlich • ~~wohl~~

1. Er sieht müde aus, er arbeitet *wohl* zu viel.
2. Na, wie geht es ______ so?
3. Otto gewinnt immer, er ist ______ der Beste, da kann man nichts machen.
4. Jetzt tanzen wir schon zwei Stunden zusammen und ich kenne Sie gar nicht. Wie heißen Sie ______?

4 Dann nehme ich eben einen Kaffee!

- Leider haben wir keinen Tee. ○ *Dann nehme ich eben einen Kaffee.* | ~~einen Kaffee nehmen~~
- Im Moment ist leider kein Tisch mehr frei. ○ ______ | warten
- Das Schwimmbad ist heute geschlossen. ○ ______ | in die Bücherei gehen
- Die Straßenbahn kommt erst in 40 Minuten. ○ ______ | zu Fuß gehen

5 Am Telefon

1. Wolfgang: Sag *mal*, Karin, hast du heute schon was vor?
2. Karin: Nein, warum fragst du ______?
3. Wolfgang: Na ja, ich möchte gern einen Ausflug machen. Hast du Lust?
4. Karin: Lust habe ich schon, aber ______ muss ich noch den Unterricht vorbereiten.
5. Wolfgang: Das kannst du ______ heute Abend machen. Um sieben Uhr sind wir wieder zurück.
6. Karin: Na gut! Das Wetter ist so schön. Da sollte man ______ nicht zu Hause bleiben, du hast Recht.
7. Wolfgang: Toll! Dann pack ______ schnell deine Sachen zusammen, ich hole dich um 11 Uhr ab.

6 Gespräche am Frühstückstisch

1. • Sag mal, wann kommst du eigentlich heute nach Hause? ○ So um 7 Uhr heute Abend.
2. • ______? ○ Heute habe ich einen Termin beim Arzt.
3. • ______? ○ Der heißt Müller.
4. • ______? ○ Ja, sehr nett.

40 Warum haben sie uns denn nichts gesagt?

Perfekt

„**Hast** du schon **gehört**? Elke und Jens **haben** in den Ferien **geheiratet**.“	Mit dem Perfekt kann man (meist mündlich) über Ereignisse in der Vergangenheit berichten.

Modal-Partikeln im Satz

	Präsens von „haben“		Partizip Perfekt
Sie	**haben**	in den Ferien	**geheiratet**.
Warum	**haben**	sie uns denn nichts davon	**gesagt**?
Ich	**habe**	ihn erst gestern Abend in der Stadt	**gesehen**.
Peter	**hat**	seinem Vater sehr oft	**geholfen**.
❶	❷ Verb	Satzmitte	Satzende

Das Perfekt wird meist mit „haben“ gebildet.

Perfekt mit „sein“ 41

Bildung des Partizip Perfekt

Regelmäßige Verben:	sagen heiraten	**ge**-sag-**t** **ge**-heirat-**e**-**t**	**ge**- + Stamm + -**t** Bei *-d* oder *-t* am Ende des Stamms: -**e**-**t**
Unregelmäßige Verben:	sehen trinken helfen schneiden beißen essen geschehen	**ge**-seh-**en** **ge**-**trunk**-**en** **ge**-**holf**-**en** **ge**-schn**itt**-**en** **ge**-**biss**-**en** **ge**-**gess**-**en** gescheh-**en**	**ge**- + Stamm + -**en** Der Stammvokal ändert sich oft, manchmal ändert sich auch der Konsonant.
Mischformen:	denken kennen wissen bringen nennen	**ge**-**dach**-**t** **ge**-**kann**-**t** **ge**-**wuss**-**t** **ge**-**brach**-**t** **ge**-**nann**-**t**	**ge**- + Stamm + -**t** und Änderung des Stammvokals

Unregelmäßige Verben 44, Anhang

Andere Partizipformen 42

1 Wie heißt der Infinitiv?

1. geholfen – *helfen* ________
2. geschnitten – ________
3. gelesen – ________
4. gewusst – ________
5. gedacht – ________
6. gebracht – ________

2 Wie heißt das Partizip?

1. nehmen – *genommen* ________
2. liegen – ________
3. brechen – ________
4. nennen – ________
5. sprechen – ________
6. bitten – ________

3 Welches Verb passt? Und in welcher Form?

schließen ● sagen ● ~~hören~~ ● schreiben ● finden

1. Hast du heute schon die Nachrichten *gehört?* ________.
2. Dieses Jahr habe ich keine einzige Karte aus dem Urlaub ________.
3. Warum haben sie uns denn nichts davon ________.
4. Der Portier hat die Tür wie jeden Abend um 19 Uhr ________.
5. Hans hat einen Ring auf der Straße ________.

4 Konsequenzen

1. Ich bin hundemüde. Ich habe letzte Nacht schlecht *geschlafen* ________.
2. Er möchte nicht ins Kino gehen. Er hat den Film schon ________.
3. Mir ist ein wenig schlecht. Ich habe zu viel ________.
4. Die Kartoffeln sind jetzt gar, sie hat sie 25 Minuten lang ________.
5. Mein Portmonee ist weg! Jemand hat es ________.
6. Sie können auf keinen Fall Auto fahren! Sie haben zu viel Alkohol ________.
7. Jetzt ist der Hund aber sauber! Otto hat ihn gründlich ________.

5 Wie hast du das Omelett gemacht?

1. Zuerst habe ich die Eier schaumig *geschlagen* ________ (schlagen). 2. Dann habe ich Salz und Kräuter, Mehl und Milch in die Schüssel ________ (geben). 3. Das habe ich alles gut ________ (mischen). 4. Dann habe ich den Teig in die Pfanne mit heißem Fett ________ (schütten). 5. Jedes Omelett habe ich fünf Minuten auf jeder Seite ________ (braten).

6 Hast du schon deine Hausaufgaben gemacht?

1. Ja, klar. Ich habe den Text laut *gelesen* ________.
2. Dann habe ich die englischen Vokabeln ________.
3. Die Mathematik-Aufgaben habe ich auch schon alle ________.
4. Und schau mal: Ich habe ein Bild von unserem Haus ________.

Perfekt mit sein

Einige Verben bilden das Perfekt mit „sein“.

	Präsens von „sein“		Partizip Perfekt	
Gestern Wir	**sind** **sind**	sie nach Acapulco gleich nach dem Film nach Hause	**geflogen**. **gefahren**.	Veränderung des Orts: A -> B
Der Junge Juan	**ist** **ist**	im letzten Jahr sehr jetzt Lehrer	**gewachsen**. **geworden**.	Veränderung eines Zustands
Was Zum Glück	**ist** **ist**	 dem Kind nichts	**geschehen**? **geschehen**.	Verben des „Geschehens“
Wo Ihr	**ist** **seid**	er denn die ganze Zeit aber nicht lange auf dem Fest	**gewesen**? **geblieben**!	„sein“ und „bleiben“
	② Verb	Satzmitte	Satzende	

Perfekt mit „haben“ 40

Perfekt mit „haben“

Die meisten Verben, besonders:

- Verben mit Akkusativ-Objekt
- Reflexive Verben
- Modalverben

Perfekt mit „sein“

- Verben der Ortsveränderung
- Verben der Zustandsveränderung
- Verben des „Geschehens“
- „sein“ und „bleiben“

! Hinweis

Einige Verben können mit „sein“ oder „haben“ gebildet werden:
Ich **habe** gelegen, gesessen, gestanden, ... (norddeutsch)
Ich **bin** gelegen, gesessen, gestanden, ... (süddeutsch, österreichisch)

Manchmal gibt es verschiedene Bedeutungen:

Neulich **habe** ich ein tolles Auto **gefahren**!
(Hier gibt es ein Akkusativ-Objekt.)

Er **ist** nach Dresden **gefahren**.
(Hier ist die Ortsveränderung wichtig.)

Unregelmäßige Verben mit „haben“ oder „sein“ Anhang

1 Welches Verb passt? In welcher Form?

werden • ~~sein~~ • sterben • kommen

1. Sind Sie schon einmal in Bulgarien *gewesen*?
2. Wann ist er gestern Abend nach Hause ____________?
3. In welchem Jahr ist Goethe ____________?
4. Heute früh hat es geregnet, aber am Nachmittag ist es wieder schön ____________.

2 „haben" oder „sein"?

1. A: Wie *sind* Sie heute zum Institut gekommen?
   B: Ich ________ die Straßenbahn genommen.
2. A: Was ________ du am Samstag gemacht?
   B: Ich ________ ins Kino gegangen.
3. A: Wo ________ ihr euch eigentlich zum ersten Mal gesehen?
   B: Wir ________ beide mit einer Gruppe nach Ibiza gefahren.
4. A: ________ ihr gestern noch lange bei Richard geblieben?
   B: Nein, wir ________ dann auch so um 10 Uhr nach Hause gegangen.
5. A: Ihr Geburtsdatum bitte!
   B: Ich ________ am 30.9.1972 geboren.
6. A: ________ ihr letztes Wochenende wirklich auf die Zugspitze gestiegen?
   B: Ja, und stell dir vor: Oben ________ wir unseren Deutschlehrer getroffen!
7. A: Entschuldigung, das ist mein Platz.
   B: Nein, hier ________ ich immer gesessen.

3 Eine Ansichtskarte aus Italien

Liebe Helga!

Viele Grüße aus Palermo! Wir *sind* gleich mit dem Zug nach Süditalien *gefahren* und nicht so lange in Rom ____________ 1. Zum Glück ____________ wir hier sofort ein Hotel ____________ 2. Es liegt herrlich, direkt am Strand. Da ____________ wir gestern den ganzen Tag in der Sonne ____________ 3. Leider ____________ Heinz gleich am ersten Tag sein Portmonee ____________ 4.

So ein Pech! Aber wir genießen den Urlaub trotzdem. Viele Grüße, deine Karin

P.S. ____________ du der Katze ihr Futter ____________ und die Blumen ____________ 5?

4 Eine Ansichtskarte aus Norwegen. Schreiben Sie nun Ihrer Freundin / Ihrem Freund eine Ansichtskarte aus Norwegen.

Liebe(r) ... Viele Grüße aus Norwegen! Hier gefällt es uns sehr. Am ersten Tag ...

____

____

____

(am ersten Tag lange schlafen, frühstücken, den ganzen Tag regnen, in die Sauna gehen, drei Stunden im Schwimmbad bleiben, am Abend im Restaurant essen, zur Disko fahren)

Verben mit Präfix: trennbar

Das Präfix ist trennbar und betont.

Präsens:

*ab*fahren:	Der Zug **fährt** pünktlich **ab**.
*teil*nehmen:	Er **nimmt** am Kongress **teil**.
*zurück*kommen:	Wir **kommen** bald **zurück**.

Ebenso: anfangen, ankommen, aussteigen, einkaufen, mitnehmen, umsteigen, …

Trennbare verben 7

Perfekt

Wann ist der Zug denn ab**ge**fahren?
Hat sie auch teil**ge**nommen?
Sind sie pünktlich zurück**ge**kommen?

„ge-" zwischen Präfix und Verb

Verben mit Präfix: nicht trennbar

Das Präfix ist nicht trennbar und unbetont

Präsens:

erschrecken:	Die dunkle Gestalt **erschreckt** mich.
sich versöhnen:	Wir **versöhnen** uns sofort wieder.
wiederholen:	Er **wiederholt** den Satz.

Ebenso: beginnen, empfehlen, sich entschuldigen, erzählen, missverstehen, übersetzen, sich unterhalten, vergessen, verkaufen, zerreißen, verzeihen, …

! Hinweis
be-, emp-, ent-, er-, miss-, ver-, zer- : nie betont und nie trennbar!

Perfekt

Jetzt habe ich mich aber **erschrocken**!
Sie haben sich schnell wieder **versöhnt**.
Wie oft hat er den Satz **wiederholt**?

kein „ge-"

Verben auf -ieren:

Präsens:

passieren:	Hier **passiert** nie etwas.
studieren:	Sie **studieren** in Wien.
probieren:	Er **probiert** alles.

Perfekt:

Dem Fahrer ist fast nichts **passiert**.
Wo haben Sie denn **studiert**?
Hast du schon das Eis **probiert**?

kein „ge-"

Ebenso: informieren, kopieren, markieren, operieren, sortieren, …

1 Wie heißt das Partizip? Bilden Sie die Partizipien der Verben und ordnen Sie sie in die richtige Spalte.

~~verzeihen~~ ● probieren ● bringen ● geschehen ● ~~bezahlen~~ ● regnen ● stehen ● entschuldigen ● bleiben ● sitzen ● sein ● erzählen ● laufen ● leihen ● übersetzen ● mitnehmen ● zurückbringen ● ~~einsteigen~~ ● ~~treffen~~ ● ~~wissen~~ ● platzen ● schmelzen ● liegen ● ~~einkaufen~~ ● verstehen ● verbieten ● einschlafen ● vergessen ● mitkommen ● aufstehen ● anfangen ● antworten ● hinsetzen

ge___t	ge___en	___en	___t	___ge___t	___ge___en
gewusst	*getroffen*	*verziehen*	*bezahlt*	*eingekauft*	*eingestiegen*
___	___	___	___	___	___
…	…	…	…	…	…

2 Perfekt mit „haben" oder „sein"? Nun ordnen Sie dieselben Verben nach einem anderen Kriterium.

Perfekt mit „haben":

ich habe gewusst

ich habe getroffen

…

Perfekt mit „sein":

ich bin eingestiegen

…

3 Welches Verb passt? In welcher Form?

vergleichen ● warten ● empfehlen ● ~~kennen lernen~~ ● einsteigen ● überweisen ● anrufen ● wegnehmen

1. Wo habt ihr euch eigentlich *kennen gelernt*?
2. Wer hat Ihnen den Rechtsanwalt ___________?
3. Fahrscheinkontrolle! Wo sind Sie denn ___________?
4. Mama! Peter hat mir den Teddy ___________!
5. 500 Euro für das Fahrrad! Habt ihr auch gut die Preise ___________?
6. Das Geld ist auf meinem Konto! Die Firma hat es mir endlich ___________.
7. Warum hast du mich denn nicht ___________? Ich habe auf deinen Anruf ___________.

4 Was hat er gefragt?

1. *Bist du mit dem Auto gekommen?* — Nein, mit dem Bus.
2. ___________ — Nein, erst bis Seite 50.
3. ___________ — Ja, seit vorigem Monat wohnt er in der Mozartstraße.
4. ___________ — Nein, sie ist ihm immer noch böse.

5 Was haben Sie letzten Sonntag gemacht? Sprechen Sie mit Ihrem Partner / Ihrer Partnerin.

Zum Beispiel: „Mein Sohn ist mit meinem Mann zum Fußball gegangen, da habe ich mal richtig ausgeschlafen. Dann …"

(**Fahren Sie fort**: duschen, sich anziehen, lange frühstücken, die Zeitung lesen, zusammen Mittag essen, zum See fahren, spazieren gehen, ein Buch vorlesen, Fernsehen gucken, um 10 Uhr ins Bett gehen)

Vor vielen, vielen Jahren lebten auf unserer Erde Dinosaurier. Es gab unzählige verschiedene Arten. Manche liefen auf zwei Beinen, manche auf vier.
Viele waren sehr groß und wogen bis zu 85 Tonnen. Manche aßen nur Pflanzen, andere auch Fleisch. Der Pflanzenfresser Stegosaurus hatte harte Platten auf seinem Rücken …

Präteritum

Das Präteritum verwendet man vor allem in schriftlichen Texten für Erzählungen und Geschichten in der Vergangenheit.

Perfekt 40 – 42

	leben	atmen	geben	laufen	haben	sein
ich	leb-**te**	atm-**ete**	gab	lief	hatte	war
du	leb-**te-st**	atm-**ete-st**	gab-**st**	lief-**st**	hatte-**st**	war-**st**
er / sie / es	leb-**te**	atm-**ete**	gab	lief	hatte	war
wir	leb-**te-n**	atm-**ete-n**	gab-**en**	lief-**en**	hatte-**n**	war-**en**
ihr	leb-**te-t**	atm-**ete-t**	gab-**t**	lief-**t**	hatte-**t**	war-**t**
sie	leb-**te-n**	atm-**ete-n**	gab-**en**	lief-**en**	hatte-**n**	war-**en**
Sie	leb-**te-n**	atm-**ete-n**	gab-**en**	lief-**en**	hatte-**n**	war-**en**

! Hinweis
Keine Endung:
ich lebte — er lebte
ich gab — er gab
ich hatte — er hatte
ich war — er war

Regelmäßige Verben:
Stamm + **te** + **Endung**
Nach *-d*, *-t* oder Konsonant + *-m*/*-n*: **-ete** (atm**ete**)

Mischform: salzen, salzte, gesalzen

Unregelmäßige Verben:
Stamm + **Endung**
Der Stammvokal ändert sich.

Unregelmäßige Verben 44

Perfekt
Allgemein in der <u>mündlichen</u> Sprache,
aber auch in persönlichen Texten, z.B. Briefen,
ebenso in Nachrichten oder Zeitungstexten:
Heute **ist** der Bundeskanzler nach Rom **geflogen**.
Das Ereignis ist noch relevant für die Gegenwart:
Es **hat geschneit**!

Präteritum
Vor allem in der <u>schriftlichen</u> Sprache,
in Berichten, Romanen, Erzählungen, Märchen:
Es **war** einmal ein König, der **hatte** eine Tochter …

Eine Folge von Ereignissen wird beschrieben:
Er **trat** hinaus. Es **schneite**. Schnell **ging** er die Straße hinunter zur Bushaltestelle.

Das sagt man oft:

- Was **habt** ihr gestern **gemacht**? (Perfekt)
- Wir **hatten** Besuch und **waren** im Theater. („haben" und „sein": Präteritum)

1 Wie heißt das Präteritum?

1. wir sind gelaufen	*wir liefen*	4. es hat geregnet	________
2. er hat nachgedacht	________	5. sie sind angekommen	________
3. ich habe gefroren	________	6. sie hat genommen	________

2 Mein Onkel – ein Bericht

gefallen • diskutieren • herstellen • sein (2x) • einladen • ~~haben~~ • sitzen • suchen • verdienen

Mein Onkel war Schreiner. Er *hatte* eine kleine Möbelfirma. Die vier Angestellten und er ________ Möbel in Handarbeit ________ 1. Das ________ 2 natürlich sehr teuer, und sie ________ 3 nicht viel. Aber es machte ihnen allen Spaß. Mittags ________ 4 sie oft zusammen und ________ 5 neue Ideen für außergewöhnliche Möbel. 1992 ________ mich mein Onkel in die Firma ________ 6. Ich ________ 7 damals gerade mit der Schule fertig und ________ 8 nach einem passenden Beruf. Aber die Arbeit in der Schreinerei ________ 9 mir nicht so gut – ich bin dann Erzieher geworden.

3 Perfekt oder Präteritum?

- Helga, wo warst du gestern? (einen Film ansehen) ○ *Ich habe mir einen Film im Kino angesehen.*
- Und Hans, was hast du gestern gemacht? (im Theater sein) ○ ________
- Doris, hattet ihr gestern Besuch? (zu den Nachbarn auf ein Fest gehen) ○ ________

____

4 Ein Lebenslauf

| ~~kommen~~, bleiben | wechseln, machen | gewinnen | abschließen | beginnen

Ich *kam* 1972 in die Grundschule. Dort ________ 1 ich vier Jahre, danach ________ 2 ich auf das Gymnasium. Den meisten Spaß ________ 3 mir Sport. 1978 ________ 4 ich dann auch einen Ersten Preis im Weitsprung. Im Jahr 1985 ________ ich das Gymnasium mit dem Abitur ________ 5 und ________ 6 im Oktober mit dem Sport-Studium an der Universität Köln.

5 Noch ein Lebenslauf. Schreiben Sie Ihren Lebenslauf wie in Übung 4.

(Zum Beispiel: Grundschule, Gymnasium (andere Schule?), Abitur (Abschlussprüfung), Studium, Beruf, …)

6 Ein Treffen

berichten • erinnern • sein • erzählen • schweigen • ~~treffen~~ • spazieren gehen • reden • fahren • sitzen

Nach 20 Jahren *trafen* sie sich wieder, in einer fremden Stadt. Sie ________ 1 im Park ________ 2 wie früher. Er ________ 3 ihr sein Leben, sie ________ 4 von ihrer Familie, von ihren Kindern. Lange Zeit ________ 5 sie auf einer Bank zusammen, mal ________ 6 der eine, mal der andere, aber sehr oft ________ 7 sie auch und ________ 8 sich an alte Tage. Es ________ 9 ein harmonisches Treffen, und nach zwei Stunden ________ 10 jeder wieder nach Hause, in seine eigene Stadt, in sein eigenes Leben.

Die Veränderung des Vokals bei den unregelmäßigen Verben kann man in drei Klassen einteilen:
ABA, ABB, ABC

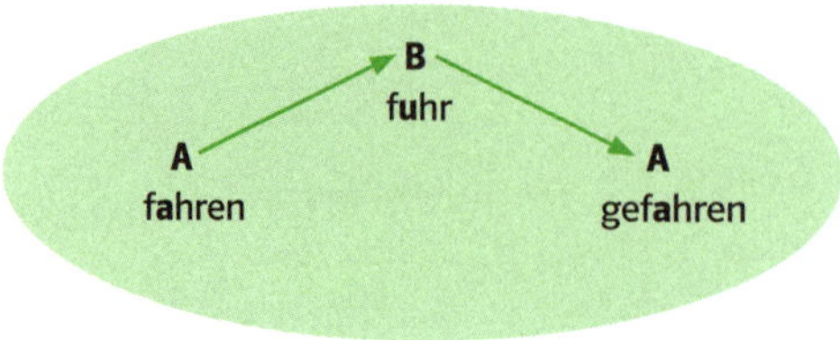

fahren	fuhr	gefahren	
essen	aß	gegessen	(ss → ß)
lesen	las	gelesen	
fallen	fiel	gefallen	
tragen	trug	getragen	
laufen	lief	gelaufen	
heißen	hieß	geheißen	
stoßen	stieß	gestoßen	
rufen	rief	gerufen	

Ebenso: fressen, messen, vergessen, …
sehen, geben, treten, geschehen, …
halten, schlafen, lassen, fangen, …
fahren, waschen, schlagen, …

! Tipp
Lernen Sie immer die drei Formen!

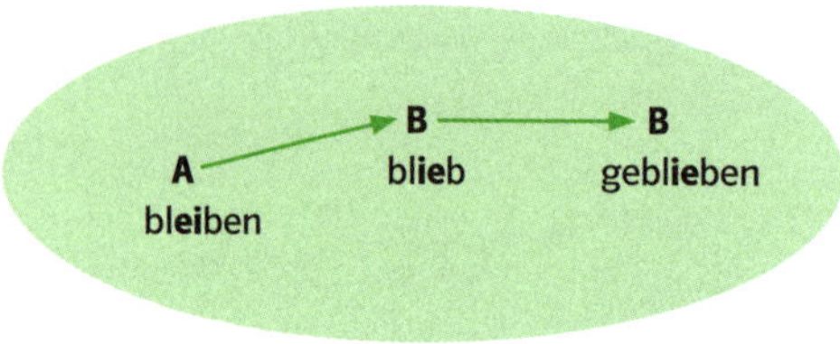

bleiben	blieb	geblieben	
schneiden	schnitt	geschnitten	(d → tt)
fließen	floss	geflossen	(ß → ss)
biegen	bog	gebogen	
heben	hob	gehoben	

Ebenso: leihen, schreiben, steigen,
beißen, reißen, …
gießen, riechen, …
bieten, fliegen, verlieren, …
schmelzen, …

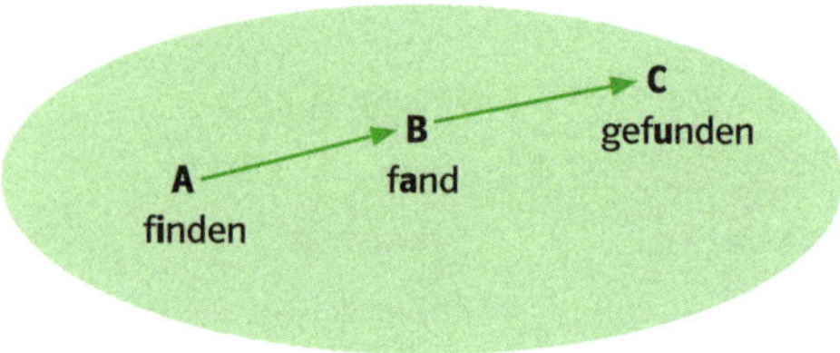

finden	fand	gefunden
gewinnen	gewann	gewonnen
helfen	half	geholfen
stehlen	stahl	gestohlen

Ebenso: binden, singen, springen, trinken, …
beginnen, schwimmen, …
sprechen, treffen, werfen, …
befehlen, nehmen, empfehlen, …

Besondere unregelmäßige Verben:

gehen	ging	gegangen	ziehen	zog	gezogen
stehen	stand	gestanden	nehmen	nahm	genommen
tun	tat	getan	treffen	traf	getroffen
werden	wurde	geworden	sitzen	saß	gesessen
sein	war	gewesen	haben	hatte	gehabt

Unregelmäßige Verben **Anhang**

1 Lernen Sie spielend!

fahren	fuhr	gefahren
gehen	ging	gegangen

stehen	stand – gestanden
tun	tat – getan
(Vorderseite)	(Rückseite)

Schreiben Sie die drei Formen auf Wortkarten. Mischen Sie die Karten und ordnen Sie die Formen zueinander.
Oder:
Lernen Sie die Formen wie Vokabeln, am besten mit einem „Vokabelkasten".

2 ABA, ABB oder ABC?

biegen • ~~essen~~ • helfen • ~~schneiden~~ • finden • lassen • vergessen • ziehen • ~~stehlen~~

ABA	ABB	ABC
essen, aß, gegessen	schneiden, schnitt, geschnitten	stehlen, stahl, gestohlen

3 Ergänzen Sie die Formen:

A	B	A		
A	B		B	
A	B			C
lesen	las	gelesen		
fließen	floss		geflossen	
gewinnen	gewann			gewonnen
bleiben	blieb		geblieben	
	lieh			
	sprach			
	trug			
	fiel	gefallen		
	nahm			
	hob			
	traf			

„Ich konnte leider nicht eher kommen, ich musste noch meine Tante zum Flughafen bringen."

Präteritum der Modalverben

	können	wollen	müssen	dürfen	sollen
ich	konn**te**	woll**te**	muss**te**	durf**te**	soll**te**
du	konn**te-st**	woll**te-st**	muss**te-st**	durf**te-st**	soll**te-st**
er / sie / es	konn**te**	woll**te**	muss**te**	durf**te**	soll**te**
wir	konn**te-n**	woll**te-n**	muss**te-n**	durf**te-n**	soll**te-n**
ihr	konn**te-t**	woll**te-t**	muss**te-t**	durf**te-t**	soll**te-t**
sie	konn**te-n**	woll**te-n**	muss**te-n**	durf**te-n**	soll**te-n**
Sie	konn**te-n**	woll**te-n**	muss**te-n**	durf**te-n**	soll**te-n**

! Hinweis
Keine Endung:
ich konnte er konnte
ich durfte er durfte

! Hinweis
Im Präteritum kein Umlaut

Modalverben 33–35

Stamm + **te** + **Endung**

Präteritum 43

„ich möchte" hat keine Vergangenheitsform, stattdessen: „ich wollte"

Das sagt man oft:

- Warum bist du gestern nicht gekommen? ○ Ich **musste** noch mal ins Büro **gehen** und ein paar Sachen **erledigen**.
- **Konntest** du das nicht oder **wolltest** du das nicht? ○ Na ja, ehrlich gesagt, ich hatte keine Lust.
- Was ist mit Kai? ○ Er **sollte** eigentlich heute zu Hause **bleiben**, aber dann ist er doch mitgekommen.

Perfekt der Modalverben

Modalverben stehen auch in der Umgangssprache meist im Präteritum. Das Perfekt wird selten gebraucht.

Präteritum:					
Ich	**konnte**	gestern nicht	**kommen**.		Modalverb + anderes Verb
Perfekt:					
Ich	habe	gestern nicht	**kommen**	**können** ~~gekonnt~~.	Hier steht das Modalverb im Infinitiv.
Er	hat	den Film nicht	**sehen**	**wollen**.	Position: Satzende
Präteritum:					
Er	**konnte**	das wirklich gut!			Nur Modalverb (kein anderes Verb)
Perfekt:					
Er	**hat**	das wirklich gut		**gekonnt**!	Hier steht das Modalverb im Partizip Perfekt!
Sie	**hat**	das sicher nicht		**gewollt**.	

Modalverb ohne Infinitiv 33, 34

1 Wie sagt man meistens?

1. Er hat heute nicht ins Schwimmbad gehen wollen.
   Er wollte heute nicht ins Schwimmbad gehen ____.
2. Die Kinder haben nicht länger aufbleiben dürfen, es war schon nach 22 Uhr.
3. Nach meiner Operation habe ich besonders viel spazieren gehen sollen.
4. Gestern Abend war ich zu müde, ich habe den Film nicht mehr zu Ende sehen können.
5. Zum Glück hat sie das gestern nicht mehr machen müssen.

2 Fähigkeiten und Wünsche

- Kannst du gut Französisch sprechen? ○ Nein, das habe ich noch nie *gekonnt*.
- Warum bist du eigentlich nicht verheiratet? ○ Heiraten? Nein, das habe ich nie ____.
- Warum singst du nicht mit? ○ Ach, weißt du, laut singen, das habe ich noch nie ____.

3 Schwierigkeiten beim Filmfestival

haben • ~~können~~ (2x) • müssen • wollen

- Warst du letzte Woche auch beim Filmfestival?

○ Ja, aber ich *konnte* nur einen einzigen Abend hingehen.
Den Rest der Woche ____ 1 ich keine Zeit.

- Welchen Film hast du denn gesehen?

○ Fred und ich ____ 2 „Das Leben der anderen" ansehen, aber es gab keine Karten mehr. Zum Glück ____ 3 wir dann noch in die Spätvorstellung von „Le vent de la nuit" gehen.

- Ja, das ist immer schwierig mit den Karten. Wir ____ 4 auch jeden Tag lange anstehen.

4 Wie man es macht, ist es verkehrt!

1. Ich habe einen Kuchen gebacken, aber sie *hat ihn nicht essen wollen.*
2. Ich habe einen Kaffee gekocht, aber sie ____
3. Ich habe ihr ein Buch mitgebracht, aber sie ____
4. Gestern habe ich ein Video ausgeliehen, aber sie ____
   Was soll ich nur tun?

5 „dürfen", „müssen", „können"?

- Meine Kindheit habe ich auf dem Land verbracht. Da war Vieles einfacher. Wir *konnten* frei auf den Wiesen herumlaufen. In der Stadt ist der Verkehr heute zu gefährlich. Allerdings ____ 1 wir auch sehr früh aufstehen und einen weiten Weg zur Schule gehen. Es gab keinen Bus, wir ____ 2 alles zu Fuß gehen!

○ ____ 3 ihr nicht mit dem Fahrrad fahren?

- Nein, wir hatten keine Fahrräder, das ____ 4 sich meine Eltern nicht leisten.

6 Wie war das bei Ihnen? Sprechen Sie mit Ihrem Partner / Ihrer Partnerin.

Zum Beispiel: zu Fuß gehen, mit dem Bus fahren, Schuluniform tragen, am Nachmittag andere Kinder besuchen, in der Schule zu Mittag essen, Spielzeug mit in die Schule bringen, immer pünktlich sein, …

46 Sie hatte schon zwei Stunden gewartet.

Gestern besuchte Peter seine Freundin Daniela. Sie waren um 19 Uhr verabredet. Um 21 Uhr kam er endlich. Aber da hatte Daniela längst allein gegessen: Sie hatte zwei Stunden auf Peter gewartet und war jetzt wütend!

Aussagen

	Präteritum von „haben" oder „sein"		Partizip Perfekt
Sie	**hatte**	zwei Stunden	**gewartet.**
Peter	**hatte**	sich	**verfahren.**
Sicher	**war**	er wieder einmal ohne Stadtplan	**losgefahren.**
Vielleicht	**hatte**	er auch noch etwas	erledigen **müssen.**
❶	❷ Verb	Satzmitte	Satzende

Gebrauch des Plusquamperfekts:
Ein Ereignis findet vor einem anderen Ereignis in der Vergangenheit statt.

Präteritum

Er **kam** um 19 Uhr **an.**
Jetzt **war** Daniela böse.
Wir **waren** gestern Abend sehr müde.
Um 21 Uhr **war** das Büfett leer.
1999 **fuhren** wir in den Ferien in die Türkei.
Nach vielen Jahren **gewann** Karl endlich im Lotto.

Plusquamperfekt
(Das ist vorher passiert.)

Seine Freundin **hatte** lange **gewartet**.
Das **hatte** er nicht **gewollt**.
Wir **hatten** den ganzen Tag im Garten **gearbeitet**.
Die Partygäste **hatten** alles **aufgegessen**!
Wir **hatten** das ganze Jahr dafür **gespart**.
Er **hatte** selbst nicht mehr daran **geglaubt**.

Perfekt **40, 42**

1 Was ist vorher passiert?

schnell lesen ● ~~weinen~~ ● gießen ● im Lotto gewinnen ● vor einer Stunde ankommen ● backen

1. Ihre Augen waren rot und geschwollen. *Sie hatte geweint.*
2. Er kam fröhlich die Treppe herunter. Er …
3. Wir gaben ihr das Buch zurück. Wir …
4. Die Pflanzen sahen wieder frisch und gesund aus. Jemand …
5. Ein duftender Kuchen stand auf dem Tisch. Tante Eva …
6. Ihr Koffer stand noch im Flur. Sie …

2 Peinliche Befragung

~~einladen: sie – mich~~ ● nach Hause kommen: ihr Mann sich verfahren ● darum bitten: Frau Bohle – mich ● Auto leihen: meinem Bruder

1. ● Warum sind Sie am Abend des 20. November zu Frau Bohle gefahren?
   ○ *Sie hatte mich eingeladen.*
2. Warum nahmen Sie nicht Ihr eigenes Auto?
3. Warum brachten Sie die Geheimpläne aus dem Büro mit?
4. Warum sind Sie um 23 Uhr plötzlich gegangen?
5. Warum kamen Sie erst um 1 Uhr früh an Ihrem Haus an?

3 Eine Einladung: Die Gäste kommen gleich

1. Guido deckte sorgfältig den Tisch. Zuerst die Gläser, die *hatte* er noch einmal mit *einem Tuch abgewischt.* | ~~mit einem Tuch abwischen~~
2. Dann die Servietten, die ______ | passend zur Tischdecke kaufen
3. Dann das Besteck, das ______ | mit einem Silbertuch putzen
4. Dann das Salz und den Pfeffer, beides ______ | nachfüllen
5. Dann die Teller mit den Brötchen, die ______ | schon am Morgen vorbereiten
6. Dann den Salat, den ______ | erst im letzten Moment mischen
7. Zuletzt die Würstchen, die ______ | kurz vorher warm machen

4 Ein Geburtstag. Ergänzen Sie die Verben, entweder im Präteritum oder im Plusquamperfekt.

Wir damals in Mexiko. Unser Sohn noch sehr klein. Am 16. Oktober | ~~wohnen~~, sein
wir seinen dritten Geburtstag. Die Nacht vorher es recht kalt und wir die | feiern, sein, müssen
Heizung anstellen. Gleich zum Frühstück es einen Kuchen mit drei Kerzen | geben
darauf; den Kuchen ich noch in der Nacht vorher. Johannes sehr über alles: | backen, sich freuen
die Dekoration, die Lampions, die Girlanden – mein Mann und ich alles | aufhängen
um Mitternacht. Die beiden Pakete von den Großeltern er nun endlich | dürfen
aufmachen – sie schon eine Woche früher und die ganze Zeit oben auf | ankommen, liegen
dem Schrank. Was war nur drin? Johannes das Papier schnell – tatsächlich | aufmachen
ein Auto mit Fernbedienung: Das er sich schon lange! | wünschen
Die Omi mal wieder den Kinderwunsch und genau das Richtige! | erraten, schicken

Wir wohnten damals in Mexiko. Unser Sohn …

Morgen ist Dr. Feucht nicht **da.**	Verb im Präsens + Temporal-Angabe
Ich **bin in einer Woche** mit der Arbeit fertig.	Bedeutung: *ich bin recht sicher: das passiert*

! Hinweis
Angaben geben zusätzliche Information: Wann, warum, wie, wo, … passiert etwas?

Temporal-Angaben: Gegenwart und Zukunft

Wann?

morgen, übermorgen, morgen früh, heute Abend, …	Zeitpunkt in der Zukunft
später, nachher	
sofort, gleich, dann, bald	
jetzt, heute, gerade	Gegenwart

Temporal-Angaben: Gegenwart und Zukunft

Wann?

in einer Minute, in fünf Minuten, …; in einer Stunde, in drei Stunden, …	Zeitpunkt:
in drei Tagen, in acht Tagen (= in einer Woche), …	präzise
in einer Woche, in drei Wochen; in einem Monat; in einem Jahr	präzise
diese Woche; nächste Woche, nächsten Monat, nächstes Jahr (Akkusativ)	vage

! Hinweis
Die Zukunft drückt man meist mit einer Temporal-Angabe aus. Das Verb steht im Präsens.

Zukunft mit „werden“ + Infinitiv 48

Das sagt man oft:

● Karl, kommst du **jetzt**? ○ Ja, ja, ich komm' ja **gleich**!
Wir sehen uns **heute Abend**!

In einer Woche ist schon Weihnachten!
Wir fahren **nächstes Jahr** nach Portugal in Urlaub.

Positionen im Satz

Morgen	operiert	Dr. Feucht				im Krankenhaus.	
Ich	kann		**heute Abend**	leider	nicht		kommen.
❶	❷			Satzmitte			Satzende

Temporal-Angaben stehen auf Position I oder in der Satzmitte, meistens <u>vor</u> den anderen Adverbien und der Negation.

1 Nein, jetzt nicht!

morgen • ~~später~~ • gleich • nachher • jetzt • gerade • ~~jetzt~~

1. • Eva, kommst du schnell mal her?
   ○ Nein, *jetzt* geht es gerade nicht, ich komme *später*.
2. • Wolfgang, wir müssen jetzt wirklich los!
   ○ Ja, ja, ich komme ____________!
3. • Haben Sie einen Moment Zeit?
   ○ Nein, jetzt passt es gerade nicht, können Sie ____________ nochmal vorbeikommen?
4. • Kannst du nachher mal den Wasserhahn reparieren?
   ○ Tut mir leid, heute schaffe ich das nicht mehr, aber ____________ mache ich es bestimmt!
5. • Papa, spielst du mit mir? Nein, ____________ nicht, ich lese ____________.

2 Die Karriere. Ergänzen Sie die passenden Temporal-Angaben.

2010: Abteilungsleiter
2012: Geschäftsführer
2014: eigener Betrieb

Also, meine Karriere habe ich genau geplant. *In einem Jahr* will ich Abteilungsleiter sein, ____________ 1 Geschäftsführer, und ____________ 2 will ich meinen eigenen Betrieb gründen.

3 Du hast ja keine Ahnung!

Was sagst du? Ich habe ein ruhiges Leben? Du hast ja keine Ahnung, mein Lieber! Es ist jetzt 12 Uhr Mittag und *in zehn Minuten* kommt Herr Willeke, mit dem muss ich über den neuen Praktikanten reden. ____________ 1 muss ich dann zum Chef, eine Besprechung. ____________ 2 gibt es einen Empfang im Rathaus, da muss ich auch hingehen. Und ____________ 3 geht es gleich wieder weiter, da ist ein Arbeitsfrühstück. So, jetzt muss ich aufhören, ____________ 4 kommt Herr Willeke. Tschüs!

Montag
12.00 Anruf Rudolf
12.10 Besuch Willeke
13.00 Besprechung
14.00 …
Abend: Empfang im Rathaus
Nicht vergessen:
Dienstag: Arbeitsfrühstück

4 Morgen leider nicht!

1. Ich – leider – nicht – zur Arbeit – können – kommen – morgen
   Ich kann morgen leider nicht zur Arbeit kommen.
2. Fahrt – nach Nürnberg – ihr – nächste Woche – zurück? ____________
3. Sie – fahren – in Urlaub – nach Italien – nächstes Jahr. ____________

5 Wie voll ist Ihr Terminplan? Was haben Sie alles vor? Fragen Sie Ihren Partner / Ihre Partnerin oder schreiben Sie auf einen Zettel.

Was machst du heute Nachmittag (morgen früh, morgen Mittag, übermorgen, in einer Woche, …)?

Heute Nachmittag mache ich meine Hausaufgaben (gehe ich einkaufen, muss ich arbeiten, …)

werden + Infinitiv: Zukunft

					Bedeutung:
Wir	**werden**	alles	besser	**machen**!	*Versprechen*
Ich	**werde**	bald	mit der Arbeit	**anfangen.**	*Plan*
Morgen	**wird**	das Wetter	schön	**(werden).**	*Prognose*
Sie	**wird**	bestimmt		**kommen.**	*Vermutung, Beruhigung*
Du	**wirst**	noch	viel	lernen **müssen.**	Modalverb ganz am Ende!
❶	❷ werden	Satzmitte		Satzende: Infinitiv	

! Hinweis
Man sagt meistens nicht zweimal „werden": Morgen wird das Wetter schön (werden).

„werden" + Infinitiv

Leider wird es auf der Erde niemals Frieden geben.
(*das ist meine Prognose*)
- Monika ist noch nicht da!
- Sie wird bestimmt noch kommen! (*Beruhigung*)

Präsens + Temporal-Angabe

Morgen gibt es ein Konzert in der Philharmonie.
(*das weiß ich*)
- Kommt Monika eigentlich morgen zu deinem Fest?
- Ja, sie kommt mit ihrem Freund. (*Zukunft*)

Temporal-Angabe: Zukunft 47

werden + Adjektiv oder Substantiv: Veränderung

Komm, wir gehen los, es **wird** schon **dunkel**!
Der Kaffee war gut – langsam **werde** ich **wach**.
Nimm einen Pullover mit, es ist **kalt geworden**.
- Was macht Ihre Tochter? ○ Sie studiert. Sie will **Ärztin werden**.

Positionen im Satz

Langsam	**werde**	ich wieder	**wach.**
Sie	**wird**		**Ärztin.**
Was	**willst**	du	**werden**?
❶	❷	Satzmitte	Satzende

werden	
ich	werde
du	**wirst**
er / sie / es	**wird**
wir	werden
ihr	werdet
sie	werden
Sie	werden

1 Versprechen

Lieber Hans, bitte verzeih mir, ich *werde* dich nie mehr *kritisieren*, nie	~~kritisieren~~
wieder ______ ich über deine Unordnung ______ 1. Und glaub'	schimpfen
mir, ich ______ dir auch nie wieder deine schmutzigen Socken an den	
Kopf ______ 2. In Zukunft ______ ich dich nur noch ______ 3,	werfen, loben
alle deine Sachen ______ 4 und deine Wäsche ______ 5.	aufräumen, waschen
Und das gelobe ich dir: Ich ______ dich immer und ewig ______ 6.	lieben
Die Zukunft ______ herrlich ______ 7.	sein
______ du mir ______ 8? Susi.	verzeihen

2 Vermutung oder Realität?

	Vermutung Prognose	Fester Plan Realität
1. Das Wetter wird morgen bestimmt besser werden!	☒	☐
2. Ich werde noch eine Weile daran arbeiten müssen.	☐	☐
3. In einem Jahr bin ich mit der Schule fertig. Dann studiere ich.	☐	☐
4. Nun mach dir mal keine Sorgen, das wird schon gut gehen!	☐	☐
5. Nächste Woche kommt mein Bruder zu Besuch.	☐	☐

3 Sonst ...!

1. Wir müssen jetzt wirklich gehen, *sonst wird es zu spät!*
2. Ich muss dringend einen Kaffee trinken, *sonst* ______
3. Ich kann wirklich nichts mehr essen, *sonst* ______
4. Fahr vorsichtig und mach mal eine Pause, *sonst* ______ (die Fahrt)

zu dick • ~~zu spät~~ • zu anstrengend • hundemüde •

4 Eine Wahlrede. Sie sind Präsidentschaftskandidat. Was versprechen Sie?

verbessern • schaffen • erhöhen • bauen • senken • abschaffen • ausbauen • helfen • ankurbeln

Beispiel: *Wählen Sie mich: Ich werde sofort die Steuern senken ...*

Straßen • die Eisenbahn • die Renten • die Wirtschaft • die Entwicklungsländer • mehr Gleichberechtigung • die Steuern • die Schulen • die Benzinpreise

5 Berufswünsche. Eine Schulklasse: Was sie werden wollten – was sie geworden sind.

1. *Paul wollte Lokführer werden, aber er ist Lehrer geworden.*
2. Iris ______
3. Katherina ______
4. Markus ______

Beamter/Beamtin • Politiker/-in • Arzt/Ärztin • ~~Lokführer~~/-in • Filmstar • Verkäufer/-in • ~~Lehrer~~/-in • Fußballer/-in

6 Und Sie / und du? Fragen Sie verschiedene Partner im Kurs: Was wollten Sie werden – und was sind Sie geworden?

49 Damals war das Leben nicht so hektisch.

Damals war das Leben nicht so hektisch wie heute.

Temporal-Angaben: Zeitpunkte in der Vergangenheit

Wann?

jetzt, heute, gerade	Gegenwart	heutzutage, heute
vorhin, gerade, eben		
gestern, vorgestern	Vergangenheit	
neulich		
einst, einmal; damals		früher

Das sagt man oft:

- Wo ist nur Susanne? ○ Die muss schon da sein, ich habe sie **eben** (**gerade**) gesehen. (*vor ein paar Minuten*)
- Wann ruft denn Karl an? ○ Der hat doch **vorhin** angerufen. (*vor ein paar Stunden*)

Neulich habe ich Paul, meinen alten Freund, wiedergetroffen. (*vor einiger Zeit*)
Wir hatten es nicht einfach, aber das Leben war **damals** nicht so hektisch wie **heute**. (*zu der Zeit*)
Es **war einmal** (**einst**) ein alter König, der hatte drei Söhne. (*vor langer Zeit*)
Früher haben die Menschen noch miteinander geredet – **heute** sitzen sie meistens vor dem Fernseher oder Computer.

da; nun

Sie las ein spannendes Buch. **Da** klingelte das Telefon.	*in dem Moment*
• Was machen wir **nun** (**jetzt**)? ○ **Nun** (**Jetzt**) räum erst mal auf!	*als nächstes*

Dauer und Frequenz

Wie lange? ewig – immer, stets – lang(e) – schnell, kurz **Dauer**

nie

Wie oft? immer wieder – dauernd – meist / meistens – oft / öfter(s) – manchmal – selten **Frequenz**

Das sagt man oft:

Wir haben uns ja **ewig** nicht gesehen!
Die Ostsee ist wunderschön – wir fahren **immer wieder** hin!
Mach doch nicht **dauernd** so einen Lärm!

1 Was passt?

1. ~~Heutzutage fahren alle mit dem Auto.~~
2. Frau Maier ist sicher hier.
3. Gestern hatte ich einen schlechten Tag.
4. Ich wollte gerade das Essen servieren.

a. Ich habe sie gerade auf dem Flur gesehen. *1.d*
b. Heute fühle ich mich viel besser. ______
c. Da klingelte plötzlich das Telefon. ______
d. ~~Früher sind wir viel mehr zu Fuß gegangen.~~ ______

2 Der Verehrer

nun • da • ~~neulich~~ • gestern • heute Abend • eben

Du, ich glaube, ich habe einen Verehrer: *Neulich* habe ich in der Kantine diesen interessanten Mann gesehen, und ______ 1 hat er mich im Büro angerufen. ______ 2 habe ich ihn wieder gesehen, und ______ 3 hat er mich für ______ 4 zum Essen eingeladen! Was mache ich ______ 5 ?

3 Mach bitte schnell!

~~schnell~~ • selten • immer wieder • lange • immer

1. Ich bin in Eile – mach bitte *schnell*!
2. Ich kann nicht warten, das dauert mir zu ______.
3. Hier stand ______ das Denkmal – plötzlich ist es weg!
4. Ich liebe dieses Lied – ich höre es ______ an!
5. ● Gehst du oft ins Kino?
○ Nein, ich habe wenig Zeit, ich gehe leider nur ______.

4 Klagen. Welche Temporal-Adverbien passen? Manchmal gibt es mehrere Möglichkeiten.

Nichts klappt! *Immer* muss ich auf den Bus warten, ______ 1 kommt er. Mein Auto ist ______ 2 kaputt. Die Werkstatt braucht ______ 3 für jede Reparatur. Ich habe viel zu viel Arbeit – und die Wochenenden sind viel zu ______ 4 . Meine Kinder sehe ich nur ______ 5 , meine Geschwister sehe ich ______ 6 . Zum Glück habe ich eine gute Freundin – aber die hat auch ______ 7 keine Zeit. Ich rufe sie ______ 8 an, aber sie ist nur ______ 9 da.
Was mache ich nur falsch?

5 Gute alte Zeit (?) Was war früher besser – was ist heute besser? Schreiben Sie fünf Dinge auf.

Beispiel: *Früher war die Kommunikation schwierig – es gab kein Telefon, kein Fax, keine E-Mail. Heute ist das besser, man kann immer in Kontakt sein.*

6 Was machen Sie oft / manchmal / selten / nie ? Fragen Sie Ihren Partner / Ihre Partnerin im Deutschkurs oder schreiben Sie auf einen Zettel.

Beispiel: *Ich gehe oft spazieren, aber ich jogge nie.*
(fernsehen, ins Kino gehen, ins Theater gehen, einkaufen, lesen, über Politik diskutieren, Musik hören, aufräumen, Computerspiele spielen, …)

50 Wasch dir vor dem Essen die Hände!

Tischregeln: Vor dem Essen wäscht man sich die Hände.

Beim Essen redet man nicht dauernd.

Nach dem Essen putzt man sich die Zähne.*

*aber erst nach 30 Minuten. Ihr Zahnarzt.

Temporale Präpositionen (1)

Wann?

„Wasch dir **vor dem Essen** die Hände!" Temporale Präpositionen + Substantiv

vor, bei, nach + Dativ

vor	„Wasch dir **vor dem Essen** die Hände!"	Gehen wir **vor dem Kino** noch etwas essen?
bei	„Rede nicht dauernd **beim** Essen!"	Ich werde **beim** Sport immer sehr müde.
nach	„Putz dir **nach dem Essen** die Zähne!"	Ich gehe **nach der Arbeit** noch einkaufen.

Rückblick und Vorausschau: *vor* + Dativ, in + Dativ

vor	**Vor einem Jahr** habe ich Abitur gemacht.	Zeitpunkt in der Vergangenheit
in	**In zwei Stunden** bin ich fertig.	Zeitpunkt in der Zukunft

an, in + Dativ, um + Akkusativ

an / am	**am Dienstag, am Vormittag, am Abend, am Wochenende, am 20. 12., ...**	Wochentage, Tageszeiten, Datum
in / im	**im Januar, im Sommer, im 5. Jahrhundert**	Monate, Jahreszeiten, Jahrhunderte
um	**um halb fünf, um 23 Uhr, ...**	Uhrzeit

Uhrzeit 10

Datum 10 95

zwischen + Dativ, *gegen* + Akkusativ, *während* + Genitiv

zwischen	**Zwischen 9 Uhr und 11 Uhr** habe ich noch keine Termine.	
gegen	Ich komme **gegen drei Uhr.** (*kurz vor 3 Uhr*)	**Gegen Abend** wird es regnen.
während	**Während des Krieges** gab es große Not.	Rauch nicht **während der Fahrt**! (*gleichzeitig*)

Mit Dativ: vor, bei, nach, in, an, zwischen **Mit Akkusativ:** um, gegen **Mit Genitiv:** während

1 Schulsorgen

Vor der Schule bin ich meistens sehr im Stress – ich bin immer zu spät und muss noch schnell die Hausaufgaben machen. ______ 1 kann ich mich nie konzentrieren. Trotzdem bin ich ______ 2 immer völlig k.o. Erst ______ 3 werde ich richtig wach. Abends kommt mein Vater nach Hause. ______ 4 will er immer über meine Hausaufgaben mit mir sprechen. Darum träume ich ______ 5 oft schlecht. ______ 6 geht dann alles wieder von vorne los.

| ~~vor (Schule)~~
| während (Unterricht)
| nach (Schule)
| an (Nachmittag)
| bei (Abendessen)
| in (Nacht)
| an (Morgen)

2 Erinnerungen. Ergänzen Sie die Präpositionen und Artikel (wo nötig). Achten Sie auf Genus und Kasus.

In meiner Jugend war alles viel strenger: *Vor dem* Mittagessen haben wir gebetet. ______ 1 Essen mussten wir still sein. ______ 2 Nachmittag mussten wir zuerst unsere Hausaufgaben machen. Erst kurz ______ 3 Abendessen durften wir etwas spielen. ______ 4 Mittag- und Abendessen gab es nichts zu essen. Ich durfte ______ 5 Abend nie lange wach bleiben. Manchmal habe ich ______ 6 Nacht heimlich noch ein Buch gelesen, aber das war gefährlich!

zwischen ● in ● an (2x) ● bei ● ~~vor~~ ● vor

3 Vergangenheit

1. Vor *40 Jahren gab es keine Computer.* — Heute gibt es in den meisten Büros einen Computer.
2. Vor ______ — Viele Leute benutzen jetzt das Internet.
3. Vor ______ — Heutzutage gibt es immer mehr Supermärkte.
4. Vor ______ — Jetzt reisen viele Menschen mit dem Flugzeug.

4 Schöne neue Welt? Was sind Ihre Prognosen für die Zukunft?

1. Heutzutage schreiben wir noch Briefe. — *In zehn Jahren werden alle Leute E-Mail benutzen.*
   Oder: *In … werden wir auch noch Briefe schreiben.*
2. Der Autoverkehr ist heutzutage chaotisch. ______
3. Die USA dominieren heute die Weltpolitik. ______
4. Heute lesen die Leute noch Bücher. ______

5 Sitten und Gebräuche. Wie ist das bei Ihnen? Fragen und antworten Sie.

Beispiel: *In Deutschland sind die Geschäfte am Sonntag geschlossen. Wie ist das bei Ihnen? – Bei uns …*

	Deutschland	Ihr Land
1. Geschäfte geschlossen: Sonntag		
2. Keine Schule: Samstag und Sonntag		
3. Die meisten Kinder: Nachmittag frei		
4. Es ist kalt und es liegt Schnee: Winter		
5. Die meisten Leute haben Urlaub: Sommer		

Temporale Präpositionen (2)

seit	**Seit einer Woche** sind wir hier im Schifahrer-Paradies! **Seit heute Morgen** bin ich krank.		Vergangenheit → bis jetzt
ab	**Ab heute** rauche ich nicht mehr. Das Wetter soll **ab morgen** schlechter werden.		Beginn →
bis	Ich warte noch **bis Montag**. **Bis jetzt** hat er noch nicht angerufen. **Bis nächste Woche** bin ich damit fertig.	(ohne Artikel: Akkusativ)	Endpunkt
bis zu	Es sind noch drei Wochen **bis zu meinem Geburtstag**!	(mit Artikel: „zu" + Dativ)	→
von – bis	Ich arbeite von **neun bis fünf Uhr**.		

Mit Dativ: ab, seit, bis zu, von **Mit Akkusativ:** bis

Temporal-Adverbien

Tage und Tageszeiten

morgens, mittags, abends, …	Ich bin **morgens** immer so müde. **Abends** lese ich ein Buch.	*immer am Morgen, …*
montags, dienstags, …	**Montags** gehe ich schwimmen, **freitags** spiele ich Tennis.	*immer am Montag, …*

seitdem, vorher, zuerst – danach / dann

seitdem / seither	Vor drei Wochen fuhr er los. **Seitdem** (**Seither**) hat er sich nicht gemeldet.	*seit 3 Wochen*
vorher	● Gehen wir einkaufen? ○ Gleich, ich muss **vorher** noch telefonieren.	*vor dem Einkaufen*
zuerst – danach / dann	**Zuerst** fahren wir in die Schweiz, **danach** (**dann**) fliegen wir nach Krakau.	*nach der Fahrt in die Schweiz*

schon, noch, erst

schon	● Brauchst du noch lange? ○ Nein, ich bin **schon** fertig.	*schneller als erwartet*
noch	Haben Sie **noch** einen Moment Zeit? Ich möchte gerne **noch** etwas mit Ihnen besprechen.	*etwas dauert länger als erwartet*
erst	Das Konzert findet **erst morgen** statt!	*später als erwartet*

1 Was passt?

1. ~~Seit fünf Tagen~~
2. Ab nächster Woche
3. Bis jetzt
4. Bis zu den Ferien

a. sind es noch 10 Tage.
b. bin ~~ich krank~~.
c. soll das Wetter besser werden.
d. habe ich nichts davon gehört.

1.b ______ ______ ______

2 Drei Tage

1. in drei Tagen
2. noch drei Tage
3. seit drei Tagen
4. vor drei Tagen

a. ich habe angerufen
b. ich bleibe
c. ich bin richtig im Stress
d. das muss fertig sein

1.d: In drei Tagen muss das fertig sein.

3 Beim Psychologen

noch • dann • seit • ~~seitdem~~ • zuerst • ab • bis • schon

Ach wissen Sie, meine Kindheit war sehr schwer. Mit fünf haben mich die Kinder im Kindergarten geärgert, *seitdem* halte ich größere Gruppen von Kindern nicht mehr aus. In der Schule habe ich mich ______ 1 ganz wohl gefühlt, aber ______ 2 hatten wir eine sehr strenge Lehrerin. ______ 3 heute mache ich darum um Schulen einen großen Bogen. Meine Geschwister hatten immer mehr Freizeit als ich. Meistens musste ich ______ 4 ewig meiner Mutter in der Küche helfen, und sie haben ______ 5 längst gespielt. ______ 6 meiner Kindheit habe ich Angst vor den Menschen – aber das soll ______ 7 jetzt alles ganz anders werden!

4 Antworten Sie:

1. Wann wollen Sie mit dem Studium anfangen? (Wintersemester) *Ab dem Wintersemester.*
2. Wie lange leben Sie schon hier? (drei Jahre) ______
3. Wann genau arbeitest du morgen? (8 h – 17 h) ______
4. Hat Frau Siefert immer noch nicht angerufen? ______

5 „bis" oder „bis zu"?

1. Ich bleibe noch *bis zum* Wochenende.
2. Ich habe noch ______ heute Abend Zeit.
3. Mach's gut und ______ morgen!
4. Schrecklich – es sind noch sechs Wochen ______ Ferien!

6 Immer der Chef. Setzen Sie „schon", „noch" oder „erst" an die richtige Stelle.

● Ah, Herr Koch, gut, dass ich Sie sehe. Sie wollen doch nicht gehen?
○ Nein, nein, Herr Direktor. Ich gehe immer um 6 Uhr nach Hause.
● Sehr gut. Wie steht es denn mit dem Vertrag mit der Firma Zettel? Haben Sie den entworfen?
○ Nein, das tut mir leid, das habe ich nicht geschafft.
● Haben Sie mit Frau Kummer gesprochen?
○ Nein, das Treffen mit Frau Kummer ist morgen.
● Na gut, dann arbeiten Sie ein bisschen, ich gehe jetzt nach Hause.

Am 9. November 1989 tanzten die Menschen auf der Berliner Mauer. Das hatte man sich vorher nicht vorstellen können!

Verben in der Satzklammer

Satzende: Präsens

Der Zug	**fährt**		gleich		ab.	trennbares Präfix
Das	**kann**	man sich		nicht	vorstellen.	Infinitiv
Ich	**gehe**		jetzt		spazieren.	Infinitiv
Wir	**machen**		alles	besser.		

Perfekt + Plusquamperfekt

Der Zug	ist	gerade			ab**gefahren**.	Partizip Perfekt
Das	hatte	man sich	vorher	nicht	vorstellen **können**.	Infinitiv + Modalverb
Ich	bin	vorhin			spazieren **gegangen**.	Infinitiv + Partizip Perfekt

„werden" + Infinitiv

Wir	werden		alles	besser	**machen.**	Infinitiv
❶	❷		Satzmitte		Satzende	

Adverbien in der Satzmitte

Das Team	hat			heute	leider		nicht	gut	gespielt.
Damals	war	das Leben				hier	nicht	so	hektisch.
Mit wem	hast	du	denn	heute				so lange	telefoniert?
❶	❷			Satzmitte					Satzende

! Hinweis

In der Satzmitte ist die Reihenfolge der Adverbien meistens:
Temporal-Adverb → Modal-Adverb → Lokal-Adverb → Negation → Adverb der Art und Weise

Temporal-Adverbien bei Substantiven

Die **Zeit damals** war nicht einfach! Das **Fest gestern** war sehr nett! (Das Adverb bestimmt das Substantiv näher.)

1 Kein guter Tag! Unterstreichen Sie die Satzklammer.

Schon vor dem Frühstück hatte Berta Koller sich sehr ärgern müssen. Die Zeitung war wieder einmal nicht vor der Tür gelegen, sie hatte die Kinder kaum aufwecken können und dann war auch noch die Milch übergekocht. Kaum hatte sich Frau Koller an den Frühstückstisch gesetzt, da rief ihr Chef an: „Sie müssen heute dringend nach Gießen fahren, Frau Koller! So kann es nicht weitergehen, die Filiale dort ist einfach nicht effizient genug. Die werden noch die ganze Firma ruinieren!" Frau Koller konnte nicht „nein" sagen, es war schließlich ihr Chef. Aber nun musste sie jemanden für die Kinder finden, ihrer Freundin absagen, und zum Frisör konnte sie auch nicht gehen. Kein guter Tag!

2 Was passt?

1. ~~Heute habe ich endlich~~	5. Wo ist nur die Zeit	a. kümmern	e. kommen
2. Sie wollte gestern	6. Das hatte niemand	b. verhindern können	f. fertig machen
3. Ich werde mich darum	7. Kriege wird man nicht	c. ~~aufgeräumt~~	g. spazieren gegangen
4. Ich wollte das so gerne	8. Bist du hier auch immer	d. geblieben	h. vorhersehen können

1.c: Heute habe ich endlich aufgeräumt.

3 1989 und danach. Formen Sie die Sätze um.

1. Vor 1989 hatte sich niemand eine Maueröffnung vorgestellt. (können)
   Vor 1989 hatte sich niemand eine Maueröffnung vorstellen können.
2. Plötzlich fuhren die DDR-Bürger in den Westen. (können)
   ______
3. Die wirtschaftlichen Probleme im Osten Deutschlands kann man aber nur langsam lösen. (werden)
   ______
4. Viele Menschen im Osten gingen eher in Rente. (müssen)
   ______

4 Ergänzen Sie die Adverbien:

1. Ich kann zu dir kommen. (heute, nicht mehr, leider) *Ich kann heute leider nicht mehr zu dir kommen.*
   Oder: *Leider kann ich heute nicht mehr zu dir kommen. / Heute kann ich leider nicht mehr zu dir kommen.*
2. Das hast du gemacht. (sehr gut, wirklich) ______
3. Das Spiel findet statt. (nicht, heute, bestimmt) ______
4. Er gibt das Buch zurück. (heute Nachmittag, wahrscheinlich, dort) ______

5 Kommst du auf das Fest morgen Abend? Fragen Sie Ihren Partner / Ihre Partnerin. Fragen Sie im Präsens oder im Perfekt.

auf das Fest gehen
● *Gehst du auf das Fest morgen Abend?*
○ *Nein, da habe ich keine Zeit. / Ja, dazu habe ich große Lust!*

(ins Konzert gehen, den Unfall sehen, die Fernsehsendung ansehen, den Streit miterleben)

Kausal- und Finalangaben mit Präpositionen

Wir haben **wegen Renovierung** geschlossen. Aber unsere Filiale steht Ihnen **für Ihre Bücherwünsche** zur Verfügung.

Kausale und finale Angaben geben zusätzliche Informationen: Warum? Wofür / Für wen?

Kausal-Angaben

wegen + Genitiv / (Dativ)	**Wegen des schlechten Wetters** muss das Spiel leider ausfallen. Wegen dem schlechten Wetter … (mündlich auch mit Dativ) Ich habe das Fest nur **wegen dir** verschoben! (Personalpronomen: Dativ)	*Grund*
aus + Dativ	Der Mann verfolgte sie **aus Eifersucht**. Sie heirateten **aus Liebe**. Der Tisch ist **aus Glas**. (ohne Artikel)	*Motiv* *Material*
vor + Dativ	Ich kann mich **vor Müdigkeit** gar nicht mehr konzentrieren. (ohne Artikel)	*Grund für momentanen Zustand*
durch + Akkusativ	Wir haben **durch Frau Hasan** von dem Unfall gehört. **Durch den Streik** gab es einen Verkehrsstau. (Oder: **Wegen des Streiks** …)	*Übermittler, Verursacher* *Umstand*
trotz + Genitiv / (Dativ)	Ich gehe **trotz des schlechten Wetters** spazieren. **Trotz der Kritik** änderte die Regierung das Gesetz nicht. Trotz seinem Rat habe ich das nicht gemacht. (mündlich auch mit Dativ)	*das Wetter / die Kritik ändert nichts*

Temporal-Angaben 43, 49, 50

Final-Angaben

für + Akkusativ	Können Sie das bitte **für mich** erledigen? Dieses Buch habe ich **für Sie** gekauft. Alles Gute **für Ihre Zukunft**! ● Wie viel schulde ich Ihnen **für die Eintrittskarte**? ○ Zehn Euro.	*an meiner Stelle* *Ziel, Zweck* *Tausch*
zu + Dativ	Ich wünsche Ihnen alles Gute **zum Geburtstag**! Dieses Geschirr hat uns meine Mutter **zur Hochzeit** geschenkt.	*Ziel, Anlass*

Mit Dativ: aus, vor, zu **Mit Akkusativ:** durch, für **Mit Genitiv:** wegen, trotz

Feste Wendungen:

Ich mache das doch nicht **zum Spaß**!
(*das ist ernst, ich muss das tun*)
Er sieht den Wald **vor lauter Bäumen** nicht.
(*er sieht das Wesentliche nicht*)

Ich finde das **zum Lachen / zum Weinen**.
(*das kann man nicht ernst nehmen / das ist schlimm*)
Er ist wie gelähmt **vor Angst**.
(*er hat große Angst*)

1 Gründe

1. Ich kann heute nicht ins Konzert gehen.
2. Fausto hat mich umarmt.
3. Die Durchfahrt ist gesperrt.
4. Alles hat sich verzögert.
5. Sie hat ihm geholfen.

a. wegen Bauarbeiten
b. wegen meiner starken Erkältung
c. aus Mitleid
d. vor Freude
e. durch den langen Streik

1.a: Ich kann heute wegen meiner starken Erkältung nicht ins Konzert gehen. ____

Oder: *Wegen meiner starken Erkältung kann ich …* ____

2 Schlechte Aussichten?

1. Die Zahl der Arbeitslosen steigt.
2. Das Klima erwärmt sich.
3. Der Verkehr in den Städten nimmt zu.
4. Die Rohstoffe werden knapp.
5. Die Regenwälder sterben.

a. wegen unseres Energiekonsums
b. trotz der guten Konjunktur
c. trotz der Umweltkonferenzen
d. wegen der Abgase
e. trotz der vielen Staus

1.b: Die Zahl der Arbeitslosen steigt trotz der guten Konjunktur. ____ Oder: *Trotz der guten Konjunktur steigt …* ____

3 „für" oder „zu"?

Achten Sie auf den Kasus!

1. ● *Für wen* (wer) arbeiten Sie zur Zeit?
   ○ ____ (die Firma Schneider).
2. Frau Seebold, können Sie bitte diesen Brief ____ (ich) beantworten?
3. ● Die Blumen sind ja wunderschön! ____ (wer) sind sie denn?
   ○ Die sind ____ (mein Freund), ich schenke sie ihm ____ ____ (der Geburtstag).
4. Lieber Herr Kovacs, ____ (Ihr Abschied) von unserer Firma haben wir ein besonderes Geschenk ____ (Sie). Das soll eine kleine Anerkennung ____ (Ihre Arbeit) bei uns sein! ____ (Ihre Zukunft) wünschen wir Ihnen alles Gute!
5. Was wünscht ihr euch denn ____ (Weihnachten)? Ich muss bald die Geschenke ____ (ihr) kaufen.

4 Eine Reise mit Hindernissen. Ergänzen Sie die Präpositionen. Manchmal gibt es mehrere Möglichkeiten.

Liebe Simone, nun bin ich wieder zurück. Die Reise hat mir *trotz der Komplikationen* sehr gut gefallen. Es ging schon beim Abflug los: ____ 1 konnten wir erst zwei Stunden später starten. ____ 2 habe ich meinen Anschlussflug in New York verpasst. Zum Glück gab es noch einen späteren Flug. Martin war ____ 3 am Flughafen. ____ 4 habe ich geweint, als ich ihn dort sah. Er wollte noch essen gehen, aber ich konnte ____ 5 kaum noch aus den Augen sehen.

| ~~die Komplikationen~~
| ein Sturm
| die Verzögerung
| meine Verspätung
| Freude
| Müdigkeit

Sommer 2007: Mit der Bahn durch ganz Europa!

Sommer 2008: Mit Anna durch Italien!

Modal-Angaben mit Präpositionen

Mit der Bahn durch ganz Europa!
Mit Anna durch Italien!

Modal-Angaben geben zusätzliche Informationen: Womit / Mit wem? Wie?

mit + Dativ	2007 bin ich **mit der Bahn** durch ganz Europa gefahren. Das kann ich nur **mit der Brille** lesen. Ich war **mit Anna** in Italien. **Mit 16 (Jahren)** bin ich zum ersten Mal allein in Urlaub gefahren.	*Mittel* *Instrument; Begleitung* *Alter*
ohne + Akkusativ	Ich kann **ohne Computer** gar nicht arbeiten! Endlich konnte ich **ohne meine Eltern** in Urlaub fahren!	*fehlendes Mittel, Instrument* *fehlende Begleitung*
in + Dativ	Wir mussten **in großer Eile** zurückfahren, denn wir hatten im Lotto gewonnen. Das habe ich nur **im Spaß** gesagt.	*Art und Weise*
auf	Wie heißt das **auf Deutsch**? Das Buch ist **auf Französisch**! *Aber*: Ich spreche Deutsch. Ich kann Polnisch.	*konkreter Text* *generelle Sprachfähigkeit*
nach + Dativ	**Nach meiner Meinung** ist das ganz falsch. Oder: **Meiner Meinung nach** … Arbeiten Sie bitte genau **nach Vorschrift**!	*das ist meine Meinung* *so, wie die Vorschrift sagt*
statt + Genitiv (Dativ)	Kauf doch einen Strauß Blumen **statt** (der) **Süßigkeiten**! **Statt** dem Mantel nehme ich … (mündlich auch mit Dativ) Ich gehe heute ins Kino **statt ins Theater**.	*an Stelle von* „statt" + andere Präposition
außer + Dativ	● Wart ihr alle im Museum? ○ Ja, alle **außer Nico**. Ich bin jetzt **außer Dienst**. Der Aufzug ist **außer Betrieb**.	*nur Nico nicht* *nicht im Dienst; nicht in Betrieb*

Mit Dativ: außer, in, mit, nach **Mit Akkusativ:** ohne **Mit Genitiv:** statt

Das sagt man oft:

● Trinken Sie den Kaffee **mit Milch oder Zucker**? ○ **Mit Milch**, aber **ohne Zucker**, bitte!
Meinst du das **im Ernst**? (*meinst du das wirklich?*)
Spätzle **nach Art des Hauses** (*nach Rezept des Restaurants*)
Schnitzel **auf Wiener Art** / **nach Wiener Art** (*so wie man es in Wien zubereitet*)

1 „mit" oder „ohne"?

Achten Sie auf den Kasus!

Viele Leute glauben, sie kommen nicht *ohne ihr Auto* (ihr Auto) aus. Sie wiederholen jeden Morgen ein uraltes Ritual: ______ 1 (ihr Auto) stehen sie oft schon nach der zweiten Ampel im Stau. Sie wissen: Wer ______ 2 (der Bus und die Bahn) fährt, ist viel schneller am Ziel. Die meisten Leute sind sogar ______ 3 (das Fahrrad) schneller bei der Arbeit als ______ 4 (das Auto). Es gibt nur eine Erklärung für das seltsame Verhalten vieler Autofahrer: Sie sind autosüchtig. ______ 5 (Abgase) und ______ 6 (der Kampf) um jeden Zentimeter sind sie nicht glücklich.

2 Ergänzen Sie:

nach Anleitung ●
Ihrer Meinung nach ●
statt eines Geschenks ●
~~ohne Brille~~ ●
in Ruhe

1. Ich kann das *ohne Brille* leider nicht lesen.
2. Du kannst das Projekt ______ fertig machen, du hast dafür ja eine Woche Zeit.
3. So kann das ja gar nicht funktionieren – du musst das genau ______ machen!
4. Ich habe eine andere Idee: ______ lade ich dich lieber zum Essen ein!
5. Herr Maier, ist das Projekt ______ noch möglich – oder sehen Sie da Probleme?

3 Sprachprobleme: mit oder ohne „auf"

● Entschuldigen Sie, sprechen Sie *Spanisch* (Spanisch)?

○ Ja, ein bisschen. Warum?

● Dieser Text ist ______ 1 (Spanisch) – und ich kann leider nicht ______ 2 (Spanisch) sprechen. Können Sie mir sagen, was das ______ 3 (Deutsch) bedeutet?

○ Ja, Moment, ich will es versuchen. Billige Flugangebote nach Madrid. Ab € 110,– für den Hin- und Rückflug. Buchen Sie sofort!

● Vielen Dank. Ich rufe gleich mal an. Bei der Fluggesellschaft werden sie bestimmt auch ______ 4 (Deutsch) oder ______ 5 (Englisch) verstehen.

4 Sagen Sie das anders: Verwenden Sie statt der unterstrichenen Satzteile Angaben mit Präpositionen.

nach ●
ohne ●
außer (2x) ●
~~in~~

1. Ich musste mich beeilen. (Eile, kommen) *Ich bin in Eile gekommen.*
2. Ich glaube, Sie haben vollkommen Recht! (meine Meinung) ______
3. Dieser Lift funktioniert zur Zeit nicht. (Betrieb) ______
4. Er war immer pünktlich, nur am Montag nicht. ______
5. Du hast keinen Führerschein? Dann darfst du nicht fahren. ______

5 Altersunterschiede. Fragen Sie Ihren Partner / Ihre Partnerin:

● *Wann darf man in Ihrem Land den Führerschein machen?*

○ *Bei uns darf man mit 18 (Jahren) den Führerschein machen. Und bei Ihnen?*

(mit der Schule fertig sein, allein reisen, wählen, normalerweise heiraten, in die Schule kommen, …)

55 Deshalb kann sie sich nicht konzentrieren.

Seit Wochen ist hier eine Baustelle. Deshalb kann sie sich nicht auf ihre Arbeit konzentrieren.

Text-Adverbien

Seit Wochen ist hier eine Baustelle. **Deshalb** kann sie sich nicht auf ihre Arbeit konzentrieren.

Text-Adverbien verbinden Text-Teile. Sie geben eine logische Beziehung an.

deshalb deswegen darum daher	Ich habe noch eine Verabredung. Morgen sind die Geschäfte zu. Er hatte eine schwere Erkältung. Der Kurs war zu voll. *A: Grund*	**Deshalb** muss ich jetzt leider gehen. **Deswegen** muss ich schnell noch einkaufen fahren. **Darum** konnte er gestern nicht kommen. Wir mussten ihn **daher** teilen. *B: Konsequenz*
nämlich	Ich muss schnell etwas einkaufen. *A: Konsequenz*	Morgen sind die Geschäfte **nämlich** zu. *B: Grund*
also	● Wo war denn Frau Metz gestern? ○ Frau Metz hatte gestern frei. *A: Feststellung*	Sie konnte **also** an der Sitzung nicht teilnehmen. *B: logische Folgerung*
trotzdem	Das Wetter ist regnerisch. *A: Feststellung*	**Trotzdem** fahren wir jetzt an die Nordsee! *B: Die Konsequenz ist anders als erwartet.*
sonst	Wir müssen uns jetzt anstrengen, *A ist notwendig.*	**sonst** schaffen wir das nicht! *Ohne A gibt es die negative Konsequenz B.*

Positionen im Satz

Das Wetter	ist				schlecht.
Trotzdem	fahren	wir	morgen	an die Nordsee.	
Dort	treffen	wir	**nämlich**	meine Familie.	
Wir	haben	es	**trotzdem**		geschafft.
❶	❷		Satzmitte		Satzende

Text-Adverbien stehen oft auf Position I, manchmal in der Satzmitte; „nämlich" steht immer in der Satzmitte.

1 Was passt?

1. ~~Goethe war Geheimrat am Hof von Weimar.~~
2. Heinrich Heine musste aus Deutschland fliehen.
3. Berthold Brecht war überzeugter Marxist.
4. Georg Büchner starb sehr jung.
5. „Die Blechtrommel" von Günter Grass war ein literarischer Welterfolg.

a. Trotzdem hinterließ er ein umfangreiches Werk.
b. Trotzdem war er in Westdeutschland sehr populär.
c. Darum bekam er 1999 den Literaturnobelpreis.
d. ~~Deshalb hatte er keine finanziellen Sorgen.~~
e. Er hatte nämlich die politischen Zustände kritisiert.

1.d: Goethe war Geheimrat am Hof von Weimar. Deshalb hatte er keine finanziellen Sorgen.

2 Das müssen wir vermeiden! Formulieren Sie mit „sonst".

1. Manfred, kannst du mir bitte helfen? Ich schaffe das nicht. *Manfred, kannst du mir bitte helfen, ich schaffe das sonst nicht mehr.* Oder: *… sonst schaffe ich das nicht mehr.*
2. Geh bitte jetzt einkaufen. Die Läden sind schon zu. __________
3. Schreib den Brief jetzt gleich. Er kommt nicht zu Weihnachten an. __________
4. Bleib nicht so lange in der Sonne liegen. Du bekommst einen Sonnenbrand. __________

3 „nämlich", „trotzdem", „sonst" oder „also"?

1. Bitte beeil dich! Wir kommen zu spät. *Bitte beeil dich, sonst kommen wir zu spät.*
2. Der Zug war schon abgefahren. Ich konnte nicht kommen.
3. Wir müssen heute ins Kino gehen. Wir sehen den Film nicht mehr.
4. Ich hole dich gerne ab – ich bin sowieso in der Gegend. Es ist kein Problem!
5. Ich habe einen schrecklichen Schnupfen. Ich gehe zur Arbeit, denn es gibt so viel zu tun!
6. Bitte schau genau auf die Landkarte. Wir verfahren uns.
7. Dieses Rezept ist sehr kompliziert. Ich probiere es aus, es sieht sehr interessant aus.
8. Ich bin nicht baden gegangen. Das Schwimmbad war total überfüllt.

4 Endlich fertig mit der Schule! Schreiben Sie diesen Text neu. Benutzen Sie „deshalb" („deswegen"), „nämlich", „also" oder „trotzdem". Achten Sie auf die logischen Beziehungen und die Wortstellung.

Liebe Carmen,

seit einigen Wochen bin ich endlich mit der Schule fertig. Ich bin nicht so richtig glücklich, ich muss mich für ein Studienfach entscheiden. Seit Tagen lese ich alle möglichen Informationshefte. Es hilft nichts: Ich kann mich nicht entscheiden! Vielleicht studiere ich auch gar nicht. Die Universitäten sind so anonym. Außerdem gibt es viel zu viele Studierende – man findet nach dem Studium sehr schwer einen guten Arbeitsplatz. Meine Freunde gehen alle an die Universität. Hast du nicht einen Rat?

Alles Liebe, dein Philipp

Funktionen von *es*

Es spielen: Carla Blau und Albert Megelsdorff

Funktionen von „es“:
- Pronomen im Text
- Festes Subjekt bei bestimmten Verben
- Element auf Position I

es als Pronomen im Text

Das neueste Buch von Günter Grass gefällt mir sehr gut. Kennst du **es**?

● Wann kommt der Zug an? ○ Ich weiß **es** nicht. *(ich weiß nicht, wann der Zug ankommt)*

„es“ kann in dieser Funktion nicht auf Position I stehen und ist immer unbetont.

es als festes Subjekt bei bestimmten Verben

Es regnet. Heute schneit **es stark**. **Es hagelt / blitzt / donnert**, … — Wetter-Verben
Es ist warm / kalt / feucht … **Es wird** schon **dunkel** … — Wetter-Adjektive
Wie **spät ist es**? **Es ist früh / 10 Uhr / Nachmittag** … — Uhrzeit
Es war einmal ein alter König … — Feste Wendungen
Vorsicht, hier **gibt es** viele Mücken. **Gibt es** Leben auf dem Mars?
Hier **riecht es** ja ganz herrlich – sind das die Blumen?
● Hallo Herr Hoffmann, wie **geht es** Ihnen? Danke, mir **geht es** gut, und Ihnen?
○ Worum **geht es**? **Es handelt sich** um die letzte Lieferung aus Frankreich.

„es“ kann auf Position I stehen oder direkt nach dem Verb in der Satzmitte und ist immer unbetont.

es als Element auf Position I

Direktor Haßberg gab eine Party. **Es** kamen viele Gäste.	= Viele Gäste kamen.
Freitag: Jazzkonzert. **Es** spielen C. Blau und A. Megelsdorff.	= C. Blau und A. Megelsdorff spielen.
Das Produkt ist nicht in Ordnung – **es** beschweren sich immer mehr Leute!	= Immer mehr Leute beschweren sich.

„es“ verschwindet, wenn ein anderes Element auf Position I steht.
Funktion: Manchmal möchte man das Subjekt betonen (neue Information). Darum setzt man „es“ auf Position I. So kann das Subjekt rechts in der Satzmitte stehen.

1 Worauf bezieht sich „es"?

1. ● Siehst du das Gebäude dort drüben? — **Bezug:**
   ○ Es wurde von Friedrich Schinkel erbaut. | *das Gebäude dort drüben*
   Ja? Aus welchem Jahr stammt es denn? | ______
   ● Ich weiß es nicht genau – Anfang des 19. Jahrhunderts, glaube ich. | ______
2. ● Vorhin hat mich fast ein Auto überfahren.
   ○ Das ist ja schrecklich! Hast du dir gemerkt, wie es aussah? | ______
   ● Nein, ich weiß es nicht mehr, ich habe mich zu sehr erschrocken! | ______

2 Es fährt keine U-Bahn mehr. Stellen Sie das unterstrichene Satzglied auf Position I.

1. Tut mir leid, es fährt jetzt keine U-Bahn mehr. -> *Tut mir leid, jetzt fährt keine U-Bahn mehr.*
2. Ich glaube, wir machen das Restaurant zu. Es kommen heute keine Gäste mehr. ->
3. Dieser Vortrag war schrecklich. Es hat niemand etwas verstanden. ->
4. Wir sind fast fertig. Es fehlen aber noch die Kerzen. ->
5. Gehen wir morgen ins Konzert? Es spielen die Wiener Philharmoniker! ->

3 Märchen ohne Ende. Notieren Sie: T = Pronomen im Text, F = Festes Subjekt, P = Element auf Position I.

Es war einmal ein kleines Mädchen [*F*], das hatte keine Mutter und keinen Vater mehr. Es war ganz allein auf der Welt [ ]1. Eine Weile wohnte es bei einer Tante [ ]2, aber die behandelte das Mädchen schlecht und so zog es in die weite Welt hinaus [ ]3. Nach einer Weile kam es in ein kleines Dorf [ ]4. Da zogen am Himmel Wolken auf und es blitzte und donnerte ganz gewaltig [ ]5. Auf einmal war es in dem Dorf dunkel und unheimlich [ ]6. Da öffnete sich eine Tür und ein heller Lichtstrahl fiel auf den Dorfplatz. Es stand plötzlich eine alte Frau in der Tür [ ]7. Sie winkte und sagte: „Komm doch herein, mein liebes Mädchen, es wird dir bei mir an nichts fehlen [ ]8!" Das Mädchen ging langsam zu der Alten hin …

4 Obligatorisch oder nicht? Formulieren Sie als Frage. Was passiert mit „es?

1. Es gibt hier ein Problem. -> *Gibt es hier ein Problem?*
2. Es fuhr kein Zug nach Salzburg. ->
3. Es gibt in dieser Gegend keine Läden. ->
4. Es geht ihm heute nicht so gut. ->
5. Es kommen auch mal wieder bessere Zeiten. ->

5 Was gibt es? Fragen Sie Ihren Partner / Ihre Partnerin.

1. ● In Deutschland gibt es viele Kirchenfeiertage. Wie ist das bei Ihnen?
   ○ *Bei uns gibt es keine (auch viele) Kirchenfeiertage.*

(lange Sommerferien, viele Staus, viele Radfahrwege, viele Volksfeste, wenig Bodenschätze, …)

57 Da sah sie die Touristen kommen.

Sie genoss die Stille und die schöne Umgebung.
Da sah sie die Touristen kommen.

Verben mit Infinitiv

Da sah sie die Touristen **kommen**.
= Die Touristen kamen. Das sah sie.

Einige Verben können einen Infinitiv bei sich haben.

bleiben, gehen, fahren

Ich **bleibe** hier **stehen. Bleiben** Sie doch **sitzen**, ich mache das schon!
Wir **gehen** nachher (Obst) **einkaufen. Gehen** wir danach **essen**?
Sie **fährt** Klaus **abholen**. Ich **fahre** noch schnell **einkaufen**.

Perfekt mit „sein":

Ich **bin** stehen **geblieben**.
Wir **sind** essen **gegangen**.
Sie **ist** ihn abholen **gefahren**.

lernen

Das Kind **lernt** gerade **laufen**. Ich **lerne** jetzt Golf **spielen**.

Perfekt mit „haben":

Das Kind **hat** laufen **gelernt**.

Bei „lernen" ist das zweite Verb nicht immer obligatorisch:

Ich lerne Geige (spielen).
Ich lerne Deutsch (sprechen).

hören, sehen

Ich **höre** ihn **singen. Hörst** du den Regen gegen das Fenster **trommeln**?
Endlich **sah** sie ihn **kommen**. Ich **sehe** ein Gewitter **heranziehen**.
Das **habe** ich **kommen sehen**! (*ich habe gewusst: das passiert*)

Ich **habe** ihn **singen** ~~gehört~~ **hören**.
Sie **hat** ihn **kommen** ~~gesehen~~ **sehen**.

Infinitiv statt Partizip!

lassen

Wir **lassen** ihn das Auto **reparieren. Lass** das doch einen Fachmann **machen**! Alle vier Wochen **lasse** ich mir die Haare **schneiden**.

Wir **haben** das Auto reparieren ~~gelassen~~ **lassen**.

Infinitiv statt Partizip!

Weitere Bedeutungen von „lassen" 84

helfen + Dativ

Sebastian **hilft** mir (das Zimmer) **aufräumen**. Ich **helfe** ihr **kochen**.

Ich **habe** ihr kochen **geholfen**.

„zu" + Infinitiv 70

! Hinweis
Manchmal wird „helfen" auch mit „zu" + Infinitiv gebraucht:
Sebastian hat mir geholfen, das Zimmer auf**zu**räumen.

1 Wer macht was?

1. Ich helfe dir kochen. *Du kochst.* ______
2. Ich gehe jetzt einkaufen. ______
3. Wir hören sie lachen. ______
4. Peter lernt Schi fahren. ______
5. Sie lässt ihn die Wäsche waschen. ______
6. Bleiben Sie ruhig sitzen! ______

2 Lernprozesse. Ergänzen Sie „lernen" + Infinitiv.

Liebe Oma, uns geht es gut. Wir lernen gerade ganz viele neue Sachen:

1. schwimmen (ich) *Ich lerne gerade schwimmen.*
2. laufen (Susi) ______
3. Schi fahren (Daniel) ______
4. mit dem Computer arbeiten (Papa) ______
5. Motorrad fahren (Mutti) ______

Lernst du auch was? Alles Liebe, deine Isabella

3 Gemütlich sitzen bleiben! Ergänzen Sie die Verben und Infinitive.

Hans, *gehst* du jetzt bald *einkaufen*? | ~~einkaufen gehen~~

Ich mach' das später, da ______ ich sowieso Julian und Klara ______ 1. | abholen fahren

Du willst ja nur gemütlich ______ ______ 2 und Zeitung lesen! | sitzen bleiben

Ich lese nur den Artikel noch schnell fertig. Aber dann ______ ich dir ______ 3. | aufräumen helfen

4 Bieten Sie Ihre Hilfe an!

1. ● Ich schaffe das Kochen nicht allein! ○ *Ich helfe dir gerne kochen* ______.
2. ● Ich kann das Fahrrad nicht allein reparieren! ○ ______.
3. ● Wir brauchen dringend Hilfe beim Umzug! ○ ______. (umziehen)
4. ● Ich muss die ganze Wohnung streichen! ○ ______.

5 Luxus

1. Ich koche nicht selbst, *Ich lasse kochen.*
2. Ich putze die Wohnung nicht selbst, ______
3. Ich kaufe nicht selbst ein, (die Lebensmittel, bringen) ______
4. Ich bügle meine Hemden nicht selbst, ______

6 Perfekt

1. ● Ist Herr Becker schon da? ○ Ich glaube nicht. (nicht kommen sehen)
   Ich habe ihn nicht kommen sehen.
2. ● Funktioniert die Waschmaschine jetzt wieder? (reparieren lassen) ○ Ja, ich …
3. ● Was habt ihr denn gestern abend gemacht? (in ein türkisches Restaurant, essen gehen) ○ …
4. ● Nico ist schon wieder durch die Prüfung gefallen! (kommen sehen) ○ …
5. ● Wart ihr früh zu Hause? ○ Nein, es war so nett bei Hubers. (etwas länger, sitzen bleiben) Da …

Er hatte sich sehr beeilt,
aber er kam zu spät zur Konferenz.

Hauptsatz-Kombinationen

Er hatte sich sehr beeilt, **aber** er kam zu spät. Konjunktionen wie „aber", „und", „oder" verbinden Hauptsätze.

und	Dresden ist eine schöne Stadt **und** wir haben uns keine Sekunde gelangweilt. Wir sind am Montag angekommen **und** (wir) haben gleich die Semperoper besucht.
oder	Kann ich direkt nach Köln fahren **oder** muss ich umsteigen?
entweder – oder	**Entweder** du kommst gleich mit **oder** wir sehen uns später im Restaurant.
aber	Sonntags gehen wir gern spazieren, **aber** bei dem Regen bleiben wir lieber zu Hause.
zwar – aber	Er ist **zwar** noch jung, **aber** (er ist) schon sehr erfolgreich.
sondern	Er ist nicht mein Chef, **sondern** (er ist) mein Kollege!
doch	Wir sind in die Schweiz zum Schifahren gefahren, **doch** es hat nicht geschneit.
jedoch	Er erzählte ihr von der Schönheit der Berge, **jedoch** sie wollte nicht mitfahren.
denn	Wir bleiben zu Hause, **denn** der Wetterbericht hat Regen angesagt.

! Hinweis

„und", „aber", „denn": Gleiches Subjekt in Satz 1 und Satz 2 –> man kann das Subjekt in Satz 2 weglassen:
Er ist noch jung, aber schon sehr erfolgreich.

Die Konjunktionen „sowohl – als auch", „sowie" und „weder – noch" verbinden meistens Satzteile.

sowie	Der Club widmet sich dem Sport **sowie** dem Jugendaustausch.
sowohl – als auch	**Sowohl** die Weltbank **als auch** die EU fördern Entwicklungsprojekte.
weder – noch	Zum Rock-Konzert? Dazu habe ich **weder** Lust **noch** Zeit.

Positionen im Satz

Hauptsatz					Hauptsatz			
Sie Zuerst	hatte ging	sich sehr er nach Hause,	beeilt,	**denn** **und**	sie dann	wollte fuhr	nicht zu spät er noch mal	kommen. weg.
❶	❷ Verb	Satzmitte	Satzende	0	❶	❷ Verb	Satzmitte	Satzende

Konjunktionen, die Hauptsätze verbinden, stehen auf Position 0.

1 Was passt zusammen?

1. Ein Rat an die Eltern: Nicht jammern, — a. und im Studio geht es hektisch zu. — *1.d*
2. Das Internet ist zwar noch männerdominiert, — b. sondern mit den Kindern reden! — ______
3. Die Live-Sendung beginnt gleich, — c. aber die Frauen holen mächtig auf — ______

2 Wählen Sie die richtige Satz-Verbindung:

aber ● denn ●
doch ● oder ● und ●
sowohl – als auch ●
weder – noch ●
entweder – oder ●
(auch mehrfach)

1. Sie kamen etwas zu spät an, *denn* es hatte auf der Autobahn einen Unfall gegeben.
2. Komm schnell runter ______ bring bitte den Schirm mit. Es regnet in Strömen!
3. ● Möchten Sie den Kaffee mit Milch ______ nehmen Sie Zucker?
   ○ Am liebsten beides.
4. ● Kommst du mit spazieren? ○ Ich komme gern mit, ______ ich kann nicht lange bleiben, ich habe noch zu tun.
5. In diesem Buch gefallen mir ______ die Texte ______ die Bilder.
6. ● Siehst du gern spannende Filme? ○ Nein, mir gefallen ______ Horrorfilme ______ Krimis.
7. Du musst dich jetzt entscheiden ______ du kommst mit ______ du bleibst zu Hause ______ wartest auf seinen Anruf.
8. Jahrelang war Krieg, ______ nun gibt es wieder Hoffnung.

3 Ein Brief aus dem Urlaub. Juan schreibt von seinem Schi-Urlaub einen Brief an Gerda. Beenden Sie den Brief und benutzen Sie möglichst viele Konjunktionen.

Zermatt, den 29. 3. 2008

Liebe Gerda,

wir sind dieses Jahr mit der ganzen Familie in den Schi-Urlaub gefahren, *aber* dieses Mal nicht mit dem Auto, *denn* die Straßen waren vereist. Wir sind mit dem Zug *und* dem Bus gefahren. ______

______

______

______

______

______

Viele Grüße, dein Juan

nicht mit dem Auto (fahren) – Straßen waren vereist – mit Zug und Bus fahren
es gab nicht genug Schnee – hier bleiben? nach Hause fahren?
am dritten Tag geschneit – Schi fahren / Snowboard fahren
am nächsten Tag Schlitten fahren: es regnete – also nicht rausgehen, im Hotel bleiben
dort gibt es auch Schwimmbad – es gibt Supermarkt und Bäckerei in der Nähe – keine Bücherei, kein Kino

dass-Sätze

Ich glaube das. Ich glaube: Wir schaffen das. Ich glaube, **dass** wir das schaffen.	„dass"-Sätze sind Nebensätze. Nebensätze sind vom Hauptsatz abhängig. Ein „dass"-Satz ersetzt meist das Akkusativ-Objekt.

ob-Sätze

Ich frage:	Kommt er heute?	Ein „ob"-Satz folgt meist auf ein Verb des Fragens, des Zweifelns oder Nicht-Wissens.
Ich frage,	**ob** er heute kommt.	
Ich weiß nicht,	**ob** er kommt.	

Zum Vergleich:

Er ist sicher, **dass** er kommt.	*Feststellung*	„dass" und „ob" sind Subjunktionen.
Ich frage mich, **ob** er wirklich kommt.	*Nicht-Wissen*	

Positionen im Satz

Nebensatz-Klammer (Subjunktion … Satzende: Verb)

Ich weiß,	**dass**	ihr	bald	**kommt.**
Er glaubt,	**dass**	sie	sehr gern	**einkauft.**
Ich frage sie,	**ob**	sie	uns morgen	besuchen **will.**
Es ist nicht sicher,	**ob**	er	das wirklich	gewollt **hat.**
Ich weiß nicht,	**ob**	er	früher	**hat** kommen wollen.
Hauptsatz	Subjunktion	Subjekt	Satzmitte	Satzende: Verb

Regeln:

Das konjugierte Verb steht im Nebensatz ganz am Ende.
Das Partizip oder der Infinitiv stehen direkt davor.
Bei trennbaren Verben ist das Präfix am Verb, wie beim Infinitiv.
Bei Modalverben im Perfekt steht das konjugierte Verb vor den anderen Verbteilen.
Die Wortstellung in der Satzmitte ist wie beim Hauptsatz.

1 Formulieren Sie anders:

1. Ich glaube, er ist zu Hause. → *Ich glaube, dass er zu Hause ist.*
2. Er meint, wir machen das falsch. → ______
3. Frau Docht behauptet, sie kann die Zukunft sehen. → ______
4. Er vermutet, seine Freundin ist allein in Urlaub gefahren. → ______

2 Was meinen Sie?

ich frage mich • ~~ich finde~~ • ich weiß • ich habe keine Ahnung

1. Tortillas schmecken wunderbar. *Ich finde, dass Tortillas wunderbar schmecken.*
2. Rauchen ist ungesund. ______
3. Klappt das noch? ______
4. Sollen wir das wirklich tun? ______

3 Was steht heute in der Zeitung?

berichten • ~~schreiben~~ • melden • fragen

1. Heute fliegt die Bundeskanzlerin zu Gesprächen in die Türkei.
Die „Süddeutsche" schreibt, dass die Bundeskanzlerin heute zu Gesprächen in die Türkei fliegt.
2. Sollen auch Frauen zur Bundeswehr gehen? *Die „Bild"-Zeitung …*
3. Der Bundestag debattierte über die Steuerreform.
4. In Osteuropa lernen viele Menschen Deutsch.

~~„Süddeutsche"~~ „Die Zeit" „Die Welt" ~~„Bild"~~

4 „dass" oder „ob"?

Ich wünsche nur, *dass* ich bald meinen Traumpartner finde! Dabei ist es mir besonders wichtig, ___1___ er ähnliche Interessen hat wie ich. Ich werde ihn natürlich sofort fragen, ___2___ er auch so gern Musik hört wie ich. Es ist auch wichtig für mich, ___3___ mein Lebenspartner Kinder mag. Dagegen ist es mir ziemlich egal, ___4___ er viel verdient oder nicht. ___5___ er eine ähnliche Ausbildung hat wie ich, finde ich allerdings wieder wichtig. Ich weiß nicht, ___6___ ich das alles in einer einzigen Person finden kann.

5 Das ist aber schade!

Zu dumm, dass … • Komisch, dass … • ~~Schade, dass~~ … • Tut mir leid, dass …

1. Ich muss jetzt gehen. *Schade, dass du schon gehen musst!*
2. Er hat den Termin verpasst.
3. Deine Schwester kann doch nicht kommen.
4. Ich habe meinen Freund gestern in der Mensa nicht gesehen.

6 Bist du sicher, dass du das gemacht hast?

1. den Ausweis einstecken
   - ● *Bist du sicher, dass du den Ausweis eingesteckt hast?*
   - ○ *Ich weiß nicht genau, ob ich ihn eingesteckt habe.*

(2. Ute am Morgen anrufen 3. der Sekretärin die Briefe auf den Schreibtisch legen 4. die Blumen gießen)

7 Überlegungen

Ken findet ein Portmonee auf der Straße. Er überlegt: *Ich glaube, dass ich das Portmonee beim Fundbüro abgeben muss. Ich weiß aber nicht, ob …*

(~~Ich muss das Portmonee beim Fundbüro abgeben~~. Gibt es ein Fundbüro an der Universität? Ist eine Adresse im Portmonee? Der Finder bekommt eine Belohnung. …)

Nebensätze mit Fragewort

Können Sie mir sagen:	Wo bin ich?	→	Können Sie mir sagen, **wo** ich **bin**?
Ich weiß nicht:	Wann kommt sie?	→	Ich weiß nicht, **wann** sie **kommt**.
Darf ich fragen:	Wie macht man das?	→	Darf ich fragen, **wie** man das **macht**?
Weißt du das:	Mit wem kommt er zur Party?	→	Weißt du, **mit wem** er zur Party **kommt**?
	direkte Frage		Nebensatz mit Fragewort

Nach Verben des Sagens, Fragens oder Wissens können Nebensätze mit Fragewort stehen.

Das sagt man oft:

- Können Sie mir sagen, **wie** ich zum Bahnhof komme?
  - Ja, gehen Sie zuerst …
- Wo ist Klaus denn schon wieder?
  - Keine Ahnung, **wo** er ist.
- Wissen Sie, **wie** spät es ist?
  - Ja, Viertel nach drei.
- Worüber lachen denn die Leute?
  - Ich weiß auch nicht, **worüber** die lachen.
- Warum kommt denn Peter heute so spät?
  - Ich weiß auch nicht, **warum**.

Positionen im Satz

Nebensatz-Klammer (Fragewort … Satzende)

Können Sie mir sagen,	**wo**	ich		**bin**?
Ich weiß auch nicht,	**wie**	er	das	gemacht **hat**.
Weißt du,	**mit wem**	er	zu dem Fest	kommen **will**?
Er hatte keine Ahnung,	**worüber**	die Leute		**lachten**.
Hauptsatz	Fragewort	Subjekt	Satzmitte	Satzende

Wortstellung im Nebensatz 59

Präposition mit Fragewort 32

1 Ein Theateragent stellt Fragen. Ein Regisseur möchte eine Schauspielerin engagieren. Die Schauspielerin hat einige Fragen. Deshalb ruft ihr Agent den Regisseur an.

1. *Sie möchte wissen, welche Rolle sie bekommt.* | (~~Welche Rolle bekomme ich?~~)
2. *Sie fragt, …* | (Wie viele Lieder muss ich singen?)
3. *Außerdem ist es für sie wichtig, …* | (Wer ist mein Partner?)
4. *Sagen Sie uns bitte, …* | (Wann beginnen die Proben?)
5. *Und schließlich möchte sie auch wissen, …* | (Wie hoch ist die Gage?)

2 Der Gaststudent. Rajiv aus Indien wohnt bei Familie Zürli in Bern. Er möchte alles über sein Gastland wissen.

1. *Sag mal, Alex, kannst du mir sagen, wie viele Einwohner die Schweiz hat?*
2. *Sag mir doch noch einmal, wie …*

(1. ~~Wie viele Einwohner hat die Schweiz?~~ 2. Wie heißt der höchste Berg? 3. Welches ist der längste Tunnel? 4. Hat Wilhelm Tell wirklich gelebt? 5. Seit wann gibt es eigentlich das Frauenwahlrecht bei euch? 6. Ist die Schweiz schon der Europäischen Union beigetreten?)

3 Warum wollen die das wissen?

Monika hat einen neuen Job. Sie bekommt ein Formular zum Ausfüllen. Sie ärgert sich darüber.

1. *Warum wollen die denn wissen, wie mein Vater heißt?*
2. *Was geht die das an, wo …*
3. *Warum muss ich sagen, …*
4. ______
5. ______

~~Name des Vaters~~ ●
Wohnort in den letzten 5 Jahren ●
Familienstand ●
Zahl der Kinder ●
Sind Sie schwanger?

4 Liebevolle Fragen. Julia und Julius sind seit kurzer Zeit ein Liebespaar. Sie möchten vieles wissen.

1. *Sag mir, ob du mich liebst!* | (~~Liebst du mich?~~)
2. *Erzähl mir, …* | (Wann stellst du mich deinen Eltern vor?)
3. *Ich frage mich, …* | (Wirst du mir treu sein?)
4. *Warum willst du mir nicht sagen, …* | (Wie viel Geld verdienst du?)
5. *Lass uns mal darüber reden, …* | (Fahren wir zusammen in Urlaub?)

5 Nachfragen. Spielen Sie mit Ihrem Partner / Ihrer Partnerin den Dialog.

Dietmar hört nicht gut oder möchte nicht hören. Er fragt immer nach. Will er nur Zeit gewinnen?

Mutter: ● Hast du schon Tante Elvi angerufen? ○ Dietmar: *Ob ich schon Tante Elvi angerufen habe? Klar.*

Mutter: ● Wann kommst du heute nach Hause? ○ Dietmar: *Wann …*

(**Fahren Sie fort:** Wo hast du eigentlich Marion kennen gelernt? Hast du schon eine neue Arbeit gefunden? Wann bringst du die Anzüge zur Reinigung? Kannst du bitte mal den Rasen mähen? Ist der Müll schon draußen? Warum erzählst du mir nie etwas?)

Relativsätze

Siehst du das **Dorf** da unten? **In dem Dorf** bin ich geboren. Das ist das **Dorf**, in dem ich geboren bin.	Relativsätze definieren oder erklären ein Nomen im Hauptsatz. Sie beginnen mit einem Relativpronomen.
Das ist der Lehrer, **der** so gut Gedichte rezitieren kann. Das ist die Frau, **die** das Buch geschrieben hat. Das ist das Kind, **das** gern Zauberkunststücke vorführt.	Das **Genus** (der, die, das) des Relativpronomens und das Genus des Nomens im Hauptsatz sind gleich.
Wo ist der Mann, **den** du im Café gesehen hast? Sind das die Leute, **denen** du die Bilder gezeigt hast? Dort drüben ist die Schule, **an der** ich Abitur gemacht habe. Oder: Das ist die Schule, **wo** ich Abitur gemacht habe.	Der **Kasus** des Relativpronomens hängt vom Verb im Relativsatz ab: „sehen" + Akkusativ -> der Mann, den du gesehen hast
Das ist alles, **was** ich dir sagen wollte. Er ist sehr früh gekommen, **was** mich sehr gefreut hat.	Relativsätze können sich auf Pronomen oder ganze Sätze beziehen. Relativpronomen: **was**

Deklination des Relativpronomens

	maskulin	neutrum	feminin	Plural
Nominativ	der	das	die	die
Akkusativ	den	das	die	die
Dativ	dem	dem	der	**denen**
Genitiv	**dessen**	**dessen**	**deren**	**deren**

! Hinweis
Das Relativpronomen im Genitiv ersetzt den Possessiv-Artikel:
Das ist der Mann, **dessen Tochter** gestern hier war.
(**Seine Tochter** war gestern hier.)

Possesiv-Artikel 19

Positionen im Satz

Nebensatz-Klammer

Heinz ist ein **Mann**, Das ist **Hans**, Der **Vortrag**,	**der** **mit dem** **den**	gern sie die Weltreise er heute	**einkauft.** machen **will.** gehalten **hat**,	 war sehr lang.
	Relativpronomen	Satzmitte	Satzende: Verb	

Relativsätze stehen normalerweise direkt hinter dem Substantiv, auf das sie sich beziehen.

Positionen im Satz 72

1 Drücken Sie den Relativsatz als Hauptsatz aus:

1. Im Flur hängt ein Bild, auf dem man die ganze Familie sehen kann.

   Im Flur hängt ein Bild. Auf dem Bild kann man die ganze Familie sehen.

2. Der Aufstieg auf den Vulkan ist eine Herausforderung, die man akzeptieren muss.
3. Mir gefallen die großen Fenster, aus denen man eine so schöne Aussicht hat.
4. Gehen Sie doch zu der Ärztin, deren Praxis hier in der Nähe ist.

2 Ergänzen Sie das Relativpronomen:

Der Mensch ist, was er isst.

1. Es gibt junge Leute, *die* gar nicht von zu Hause ausziehen wollen.
2. Ein Lexikon enthält alles, ______ man wissen muss.
3. Das „Zertifikat Deutsch" ist eine Prüfung, ______ die Fähigkeit zur Kommunikation in Alltagssituationen prüft.
4. Für viele Deutsche ist der Hund ein Freund, ______ ihnen die Familie ersetzt und ______ ______ sie sich wie mit einem Menschen unterhalten.

3 Definitionen

1. Tisch
2. Stuhl
3. Projektor
4. U-Bahn
5. Bett
6. Bad

Gerät
Transportmittel
Zimmer
Möbelstück

1. *Ein Tisch ist ein Möbelstück, an dem man schreibt und isst.*

Dias zeigen • sitzen • schlafen • schreiben • essen • zur Arbeit fahren • sich waschen …

4 Schau mal, meine alte Schule!

Das ist die Schule, *in die* ich als Kind gegangen bin. Da drüben, da wohnte der Hausmeister, ______1 uns immer die Getränke verkauft hat. Und da unten links, das ist die Klasse, ______2 ich gegangen bin. Ich frage mich, ob die Lehrerin noch hier ist, ______ ______3 ich Schreiben gelernt habe, oder der Bio-Lehrer, ______4 wir immer geärgert haben? Da vorn, das ist das Schultor, ______ ______5 wir jeden Tag in die Schule gegangen sind. Das ist alles schon sehr lange her!

5 Das ist das beste Buch, das ich je gelesen habe!

1. ein gutes Buch lesen — *Das ist das beste Buch, das ich je gelesen habe!*
2. einen spannenden Film sehen — ______
3. eine weite Reise machen — ______
4. einen tollen Job bekommen — ______

6 Wo ist die Frau, die ich lieben kann?

Harald sucht eine Frau, *die gut aussieht,* | (sie sieht gut aus)
______ | (sie hat auch Sinn für Humor)
______ | (man kann mit ihr schöne Reisen machen)
______ | (man kann etwas von ihr lernen)
Und Julie sucht einen Mann, *der gut aussieht,* | (er sieht gut aus) …

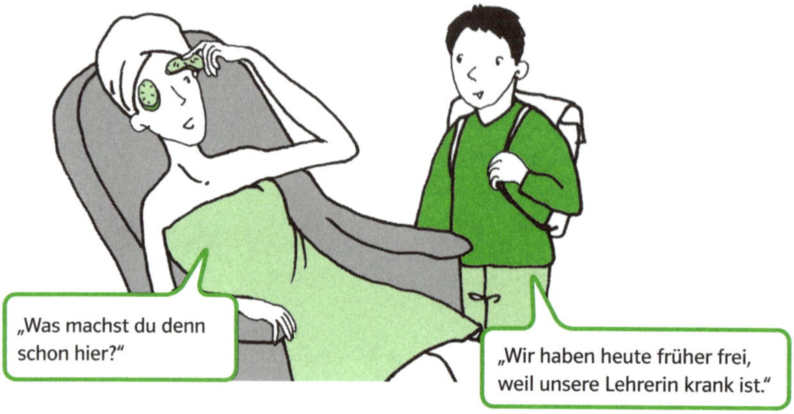

Kausale Nebensätze

		Grund:
weil	Wir haben heute früher frei, Er ist nicht nach Oslo gefahren, Warum habt ihr denn nicht angerufen?	**weil** unsere Lehrerin krank ist. **weil** sein Freund ihn hier besucht hat. **Weil** wir keine Telefonzelle finden konnten.
	Grund:	
da	**Da** sein Vater Diplomat war,	musste er oft die Schule wechseln.

Kausale Nebensätze beginnen mit den Subjunktionen „weil“ oder „da“. Sie nennen den Grund für die Information im Hauptsatz.
Der Nebensatz mit „da“ steht meist vor dem Hauptsatz: Er enthält eine Information, die schon bekannt ist. Nebensätze mit „da“ kommen besonders in schriftlichen Texten vor.

Positionen im Satz

Hauptsatz				Nebensatz		
Wir	**haben**	heute früher	**frei,**	**weil**	unsere Lehrerin	krank **ist.**
Er	**ist**	nicht nach Oslo	**gefahren,**	**weil**	sein Freund ihn	besucht **hat.**
Sie	**kommt**	später,		**da**	sie noch etwas	besorgen **muss.**
❶	❷ Verb	Satzmitte	Satzende	Subjunktion	Satzmitte	Satzende

Mündlich sagt man auch:
Ich bin gestern nicht mehr gekommen, **weil** – ich war sehr müde.

Der Nebensatz steht vorn:

Nebensatz			Hauptsatz			
Da	sein Vater Diplomat	**war,**	**musste**	er	oft die Schule	**wechseln.**
Weil	wir Angst	**hatten,**	**sind**	wir	schnell	**weggelaufen.**
Subjunktion	Satzmitte	Satzende	❷ Verb	Subjekt	Satzmitte	Satzende

Der Nebensatz steht auf Position I.

→ Das Verb steht auf Position II, nach dem Komma.
Das Subjekt steht meist direkt nach dem Verb.

1 Was passt zusammen?

1. Rosemarie kann heute nicht zum Sport gehen,
2. Siegfried bleibt in seinem Zimmer,
3. Adelheid kommt nicht mit in die Kneipe,
4. Die Kinder haben ständig Hunger,
5. Herr Kattowitz ist sehr in Eile,
6. Natalia sieht dauernd fern,

a. weil er deprimiert ist.
b. weil sie sich den Fuß verstaucht hat.
c. weil er eine wichtige Besprechung hat.
d. weil sie sich langweilt.
e. weil sie unterrichten muss.
f. weil sie sich so viel bewegen.

1.b, ______ ______ ______ ______ ______

2 So viele Fragen! So viele Antworten!

1. ● Warum bist du gestern so spät nach Hause gekommen?
   ○ *Weil ich mit Freunden in der Disko war.* | ~~(Ich war mit Freunden in der Disko.)~~
2. ● Warum ist denn das Auto noch nicht fertig? ○ … | (Auch die Bremsen sind kaputt.)
3. ● Warum wohnst du immer noch bei deinen Eltern? ○ … | (Ich habe kein Geld für eine eigene Wohnung.)
4. ● Warum rufst du nie an? ○ … | (Ich telefoniere nicht gern.)
5. ● Warum bist du so traurig? ○ … | (Ich habe meine Arbeit verloren.)

3 Warum ist das so?

1. Herr Andres muss zum Arzt. Er hat heftige Schmerzen.
   Da Herr Andres heftige Schmerzen hat, muss er zum Arzt.
2. Der Arzt muss ihn operieren. Sein Blinddarm ist entzündet.
   ______
3. Fred freut sich schon auf das Essen. Er isst gern Wiener Schnitzel.
   ______
4. Annette hat sich erkältet. Sie isst nicht genügend Obst.
   ______

4 Drücken Sie das anders aus:

1. Margot fährt gern in fremde Länder. Denn sie möchte andere Kulturen kennen lernen.
   Margot fährt gern in fremde Länder, weil sie andere Kulturen kennen lernen will.
2. Heinz hat oft Fernweh. Denn er langweilt sich zu Hause.
3. Renate fährt dieses Jahr nach Mexiko. Denn die Landschaft dort fasziniert sie.
4. Mariana ist gegen Tourismus. Denn zu viele Touristen machen die Landschaft kaputt.

5 Vorlieben. Erzählen Sie Ihrem Partner / Ihrer Partnerin, welche Jahreszeit Sie lieben.

1. Ich liebe den Frühling, weil …
2. Ich liebe den Sommer, weil …
3. Ich liebe den Herbst, weil …
4. Ich liebe den Winter, weil …

(Aus: Rotkäppchen)

Finale Nebensätze

damit		*Ziel, Zweck:*
	Ich habe so große Augen,	**damit** ich dich besser sehen kann!
	Er hilft ihr beim Kofferpacken, (Er hilft ihr.)	**damit** sie den Zug noch bekommt. (Sie bekommt den Zug.)
um ... zu + Infinitiv	Ich sehe täglich Nachrichten, (Ich sehe Nachrichten.)	**um** immer gut informiert zu sein. (Ich will gut informiert sein.)
	Sie ging in eine Telefonzelle, (Sie ging …)	**um** ihre Eltern **anzurufen**. (Sie rief … an.)

Finale Nebensätze beginnen mit der Subjunktion „damit“ oder haben die Konstruktion „um … zu“ + Infinitiv. Sie geben ein Ziel oder einen Zweck an.

! **Hinweis**
Verschiedene Personen: „damit“
Dieselbe Person: „um … zu“ + Infinitiv

! **Hinweis**
Trennbare Verben: Präfix + „zu“ + Verb:
anrufen –> anzurufen

Positionen im Satz

Hauptsatz	Nebensatz			
Er hilft ihr,	**damit**	sie	den Zug noch	**bekommt.**
Axel organisiert den Haushalt,	**damit**	Elke	in Ruhe	arbeiten **kann.**
Alfredo lernt Deutsch,	**um**		Goethe im Original	lesen **zu können.**
Wir sparen,	**um**		im Sommer nach Rom	**zu fahren.**
Hauptsatz	Subjunktion	Subjekt	Satzmitte	Satzende

Das sagt man oft:

Ich rufe dich an, **um** dir zum Geburtstag **zu gratulieren**.
- Warum gehst du schon wieder in die Stadt? ○ **Um einzukaufen**.
- Warum muss ich schon ins Bett? ○ **Damit** du morgen ausgeschlafen bist.

1 Was passt zusammen?

1. ~~Peter hat immer eine Kreditkarte dabei,~~	a. um zu arbeiten.	*1.b*
2. Beeil dich bitte,	b. ~~um ohne Sorgen reisen zu können.~~	____
3. Ich kaufe mir ein Fahrrad,	c. damit wir noch vor acht essen können.	____
4. Man sagt, die Deutschen leben,	d. damit wir nicht zu spät kommen.	____
5. Setz doch schon mal die Kartoffeln auf,	e. um damit zur Arbeit zu fahren.	____

2 Aus zwei mach eins. Machen Sie aus zwei einfachen Sätzen einen komplexen Satz.

1. Ich fahre in den Ferien nach Deutschland. Ich möchte gern mein Deutsch verbessern.
   Ich fahre in den Ferien nach Deutschland, um mein Deutsch zu verbessern.
2. Annette fährt im Urlaub ins Ausland. Sie möchte fremde Kulturen kennen lernen.
3. Hartmut fährt um 17 Uhr zum Flughafen. Er muss seine Kusine abholen.
4. Wir gehen einmal pro Woche schwimmen. Wir möchten fit bleiben.
5. Frau Hansemann fährt in die Stadt. Sie möchte Geburtstagsgeschenke einkaufen.
6. Herr Schwarz spricht mit seinem Chef. Er möchte ihn und seine Frau zum Essen einladen.

3 Wozu machen die Leute das?

1. Antonio ist ausgewandert, *um in seiner neuen Heimat mehr Geld zu verdienen.*
   damit seine Kinder es einmal besser haben als er.
2. Natalia arbeitet in den Ferien, ...
3. Alfonso geht ins Theater, ...
4. Dieter legt die Wäsche in die Waschmaschine, ...
5. Helga nimmt ein Wörterbuch mit in den Urlaub, ...

er will das neue Stück von Handke sehen • die Speisekarten bereiten ihr dann kein Problem • ~~in der neuen Heimat mehr Geld verdienen~~ • die Wäsche soll noch heute trocken werden • sie möchte mit den Bewohnern des fremden Landes sprechen • sie möchte eine Reise machen • ~~seine Kinder sollen es einmal besser haben als er~~ • ihre Eltern müssen ihr nicht so viel Geld geben • seine Frau kann in Ruhe mit ihren Freundinnen plaudern • er will heute Abend ein frisches Hemd anziehen

4 Weshalb machen Sie einen Sprachkurs? Erzählen Sie Ihrem Partner / Ihrer Partnerin:

1. *Ich gehe in einen Sprachkurs, ...*

- Ich möchte andere Denkweisen kennen lernen.
- Meine beruflichen Möglichkeiten werden dann besser.
- Ich möchte gern etwas mit anderen Leuten tun.
- Meine Schwiegereltern können dann in ihrer Sprache mit mir sprechen.
- Ich möchte mich im Urlaub verständigen können.
- ...

Temporale Nebensätze

wenn	*Zeitpunkt in der Gegenwart / Zukunft:* **Wenn** das Essen fertig ist, **Wenn** er Hausaufgaben macht, **(Immer) wenn** er kein Geld hatte,	 rufe ich dich. möchte er keine Musik hören. ist er zu uns gekommen.
als	*Zeitpunkt in der Vergangenheit:* **Als** ich mit der Arbeit fertig war, Wir haben immer viele Feste gefeiert,	 sind wir ins Kino gegangen. **als** wir in Mexiko wohnten.
während	*Zwei Ereignisse geschehen gleichzeitig:* Sie geht einkaufen, **Während** die Außenminister tagten,	 **während** er putzt. gab es draußen Proteste.
bis	*Dauer von jetzt bis zu einem Zeitpunkt:* Es sind noch drei Wochen,	——→| **bis** der Urlaub anfängt.
seitdem seit	*Dauer von einem Zeitpunkt bis jetzt:* **Seitdem** er in München wohnt, **Seit** sie nach Berlin gezogen ist,	|——→ sehen wir uns wieder öfter. habe ich nichts von ihr gehört.

! Hinweis
Wiederholte Handlungen in der Vergangenheit: „wenn"
Sonst: „als".

„während" als Präposition 50

„bis", „seit", „seitdem" als Präpositionen 51

Positionen im Satz

Nebensatz			Hauptsatz			
Wenn **Als** **Seitdem**	das Essen ich mit der Arbeit er in München	fertig **ist,** fertig **war,** **wohnt,**	**rufe** **sind** **sehen**	ich wir wir	dich. ins Kino uns wieder öfter.	 **gegangen.**
Subjunktion	Satzmitte	Satzende	❷ Verb	Subjekt	Satzmitte	Satzende

Temporale Nebensätze stehen sehr häufig vor dem Hauptsatz.
Der Nebensatz steht auf Position I. → Das Verb steht auf Position II, nach dem Komma.

1 Was passt zusammen?

1. ~~Während die Kinder im Garten spielten,~~
2. Während er in Lateinamerika lebte,
3. Während der Besuch sich verabschiedet,
4. Romeo träumt von Julia,
5. Heinz ist immer in Geldnot,
6. Er hat 2 kg zugenommen,

a. sammelte er viele CDs mit indianischer Musik. *1.c*
b. räumt sie schon die Aschenbecher weg. ______
c. ~~las die Mutter in Ruhe die Zeitung.~~ ______
d. seit er Roulette spielt. ______
e. seit er keinen Sport mehr treibt. ______
f. seit er sie gesehen hat. ______

2 Das ist immer so!

1. Peter hat Hunger. Er geht zu einer Imbiss-Bude und kauft sich eine Currywurst.

   Wenn Peter Hunger hat, geht er zu einer Imbiss-Bude und kauft sich eine Currywurst.
2. Ich habe es eilig, ich nehme das Auto.
3. Meine Mutter ist müde, sie trinkt einen Mate-Tee.
4. Das wörtliche Übersetzen ist schwierig. Es handelt sich um sehr verschiedene Sprachen.

3 Wie kann man das auch anders sagen?

1. Ich kam gestern Nachmittag nach Hause, da waren meine Großeltern schon da.

   Als ich gestern Nachmittag nach Hause kam, waren meine Großeltern schon da.
2. Heinz machte 2006 eine Geschäftsreise nach Japan. Er lernte ein wenig Japanisch.
3. Sie verlor ihren Job. Er musste wieder ganztags arbeiten.

4 „als", „wenn" oder „wann"?

1. ● Was habt ihr eigentlich gemacht, *als* ihr in Berlin wart? ○ Wir haben Veronika besucht.
2. ● ______ darf ich fernsehen? ○ ______ du deine Hausaufgaben gemacht hast.
3. ● ______ hast du Katharina das letzte Mal gesehen? ○ Gestern, ______ wir zusammen nach Hause gingen.
4. ● Du spielst sehr gut Klavier. ______ hast du das gelernt? ○ Ich habe angefangen, ______ ich sieben war.
5. ● Weißt du, ______ der Film anfängt? ○ Nein, ich kenne dieses Kino noch nicht.
6. ● ______ fliegst du nach Amsterdam? ○ ______ ich genügend Geld habe.

5 Ergänzen Sie die richtige Konjunktion:

bis ● als ● seit ● ~~während~~ ● wenn

1. ● *Während* du einkaufen gehst, passe ich auf das Baby auf. ○ Das ist sehr nett von dir!
2. Wir haben noch eine halbe Stunde Zeit, ______ der Film anfängt.
3. Katia hat nicht geschrieben, ______ sie nach Dresden umgezogen ist.
4. ______ sie zwei Jahre verheiratet waren, bekamen sie ein Kind.
5. Früher mussten die Kinder bei Tisch ruhig sein, ______ die Eltern miteinander sprachen.

6 Was machen Sie, wenn ... Sprechen Sie mit Ihrem Partner / Ihrer Partnerin.

Was machen Sie, wenn Sie traurig sind? ..., wenn Sie sehr glücklich sind? ..., wenn Ihre Familie plötzlich vor der Tür steht? ..., wenn Ihr Chef Sie stark kritisiert? ..., wenn ...

65 Streich die Wand noch fertig, bevor du Mittagspause machst!

Temporale Nebensätze

	A passiert zuerst:	*B passiert danach:*	
bevor	Streich die Wand noch fertig,	**bevor** du Pause machst!	Das Tempus in Haupt- und Nebensatz ist gleich.
	Sie las jeden Abend ein Kapitel,	**bevor** sie einschlief.	
ehe	Putzt euch die Zähne,	**ehe** ihr ins Bett geht!	
sobald	**Sobald** er kommt,	gehen wir los.	Tempus ist gleich
	Sobald der Regen aufgehört hat,	fahren wir in die Stadt.	Tempus ist verschieden
nachdem	**Nachdem** du nun das Abitur bestanden hast, (Perfekt)	kannst du studieren. (Präsens)	Hauptsatz: Präsens -> Nebensatz: Perfekt
	Nachdem die Regierung die Wahl gewonnen hatte, (Plusquamperfekt)	erhöhte sie die Steuern. (Präteritum)	Hauptsatz: Präteritum -> Nebensatz: Plusquamperfekt
	Nachdem er nach Haus gekommen ist,	hat er sofort den Fernseher angemacht.	Mündlich oft mit Perfekt im Neben- und Hauptsatz.

Positionen im Satz

	Hauptsatz			Nebensatz		
Die Zuschauer	**gingen,**			**ehe**	das Stück	zu Ende **war.**
Sie	**las**	noch ein Kapitel,		**bevor**	sie	**einschlief.**
Wir	**gehen**		**los,**	**sobald**	der Regen	aufgehört **hat.**
❶	❷ Verb	Satzmitte	Satzende	Subjunktion	Satzmitte	Satzende

Nebensatz			Hauptsatz			
Sobald	der Regen	**aufhört,**	**gehen**	wir		**los.**
Nachdem	du nun das Abitur	**bestanden hast,**	**kannst**	du	dich in der Uni	**einschreiben.**
Subjunktion	Satzmitte	Satzende	❷ Verb	Subjekt	Satzmitte	Satzende

Nebensatz auf Position I 62

1 Was passiert zuerst? Was passiert danach?

bevor / ehe (2 x) ● nachdem ● als ● sobald

1. Lass uns gleich losgehen, *bevor / ehe* es wieder anfängt zu regnen.
2. Heidrun, wir fahren, ______ du fertig bist.
3. Henriette war schon gegangen, ______ er anrief.
4. Henriette liest immer viele Prospekte, ______ sie eine Reise macht.
5. Auch Walter bereitet sich intensiv auf die Reise vor, ______ er sich für ein Reiseziel entschieden hat.

2 Karin Bechers Morgenrituale

als ● bevor ● nachdem ● sobald ● während ● wenn

1. der Wecker klingelt um 7 Uhr – sie wacht auf *Wenn der Wecker um 7 Uhr klingelt, wacht sie auf.*
2. Morgengymnastik machen – duschen
3. im Badezimmer fertig sein – in die Küche gehen
4. frühstücken – Zeitung lesen
5. das Haus verlassen – Nachrichten sind zu Ende (um 8 Uhr 5)
6. heute das Haus verlassen – es war 8 Uhr 30

3 Morgenrituale bei Familie Koch. Bei Familie Koch (Vater Harry, Mutter Linda, Tochter Sonia) sieht jeder Morgen so aus:

1. Wecker klingelt – Linda steht auf / Harry bleibt noch liegen
   Wenn der Wecker klingelt, steht Linda auf. Harry bleibt noch liegen.
2. Linda ist fertig mit Duschen – Harry steht auf
3. Harry hat geduscht – Sonia steht auf
4. Harry zieht sich an – Linda macht Frühstück
5. frühstücken – den Tag besprechen
6. alle gehen aus dem Haus – Harry macht Schulbrote

4 Was machen Sie zuerst, was danach?

1. das Auto zur Werkstatt bringen – einen Ausflug machen
   Bevor ich einen Ausflug mache, bringe ich das Auto zur Werkstatt.

(2. jemanden besuchen – jemanden anrufen 3. anklopfen – hineingehen 4. das Obst waschen – das Obst essen 5. einen Vortrag halten – Notizen noch einmal ansehen 6. nachdenken – reden)

5 Gleichzeitig oder nacheinander?

während (2 x) ● nachdem ● bevor

1. Auto fahren – singen *Während ich Auto fahre, singe ich oft.*
2. Hausaufgaben machen – Radio hören ______
3. eine Reise machen – Geld wechseln ______
4. den Vertrag unterschreiben – das Kleingedruckte lesen ______

6 Kein guter Tag

als ● dass (3 x) ● nachdem ● ob ● ~~weil / da~~

Gestern bin ich zur Bücherei gegangen, *weil / da* ich einige Bücher zurückbringen musste. ______ 1 ich auf das Rückgabedatum im Buch schaute, sah ich, ______ 2 ich den Termin schon um drei Tage verpasst hatte. Ich erkundigte mich, ______ 3 ich eine Strafgebühr zahlen muss. Die Bibliothekarin erklärte mir, ______ 4 das leider so ist, und ______ 5 sie ausgerechnet hatte, wie viel ich zahlen musste, merkte ich, ______ 6 ich mein Geld vergessen hatte.

Konditionale Nebensätze

wenn	*Bedingung:* **Wenn** das so weitergeht, **Wenn** er nicht bald kommt, Oft auch: **Wenn** er nicht bald kommt, **Wenn** du das nicht machst,	*Konsequenz:* fahren wir wieder nach Hause. gehe ich. **dann** gehe ich. **dann** passiert was!	Konditionale Nebensätze drücken eine Bedingung aus, der Hauptsatz nennt die Konsequenz.
falls	**Falls** ich etwas anderes höre,	sage ich dir noch Bescheid.	Die Bedingung ist nicht wahrscheinlich.

„wenn"- Sätze: Manchmal schriftlich ohne „wenn"; dann steht das konjugierte Verb auf Position I:
Tritt nach drei Tagen keine Besserung **ein**, (dann) konsultieren Sie Ihren Arzt!
(= Wenn nach drei Tagen keine Besserung eintritt, konsultieren Sie Ihren Arzt!)

Positionen im Satz

Nebensatz			Hauptsatz		
Wenn **Wenn** **Falls**	er nicht bald es morgen du bis drei nichts von uns	**kommt,** **schneit,** gehört **hast,**	**gehen** **fahren** **kannst**	wir allein sie in die Berge. du schon allein	**los.** **anfangen.**
Subjunktion	Satzmitte	Satzende	❷ Verb	Satzmitte	Satzende

Hauptsatz				Nebensatz		
Er Sie	soll will	mich schnell noch	anrufen, nachkommen,	**wenn** **falls**	das Fieber sie nicht zu	**steigt.** müde **ist.**
❶	❷	Satzmitte	Satzende	Subjunktion	Satzmitte	Satzende

Konditionale Nebensätze mit Konjunktiv **78, 79**

1 Wann machen Sie das?

1. Ich gehe zum Arzt, — a. wenn ich eine Erkältung habe. — *1.a,c,d,e*
2. Ich gehe ins Krankenhaus, — b. wenn ich nervös bin. — ______
3. Ich trinke Kräutertee, — c. wenn ich eine Grippe habe. — ______
4. Ich gehe zum Zahnarzt, — d. wenn ich mir ein Bein gebrochen habe. — ______
5. Ich bleibe im Bett, — e. wenn ich mich geschnitten habe. — ______
6. Ich nehme ein Pflaster, — f. wenn ich Karies habe. — ______

2 Wie ist es logisch?

1. Muskelkater haben
2. nicht schlafen können
3. Haare sind zu lang
4. müde sein
5. viel am Computer arbeiten
6. reisen

ein Glas Milch trinken • kalt duschen • ein heißes Bad nehmen • Entspannungsübungen machen • zum Frisör gehen • die Reiseapotheke mitnehmen

1. *Wenn ich Muskelkater habe, nehme ich ein heißes Bad.*
2. *Wenn ich …*

3 Bedingungen und Konsequenzen

1. Dieses Wochenende hat Rolf nicht viel Zeit. Da kann er nicht mit seinen Freunden Fußball spielen.
   Aber wenn Rolf am Wochenende viel Zeit hat, spielt er immer mit seinen Freunden Fußball.
2. Diese Woche ist Imke krank. Sie kann nicht ins Schwimmbad gehen.
   Aber wenn ______
3. Ich sehe meine Schwester heute nicht. Ich kann ihr leider deine Grüße nicht bestellen.
   Aber wenn ______

4 Ergänzen Sie:

wenn • falls • da (2 x) • ob (2 x)

1. Er hat mir immer noch nicht gesagt, *ob* er mitkommt oder nicht.
2. Aber ______ er noch rechtzeitig kommt, gehen wir alle zusammen in die Oper.
3. Sie reist oft allein, ______ sie nicht verheiratet ist.
4. ______ sie nicht allein reisen möchte, hat sie dieses Jahr eine Gruppenreise gebucht.
5. Es hängt von meinem Reiseziel ab, ______ ich den Zug oder das Flugzeug nehme.
6. ______ du im Winter wirklich in die Schweiz zum Wintersport fahren willst, musst du bald buchen.

5 Bedingung oder Konsequenz?

1. ~~Das Ehepaar Norden spart jeden Monat etwas Geld.~~
Sie brauchen bei Regen nicht mit dem Bus zu fahren.
Herr Norden hört im nächsten Jahr auf zu arbeiten.

Er kann sich seinen Hobbys widmen.
~~Sie können sich in einem Jahr ein Auto kaufen.~~
Sie haben ein Auto.

1. *Wenn das Ehepaar Norden jeden Monat etwas Geld spart, können sie sich in einem Jahr ein Auto kaufen.*
2. *Wenn …*
3. ______

Obwohl der Frosch sehr hässlich war,
gab die Prinzessin ihm einen Kuss.
Da verwandelte er sich in einen Prinzen.
(Aus: Brüder Grimm: Der Froschkönig)

Konzessive Nebensätze

obwohl / obgleich	*Feststellung:* **Obwohl** der Frosch sehr hässlich war, **Obgleich** sie nie wieder von ihm hörte,	*Die Konsequenz ist anders als erwartet:* gab die Prinzessin ihm einen Kuss. dachte sie noch viele Jahre über diese schöne Begegnung nach.

Vergleichen Sie die Bedeutung von „obwohl“ / „obgleich“ und „trotzdem“:
Der Frosch war sehr hässlich. **Trotzdem** gab die Prinzessin ihm einen Kuss.

Textadverbien 55

Alternative Nebensätze

(an)statt dass statt … zu	Er fuhr zu ihr nach Hamburg, Sie setzt sich in ein Café,	**(an)statt dass** sie nach München kam. **statt** zur Vorlesung zu gehen.
	(Anstelle von A passiert B: Eigentlich sollte sie zur Vorlesung gehen, aber …)	

! Hinweis
Verschiedene Personen: „statt dass“
Dieselbe Person: „statt … zu“ + Infinitiv

Positionen im Satz

Hauptsatz				Nebensatz		
Er Sie	streicht hat	die Wand noch ihr Geld immer	fertig gespart,	**obwohl** **statt**	er schon es für Luxus	müde **ist**. **auszugeben**.
❶	❷	Satzmitte	Satzende	Subjunktion	Satzmitte	Satzende

Nebensatz			Hauptsatz		
Obwohl **Statt**	der Frosch sehr hässlich faul	**war**, **herumzuliegen**,	**küsste** **kannst**	sie ihn. du mir	 **helfen**.
Subjunktion	Satzmitte	Satzende	❷ Verb		Satzende

1 „weil“ oder „obwohl“?

Sie wird häufig krank, …
1. Sie isst viel Obst. *Sie wird häufig krank, obwohl sie viel Obst isst.*
2. Sie ist glücklich verheiratet. ______
3. Sie raucht viel. ______
4. Sie arbeitet nicht. ______
5. Sie arbeitet viel. ______

2 „weil“ oder „obwohl“?

1. Paul – nach Hawaii in Urlaub fahren – wenig Geld haben

Paul will nach Hawaii in Urlaub fahren, obwohl er wenig Geld hat.

2. Theo – einen Dauerlauf am Strand machen – ein starker Wind weht
3. Renate – Lehrerin werden – Kinder gern haben
4. Erich – Diplomat werden – keine Fremdsprache sprechen

3 Sagen Sie das anders:

1. Es regnet stark. Trotzdem geht Niels spazieren. *Niels geht spazieren, obwohl es stark regnet.*
2. Frau Nieden macht seit zwei Wochen eine Obst-Diät. Trotzdem hat sie noch nicht viel abgenommen.
3. Sie arbeitet gern mit Menschen. Deshalb möchte Anita eine eigene Praxis als Psychologin aufmachen.
4. Onkel Alfred hat vergessen die Heizung herunterzustellen. Deshalb ist es nun im Zimmer zu warm.
5. Die Luft in den Städten wird immer schlechter. Trotzdem ziehen immer mehr Menschen dorthin.

4 Sagen Sie das anders:

1. Obwohl im Park das Füttern der Tiere verboten ist, geben Anne und Michael den Rehen Nüsse.

Im Park ist das Füttern der Tiere verboten. Trotzdem geben Anne und Michael den Rehen Nüsse.

2. Obwohl der Zug erst in einer halben Stunde kommt, steht Maria schon ungeduldig auf dem Bahnsteig.
3. Monika ist Malerin geworden, obwohl die Eltern ihren Berufswunsch nicht akzeptierten.
4. Obwohl sie als Malerin nicht viel Geld verdient, ist sie glücklich in ihrem Beruf.

5 Ergänzen Sie die richtige Konjunktion: „obwohl“, „sobald“, „dass“:

1. ● Du hast die Gitarre gekauft, *obwohl* sie nicht gut klingt?
   ○ Ja, sie war billig. ______ 1 ich genug Geld habe, lasse ich sie stimmen.
2. ● Du rauchst, ______ 2 du weißt, ______ 3 Rauchen sehr schädlich für die Lunge ist?
   ○ Du isst ja auch viel Butter, ______ 4 du weißt, ______ 5 das schlecht für den Cholesterinspiegel im Blut ist.

6 Beenden Sie die Sätze:

1. Ich möchte in den Ferien lieber wandern, statt …
2. Ich fahre lieber mit dem Zug in Urlaub, …
3. Wenn ich eine Sprache lerne, höre ich lieber zuerst zu, …

(Zum Beispiel: am Strand liegen, im Auto im Stau stehen, gleich sprechen, …)

Nebensätze: Instrument

indem	Die Einbrecher drangen in das Haus ein,	**indem** sie das Türschloss aufbrachen.

Nebensätze: Folge; Nicht-Folge

so dass	Sie verließen das Haus durch die Hintertür, Sie waren so schnell,	**so dass** die Nachbarn sie nicht sahen. **dass** niemand sie sah.
ohne dass ohne ... zu	Sie kamen in die Wohnung, Sie stahlen wichtige Dokumente,	**ohne** dass die Besitzer aufwachten. **ohne** das Geld im Safe **zu** beachten.

! Hinweis
Verschiedene Personen: „ohne dass"
Dieselbe Person: „ohne ... zu" + Infinitiv

Positionen im Satz

Hauptsatz				Nebensatz		
Ihr Sie Sie	habt drangen verließen	**so** gut in das Haus das Haus,	aufgeräumt, ein,	**dass** **indem** **ohne dass**	er gar nichts sie das Schloss die Nachbarn sie	gemerkt **hat.** **aufbrachen.** **sahen.**
❶	❷	Satzmitte	Satzende	Subjunktion	Satzmitte	Satzende

Nebensatz			Hauptsatz		
Ohne	das Geld	**zu beachten,**	**nahmen**	sie nur die Dokumente	**mit.**
Subjunktion	Satzmitte	Satzende	❷ Verb		Satzende

1 Wie macht man das am besten?

1. ~~Man kann Geld~~ sparen, — a. indem man ständig trainiert. — *1.c*
2. Man kann ein erfolgreicher Sportler werden, — b. indem man die Lippen rund und spitz macht. — ____
3. Man hilft Kindern am besten, — c. ~~indem man sein Auto selbst~~ repariert. — ____
4. Man kann das „Ü" am besten aussprechen, — d. indem man immer konsequent ist. — ____

2 Welches Adjektiv passt hier?

1. Es regnete so *stark*, dass sie pitschnass wurde und sich umziehen musste.
2. Der Redner sprach so ____________, dass die Zuhörer ihn nicht verstanden.
3. Mein Neffe hatte sich in den letzten Jahren so ____________ verändert, dass ich ihn kaum erkannte.
4. Gestern war es so neblig und ____________, dass wir keine Lust mehr zum Schwimmen hatten.

3 Es geht nicht „ohne dass" und „ohne ... zu"

1. Er kann sich so eine weite Reise nicht leisten. Er muss lange Zeit dafür sparen.
   Er kann sich so eine weite Reise nicht leisten, ohne lange Zeit dafür zu sparen.
2. Er reist. Er schließt eine Versicherung ab. *Er reist nie, ...*
3. Ich hoffe, der Camping-Urlaub geht vorüber. Niemand wird krank.
4. Er besuchte den Deutschkurs. Er fehlte nicht ein einziges Mal.

4 Konsequenzen

1. Georg behandelt seine Bücher sehr sorgsam. Sie sehen auch nach Jahren noch wie neu aus.
   Georg behandelt seine Bücher sehr sorgsam, so dass sie auch nach Jahren noch wie neu aussehen.
2. Sie hatte die wichtigsten Daten auswendig gelernt. Sie machte bei der Vorstellung einen guten Eindruck.
3. Es regnete tagelang. Die Pflanzen erholten sich endlich wieder.
4. Wir wollten gestern Schlittschuh laufen, aber das Eis taute. Wir konnten nicht mehr auf den See gehen.

5 Formulieren Sie anders:

1. Karin ging ohne Gruß an uns vorbei. (grüßen) *Karin ging an uns vorbei, ohne zu grüßen.*
2. Silke ist ohne ein Wort nach Hause gegangen. (sich verabschieden)
3. Horst ist weggegangen und hat sein Buch hier vergessen. (mitnehmen)
4. Ein Mann in der Straßenbahn hat mir auf den Fuß getreten und sich nicht entschuldigt.

6 Wie kann man das auch sagen?

1. Man kann durch viel Arbeit zu Reichtum gelangen.
   Man kann zu Reichtum gelangen, indem man viel arbeitet.
2. Am besten pflegt man seine Blumen durch regelmäßiges Gießen.
3. Wir lernen viel über die Welt durch ständiges Fragen.

7 Diskutieren Sie:

Wie lernt man am besten eine Sprache? *Indem man ... und ...*

69 Der Schrank ist viel größer, als ich erwartet hatte.

Nebensätze: Vergleiche

so … wie (größer) als	Das Konzert war **so** schön Der Film war *nicht* **so** lustig Der Schrank ist viel größ**er**, Aber das Regal ist viel klein**er**	**wie** ich es mir vorgestellt hatte. **wie** ich gehofft hatte. **als** ich erwartet hatte. **als** ich gedacht hatte.	Einfaches Adjektiv: so … wie Komparativ: als
je … desto	**Je** mehr du dich dagegen wehrst, **Je** länger du das hinausschiebst,	**desto** schlimm**er** wird es. **desto** schwer**er** wird es.	„je“ + Komparativ „desto“ + Komparativ
als ob	Es scheint, **als ob** die Insel unbewohnt ist.		*es scheint so zu sein, wie wir denken*

Komparativ 22

! Hinweis
Vergleichssätze mit „wie“ und „als“: Das Komma ist fakultativ.

„als ob“ + Konjunktiv 81

Positionen im Satz

	Hauptsatz			Nebensatz		
Das Konzert Der Schrank	war ist	**so** viel	schön größ**er**	**wie** **als**	ich es mir ich erwartet	vorgestellt **hatte**. **hatte**.
❶	❷ Verb	Satzmitte	Satzende	Subjunktion	Satzmitte	Satzende

je … desto

Je	länger du das	**hinausschiebst**,	**desto** schwer**er**	wird	es.
Subjunktion	Satzmitte	Satzende		❷ Verb	Satzende

1 Was passt?

1. ~~Je weniger ich zahlen muss,~~ *1.d*
2. Je länger er spricht, ______
3. Je mehr Geld ich verdiene, ______
4. Je mehr Salzwasser man trinkt, ______

a. desto mehr gebe ich aus.
b. desto durstiger wird man.
c. desto verwirrter werde ich.
d. ~~desto besser.~~

2 Wie kann man das besser ausdrücken?

1. Weniger Gift wird in die Flüsse geleitet. Es gibt wieder mehr Fische.
Je weniger Gift in die Flüsse geleitet wird, desto mehr Fische gibt es.
2. Die Arbeitslosigkeit steigt weiter. Die Menschen sind verzweifelter.
3. Die Jugendarbeitslosigkeit ist groß. Man braucht mehr soziale Programme.
4. Die Regierung gibt mehr Geld für Rüstung aus. Für Bildung ist weniger Geld übrig.

3 Formulieren Sie:

1. du: nett zu mir	ich: glücklich	*Je netter du zu mir bist, desto glücklicher bin ich.*
2. kalt draußen	gemütlich drinnen	______
3. der Junge: viel fernsehen	nervös werden	______
4. man: hoch steigen	Luft wird dünn	______

4 Genau so wie erwartet oder anders?

anstrengend ● ~~lang~~ ● früh ● schön ● schwer

1. Der Film dauerte 2 Stunden. Das ist etwa so *lang*, wie ich gedacht habe.
2. Er hat sich bei dem Sturz den Arm gebrochen. Der Sturz war doch ______, ______ er zuerst gedacht hatte.
3. Hier isst man schon um 18 Uhr zu Abend. Das ist ______, ______ ich es gewohnt bin.
4. ● Wie war euer Urlaub in Costa Rica? Ganz herrlich! ○ Genau so ______, ______ wir es uns gewünscht hatten.
5. ● Wie ist dein neuer Job? ○ Viel Arbeit! Es ist doch ______, ______ ich erwartet hatte.

5 „wie" oder „als"? Ordnen Sie die Sätze zu:

1. In Kanada regnet es tatsächlich so viel → c.
2. Dieses Restaurant ist doch nicht so gut
3. Der Roman ist so spannend
4. Die Computer heutzutage sind viel schneller
5. Gott sei Dank war der Unfall weniger schlimm

a. ______ du mir versprochen hast.
b. ______ wir es uns jemals vorgestellt haben.
c. *wie* man allgemein denkt.
d. ______ wir zuerst befürchtet hatten.
e. ______ du mir gesagt hast.

6 Vermutungen

1. Sein Fahrrad steht vor der Tür. Es sieht so aus, *als ob er zu Hause ist.* (er ist zu Hause)
2. Du musst sehr laut zu ihm sprechen. Es scheint, ______ (er hört nicht gut)
3. Die Musik klingt nicht gut. Es hört sich so an, ______ (das Band ist schon ausgeleiert)
4. Was meinst du mit „Das ist ganz gut"? Das klingt so, ______ (du bist nicht sehr zufrieden)

70 Ich habe keine Lust, ins Wasser zu gehen.

zu + Infinitiv

Ich habe keine **Lust**, ins Wasser **zu gehen**.

Nach einigen Substantiven, Verben und Adjektiven steht eine „zu" + Infinitiv-Konstruktion.

Weitere Beispiele:

Ich **versuche**	heute mal pünktlich **zu sein**.	
Es ist nicht **leicht**,	diese Aufgabe **zu lösen**.	
Er hat **Angst**,	über den Fluss **zu schwimmen**.	
Vergiss nicht	die Blumen **zu gießen**!	
Vergiss nicht darauf,	die Blumen **zu gießen**!	(österreichischer Standard)
Es **fällt** ihm **schwer**,	zwei Stunden ruhig **zu sitzen**.	

Verben mit Infinitiv 57

Setzen Sie ein Komma, wenn es für das Verständnis hilfreich ist:
Ich habe heute keine Zeit, für dich zu kochen. / Ich fürchte zu spät zu kommen.

Zum Vergleich:

Ich fürchte zu spät **anzukommen**.
Ich fürchte, **dass er** zu spät ankommt.

! Hinweis
Verschiedene Personen: „dass"-Satz
Dieselbe Person: „zu" + Infinitiv

Positionen im Satz

	Hauptsatz			„zu" + Infinitiv	
Ich Er Es	**habe** **versucht,** **ist**	heute	keine **Lust**, sehr **schwer**,	mit dir heute mal pünktlich Kant im Original	**auszugehen.** **zu sein.** **zu lesen.**
❶	❷ Verb		Satzende		Satzende

! Hinweis
Trennbare Verben:
Präfix + „zu" + Verb

„zu" + Infinitiv		Hauptsatz		
Kant im Original	**zu lesen**	ist	sehr	**schwer.**
	Satzende	❷ Verb	Satzmitte	Satzende

Verben mit „zu" + Infinitiv Anhang

„zu" + Infinitiv-Konstruktion steht auf Position I. → Das Verb steht auf Position II. „Es" fällt weg!

1 Drücken Sie das anders aus:

1. Linda hofft, dass sie die Prüfung besteht. *Linda hofft, die Prüfung zu bestehen.*
2. Manche Männer sind es gewohnt, dass sie bedient werden.
3. Der Lehrer empfiehlt den Studenten, dass sie die Vokabeln in ein Extra-Heft schreiben.

2 Ergänzen Sie die passenden Ausdrücke:

1. Es macht Spaß, ______
2. Darf ich Sie bitten, ______
3. Ich lade Sie ein, ______

a. (hier Platz nehmen)
b. (mit mir in den Speisewagen gehen)
c. (barfuß durch das Gras laufen)

3 „zu" + Infinitiv, „dass" oder „ob"?

1. Die Gewerkschaft hat beschlossen: Wir streiken. *Die Gewerkschaft hat beschlossen zu streiken.*
2. Die Oppositionspartei hat kritisiert: Die Steuern sind zu hoch.
3. Die Liberalen und die Konservativen haben vorgeschlagen: Wir bilden eine Koalition.
4. Der Parteivorsitzende ist nicht sicher: Soll er zurücktreten?

4 Fehlt hier ein „zu"? Setzen Sie „zu" ein, wenn es fehlt.

1. Reinhild hat schon oft versucht, täglich schwimmen gehen, aber sie geht viel lieber joggen.
   Reinhild hat schon oft versucht, täglich schwimmen zu gehen, aber sie geht viel lieber joggen.
2. Ihre Freundin Renate geht immer ins Hallenbad schwimmen.
   ______
3. Der Arzt hat mir verboten schwere Sachen heben. ______
4. Es hat regnen aufgehört. ______

5 Hast du das schon gemacht?

1. Harald: Hast du die Theaterkarten abgeholt?
   Elvira: Oh je, ich habe ganz vergessen, *sie abzuholen.*
2. Elvira: Und du, Harald, hast du im Reisebüro die Flugzeiten aufgeschrieben?
   Harald: Ach, ich habe gar nicht daran gedacht, ______
3. Harald: Elvira, hast du eigentlich die Schmidts zu unserem Einweihungsfest eingeladen?
   Elvira: Also ich hatte fest vor, ______, und dann habe ich es doch vergessen.
4. Elvira: Und hast du schon die Katzen der Nachbarin gefüttert?
   Harald: Nein, ich bin noch gar nicht dazu gekommen, ______

6 Was ist wichtig beim Deutschlernen? Sprechen Sie mit Ihrem Partner / Ihrer Partnerin.

1. Beim Deutschlernen ist es für mich am wichtigsten, …
2. Beim Deutschlernen ist es für mich nicht so wichtig, …
3. Beim Deutschlernen ist es für mich interessant, …
4. Beim Deutschlernen ist es für mich langweilig, …

(grammatisch ganz korrekte Sätze bilden, alles aufschreiben, viel sprechen, viel hören, viel lesen, mit Deutschen in Kontakt kommen, die Kultur der deutschsprachigen Länder kennen lernen)

da(r)- + Nebensatz

Verb mit Präposition + Substantiv:
Ich **denke an** die Blumen.

Verb mit „da(r)-" + Präposition + „zu" + Infinitiv:
Ich **denke** dar**an**, die Blumen zu gießen.

„da(r)-" im Hauptsatz verweist auf die Infinitivkonstruktion.

Verb mit „da(r)-" + Präposition + Nebensatz:
Denk bitte dar**an**, dass er heute später kommt!

„da(r)-" im Hauptsatz verweist auf den Nebensatz.

Weitere Beispiele:
Er **wartet auf** seine Verlobte.
Er **wartet** dar**auf**, **dass** sie kommt.
Er **wartet** dar**auf**, mit seiner Verlobten **zu sprechen**.
Sie **vergisst** (**darauf**), das Bügeleisen **auszuschalten**. („darauf": österreichischer Standard)
Wir **erkundigen** uns **danach**, **ob** wir ihn schon besuchen dürfen.
Die Studenten **interessieren sich** sehr **dafür**, **welchen** Lehrer sie bekommen.

! Hinweis
Verschiedene Personen: „dass"-Satz
Dieselbe Person: „zu" + Infinitiv

Präpositional-Adverbien 32

Positionen im Satz

Hauptsatz				Nebensatz			
Ich Er	**denke** **wartet**	nicht immer schon lange	**daran,** **darauf,**	 **dass**	 sie	die Blumen ihm einen Brief	**zu gießen.** **schreibt.**
❶	❷ Verb	Satzmitte	Satzende	Subjunktion	Subjekt	Satzmitte	Satzende

Nebensatz			Hauptsatz		
Darauf, dass	er heute	**kommt,**	**freue**	ich mich.	
	Satzmitte	Satzende	❷ Verb		Satzende

1 Kombinieren Sie:

1. ~~Der Vater gratulierte seiner Tochter dazu,~~	a. ob du nicht doch mitkommen willst.	*1.c*
2. Hannelore klagt ständig darüber,	b. dass ihre Eltern sich getrennt haben.	___
3. Kümmerst du dich bitte darum,	c. ~~die Fahrprüfung bestanden zu haben.~~	___
4. Elise leidet noch sehr darunter,	d. dass die Krankenschwester keine Zeit für sie hat.	___
5. Denk doch bitte noch mal darüber nach,	e. den Tisch für das Fest zu decken?	___

2 Ergänzen Sie diese Sätze:

1. Wir freuen uns darüber, *dass unsere Freunde morgen kommen.* (unsere Freunde kommen morgen)
2. Kann ich mich darauf verlassen, ___ (alles klappt)
3. Wir haben uns schon daran gewöhnt, ___ (wir müssen früh aufstehen)
4. Helga interessiert sich gar nicht dafür, ___ (wie funktioniert ein Automotor)
5. Sorgen Sie bitte dafür, ___ (alle Mitarbeiter erhalten die Information)
6. Er erinnert sich daran, ___ (er hat sie vor drei Wochen im Schwimmbad gesehen)

3 Bitte antworten Sie:

1. ● Warum bist du gestern nicht zum Café gekommen? (nicht denken an: wir hatten uns verabredet)
   ○ *Tut mir leid! Ich habe nicht mehr daran gedacht, dass wir uns verabredet hatten!*
2. ● Warum sprichst du so wenig? (Angst haben vor: einen Fehler machen)
   ○ Ach, weißt du, ich ___
3. ● Was ist bei dieser Übung besonders wichtig? (achten auf: die richtige Präposition benutzen)
   ○ Man muss vor allem ___
4. ● Zieh bitte die Schuhe aus, wenn du hereinkommst. (aufhören mit: mir Vorschriften machen)
   ○ Also, bitte ___
5. ● Was machst du denn für ein Gesicht? (sich ärgern über: er hört mir nie zu)
   ○ Ach, ich ___
6. ● Hallo, Marlene, was ist los? (bedanken für: verständnisvoll sein)
   ○ Ich möchte ___
7. ● Ach, hat die Sitzung schon angefangen? (bitten um: in Zukunft pünktlich sein)
   ○ Ja, schon um 9 Uhr 30. Darf ich Sie ___
8. ● Worüber redet ihr denn so intensiv? (diskutieren über: in eine andere Stadt ziehen?)
   ○ Tja, wir ___
9. ● Warum schreien denn die Kinder so? (streiten über: wer darf zuerst auf die Schaukel)
   ○ Ach, sie ___

4 Wie kann man das auch sagen?

1. Meine Eltern freuen sich auf meinen Besuch. *Meine Eltern freuen sich darauf, dass ich sie besuche.*
2. Sie erzählen von ihrem Besuch bei einer Freundin.
3. Im letzten Moment erinnert sich Erich noch an Renates morgigen Geburtstag.
4. Ich wundere mich immer wieder über sein Schweigen.

Positionen im Satz

	Hauptsatz					Hauptsatz		
Sie Zuerst	hatte ging	sich sehr er	beeilt, nach Hause,	**aber** **und**	das Fest dann	hatte fuhr	schon er noch mal	angefangen. weg.
❶	❷ Verb	Satzmitte	Satzende	0	❶	❷ Verb	Satzmitte	Satzende

Konjunktionen verbinden Hauptsätze. Sie stehen auf Position 0.

Hauptsatz und Nebensatz

	Hauptsatz			Nebensatz		
Es	ist	uns allen	klar,	**dass**	das eine gute Idee	**ist.**
Ich	habe	ihn	gefragt,	**ob**	er früher	kommen **kann.**
Wir	wissen	nicht,		**wann**	die Reise	**losgeht.**
Eva	macht	sich Notizen,		**damit**	sie bloß nichts	**vergisst.**
Peter	hatte	schon allein	gegessen,	**als**	seine Freundin	**kam.**
Er	war	viel	jüng**er**	**als**	wir	vermutet **hatten.**
Rolf	hatte	keine Lust,			immer allein	**zu spielen.**
Sicher	denkt	er wieder nicht	daran,		die Blumen	**zu gießen.**
Karin	schrieb	alles	auf,	**um**	nichts	**zu vergessen.**
❶	❷ Verb	Satzmitte	Satzende	Subjunktion	Satzmitte	Satzende

Hauptsatz und Nebensatz

Nebensatz			Hauptsatz			
Sobald	der Regen	**aufhört,**	**gehen**	wir		los.
Da	sie nichts mehr von ihm	gehört **hatte,**	**verkaufte**	sie	seine Sachen.	
Nachdem	die Regierung die Wahl	gewonnen **hatte,**	**erhöhte**	sie	die Steuern.	
Subjunktion	Satzmitte	Satzende	❷ Verb	Satzmitte		Satzende

Relativsätze

Der Mann, **der** seit vielen Jahren an dem Thema arbeitet, hat heute einen Vortrag gehalten.
Heute hat uns der Mann besucht, **der** schon so viele Jahre an dem Thema arbeitet.

Relativsätze stehen normalerweise direkt hinter dem Substantiv, auf das sie sich beziehen. Wenn der Relativsatz sehr lang ist und nur wenige Wörter nach dem Substantiv folgen, beendet man zuerst den Hauptsatz.

Relativsätze 61

1 Lauter Nebensätze? Ergänzen Sie das fehlende Wort.

1. Weißt du eigentlich, ___*wie*___ das neue Lehrwerk für Deutsch als Fremdsprache heißt?
2. ______ einige Studenten einen Text lesen, beschäftigen sich andere mit Grammatik.
3. ______ alle ihre Aufgaben gelöst haben, tauschen sie das Material aus.
4. Ich weiß einfach nicht, ______ ich dazu sagen soll.
5. Die Dame, ______ Tochter auf dem Foto zu sehen ist, will nicht genannt werden.
6. Erfinden Sie eine Geschichte ______ erzählen Sie eine wahre Begebenheit.
7. Ich muss noch mal zurückgehen, ______ ich habe meinen Regenschirm vergessen.
8. Das hat er sicher nur gesagt, ______ sie Mitleid mit ihm bekommt.
9. Wir wurden noch in den Saal gelassen, ______ die Vorstellung schon begonnen hatte.

2 Lieber mit der U-Bahn?

- Ich finde, ___*dass*___ wir zu dem Fest bei Harry mit der U-Bahn fahren sollten.
- Ich weiß nicht, ___1___ es dort eine U-Bahn-Station gibt. Warum möchtest du mit der U-Bahn fahren?
- ___2___ das besser für die Umwelt ist. Fährst du nie mit der U-Bahn?
- Doch, aber nur, ___3___ mein Mann den Wagen hat.

3 Drücken Sie das anders aus:

1. Das Institut, das den Namen eines großen Dichters trägt, widmet sich der Pflege der deutschen Sprache.
   Das Institut trägt den Namen eines großen Dichters. Es widmet sich der Pflege der deutschen Sprache.
2. Es sind vor allem Kinder mit Schwächen im Sprach- und Sozialverhalten, die hier von Theaterpädagogen und Experten gezielt gefördert werden. *Vor allem Kinder …*
3. Das Geld, das man wohltätigen Organisationen spendet, lässt sich von der Steuer abziehen.

4 Seminar für weibliche Führungskräfte. Setzen Sie die passenden Wörter in den Text ein.

Es gibt Frauen, ___*die*___ gern Karriere machen wollen, ___1___ Angst davor haben, im Beruf ___2___ versagen. Sie erfinden dann Ausreden, ___3___ nicht beruflich aufsteigen ___4___ müssen. Das heißt, die Frauen können mehr, ___5___ es auf den ersten Blick scheint. Sie zeigen nicht alles, ___6___ sie können. Viele Frauen haben Angst ___7___, Erfolg ___8___ haben. Sie sagen „Nein“, ___9___ man ihnen eine leitende Position anbietet. Ein beliebtes Argument gegen den beruflichen Aufstieg ist zum Beispiel: „Das habe ich doch nicht gelernt.“ Hinter diesem Satz versteckt sich oft die Furcht ___10___, dem eigenen Können ___11___ vertrauen. Das hat meist Familientradition: Oft zeigten schon die Eltern großen Respekt davor, ___12___ die Autoritäten dachten. Wahrscheinlich war es für sie immer wichtig, ___13___ ihre Tochter in der Schule gute Noten bekam.

Was Sie nun tun können:

Machen Sie sich klar, ___14___ Sie sicher schon die nötigen Fähigkeiten für die neue Aufgabe haben, deshalb hat man Sie ja gefragt. ___15___ Sie außerdem Engagement mitbringen und die Möglichkeit, sich fehlende Informationen und Kenntnisse ___16___ besorgen, dann sind Sie für die neue Position gut vorbereitet.

Das Fußballspiel wird live aus dem Stadion in Köln übertragen.

Passiv: *werden* + Partizip Perfekt

Das Fußballspiel **wird** live **übertragen**. Die Kirche **wurde renoviert** und ein Park **wurde angelegt**.	Es ist nicht so wichtig, wer das macht. Der Vorgang selbst steht im Vordergrund. Man kann die Handelnden auch nennen.

Passiv (2) 74

Die meisten Verben mit Akkusativ-Objekt können ein Passiv bilden.
Der Arzt operiert den Jungen. → Der Junge **wird** (von dem Arzt) **operiert**.
Akkusativ → Subjekt

! Hinweis
Ein Dativ bleibt als Dativ erhalten:
Sie halfen ihm bei der Firmengründung. → Ihm **wurde** bei der Firmengründung **geholfen**.

Präsens und Präteritum

Das Spiel Warum	**wird** **wurden**	live im Fernsehen wir nicht	**übertragen**. **angerufen**?
	Konjugierte Form von „werden“		Partizip Perfekt

Perfekt und Plusquamperfekt

Er Seine Frau	**ist** **war**	gestern Abend nicht sofort	gesehen verständigt	**worden.** **worden.**
	Konjugierte Form von „sein“		Partizip Perfekt	„worden“

! Hinweis
Partizip Perfekt von „werden“: ~~geworden~~ -> „worden“ im Passiv
Aber: Sie ist Ärztin geworden.

„werden“ 48

Passiv bei Modalverben: Präsens, Perfekt

Die Firma Voriges Jahr	**soll** **hat**	von einer anderen Firma das Theater-Festival	**übernommen** **subventioniert**	**werden.** **werden müssen.**
	Modalverb oder „haben“		Partizip Perfekt	Infinitiv von „werden“ (+ Modalverb)

Perfekt der Modalverben 45

1 Ergänzen Sie „werden“:

1. Ich *werde* mal wieder von keinem verstanden. Was soll ich nur tun?
2. Hast du schon gehört? Jennifer ist gestern aus dem Krankenhaus entlassen ____________.
3. Der Streik ____________ heute Morgen nach tagelangen Verhandlungen beendet.
4. Keine Sorge, ihr ____________ sicher auch noch eingeladen.
5. Die Abteilung hat kein Geld mehr. Deshalb müssen diese Zeitungen abbestellt ____________.

2 „worden“ oder „geworden“?

1. Eduard ist im Januar 40 Jahre alt *geworden.*
2. An seinem Geburtstag ist er von allen seinen Freunden sehr gefeiert ____________
3. Der Erfinder ist durch seine Idee nicht reich ____________
4. Die Autoherstellung ist immer mehr automatisiert ____________
5. Und die Autos sind immer schneller ____________

3 Formulieren Sie im Passiv:

1. streichen / die Fassade des Hauses / voriges Jahr
   Die Fassade des Hauses wurde voriges Jahr gestrichen.
2. benutzen / nicht viel / bei uns / der Computer
3. verschweigen / in dem Zeitungsartikel / viele Einzelheiten
4. nachschicken / nach meinem Umzug / meine Briefe / von der Post
5. veröffentlichen / einige Werke des Schriftstellers / erst nach seinem Tod

4 Fragen über Fragen im Passiv

1. erfinden / das Fernsehen / wann? *Wann wurde das Fernsehen erfunden?*
2. sprechen / in der Schweiz / welche Sprachen? ____________
3. erbauen / der Kölner Dom / wann? ____________
4. Baseball spielen / in Deutschland / viel? ____________

5 Was kann oder muss geschehen?

1. Die Schraube ist locker. *Die muss sofort wieder festgedreht werden.*
2. Dieser Aufsatz hat viele Fehler.
3. Schatz, hier liegt eine Rechnung vom Installateur.
4. Das Radio funktioniert nicht mehr.
5. Das sind wichtige Informationen.

bezahlen ● reparieren ● ~~festdrehen~~ ● mitteilen ● korrigieren / allen / ~~sofort wieder~~ / überhaupt noch? / unbedingt noch / bis wann?

6 Wie wird ein Rührkuchen gemacht?

~~Butter weich rühren~~ – Eier und Zucker dazugeben – das Ganze auf höchster Stufe mixen – eine Prise Salz in die Masse mischen – Milch dazugeben – das Mehl esslöffelweise unterheben – Teig in die Form füllen – bei heißer Temperatur backen – am besten am nächsten Tag essen

Zuerst wird die Butter weich gerührt, dann ...

Die Oper „Die Zauberflöte" wurde von Wolfgang Amadeus Mozart komponiert.

Passiv: Nennen der „handelnden Person"

Die Oper „Die Zauberflöte" wurde **von Wolfgang A. Mozart** komponiert.
Der Park wurde **von der neuen Stadtregierung** angelegt.

„von" + handelnde Person(en) im Dativ

Passiv (1) 73

Bei (anonymen) Institutionen und Umständen auch „durch" + Akkusativ:
Wir sind **durch den Sturm** aufgehalten worden.

RUHE!

Hier wird gearbeitet!

Passiv ohne Subjekt

Hier **wird gearbeitet**.	In diesen Sätzen gibt es kein Subjekt. Der Vorgang steht absolut im Vordergrund. Diese Struktur gibt es in vielen Sprachen nicht.
Heute **darf getanzt werden**.	
Es **darf geraucht werden**!	„Es" als Element auf Position I
Jetzt **wird** aber **geschlafen**!	*ihr müsst jetzt schlafen*
Jetzt **wird** aber **gearbeitet**!	*wir müssen jetzt endlich mit der Arbeit anfangen*

Funktionen von „es" 56

Wortstellung im Nebensatz 59

Passiv im Nebensatz

Hauptsatz				Nebensatz		
Wir	haben	zwei Wochen im Hotel	gewohnt,	**als**	unsere Wohnung	**renoviert wurde.**
Sie		hat mich	gefragt,	**ob**	die Blumen schon	**gebracht worden sind.**
Er		hat uns	erzählt,	**dass**	das Haus nun doch	**gebaut werden darf.**
					Satzmitte	Satzende

Das konjugierte Verb steht ganz am Ende.

1 Endlich mal faulenzen dürfen! Endlich nicht arbeiten müssen!

1. endlich mal faulenzen: *In den Ferien darf endlich mal gefaulenzt werden!*
2. mal so richtig feiern: ___
3. nicht arbeiten: ___
4. nicht so viel organisieren: ___

2 Ich habe dir doch gesagt, dass ...

1. Wann wird das Buch veröffentlicht?
   Ich habe dir doch gesagt, dass es schon längst veröffentlicht worden ist.
2. Wann wird eigentlich der neue Präsident gewählt? *Ich habe dir doch gesagt, dass ...*
3. Wann werden denn endlich die Einladungen geschrieben?

3 Woher soll ich das wissen?

Mein Gast aus Amerika stellt mir dauernd Fragen, die ich kaum beantworten kann.

1. Gestern wollte er wissen, *warum in Deutschland so viel geraucht wird.* | ~~in Deutschland, so viel~~ rauchen
2. Einmal hat er mich gefragt, ___ | wohin, der Sondermüll, bringen
3. Er wollte auch wissen, ___ | warum, das Internet, so wenig nutzen
4. Er konnte auch überhaupt nicht verstehen, ___ | keine Höchstgeschwindigkeit, auf Autobahnen, einführen

4 Was ist hier passiert?

1. ~~einbrechen~~ – ~~am Wochenende~~ – ~~in Köln~~ – ~~in die Villa eines Fabrikbesitzers~~
   Am Wochenende ist in Köln in die Villa eines Fabrikbesitzers eingebrochen worden.
2. ertappen – die Einbrecher – von – auf frischer Tat – die Polizei
3. festnehmen – können – der Mut eines Polizisten – durch – am Tatort – die Schuldigen
4. auszeichnen – heute – der Polizist – mit einer Medaille – für seine mutige Tat

5 Wer macht was mit wem?

~~die Kursleiterin~~ ● der Gast ● der Leser ● der Universitätspräsident ● die Professoren ● die Autorin ● ~~die Teilnehmer~~ ● der Hoteldetektiv

~~zum Essen einladen~~ ● verdächtigen ● um Unterstützung bitten ● manipulieren ● wählen

Die Kursleiterin ist von den Teilnehmern zum Essen eingeladen worden.

6 Sprechen Sie über sich selbst! Erzählen Sie ihrem Partner / Ihrer Partnerin.

Bei uns zu Hause wird viel gelacht. Glücklicherweise wird nicht viel geraucht. Es wird ...

(lachen, rauchen, feiern, diskutieren, schimpfen, singen, spielen, lesen, fernsehen, tanzen, Sport treiben)

Pfifferlinge und Steinpilze kann man essen.
Der Fliegenpilz ist nicht essbar, er ist giftig!

Unpersönliche Ausdrücke

Pfifferlinge und Steinpilze kann **man** essen.	„man" + Verb im Aktiv
Der Fliegenpilz ist nicht **essbar.**	„sein" + Verb + „-bar" (Adjektiv)

Sätze mit „man" und Adjektive mit „-bar" haben oft eine ähnliche Bedeutung wie das Passiv.

man

„man" 94

Das kann **man** leider nicht ändern.	*das kann nicht geändert werden*
Man hat mir gesagt, dass ich dieses Formular ausfüllen soll.	*mir wurde gesagt, ... (ich weiß nicht mehr genau, wer es gesagt hat / es ist nicht wichtig)*
Man hat mir meine Unkosten immer noch nicht erstattet.	*meine Unkosten sind mir immer noch nicht erstattet worden*
In dieser Firma arbeitet **man** mit der modernsten Technologie.	*in dieser Firma wird mit der modernsten Technologie gearbeitet*

„man" bedeutet oft „jede Person, alle Leute". Die konkrete handelnde Person ist nicht wichtig.

! Hinweis
Mündlich verwendet man oft „man",
um Passiv-Konstruktionen zu vermeiden.

Adjektive mit *-bar*

Form: essen → ess**bar**, lesen → les**bar**: Verb (ohne Endung) + *„-bar"*-> Adjektiv
Das ist nur möglich bei Verben, die ein Passiv bilden können.

Die Schrift ist so klein, der Text ist kaum **lesbar**.	*man kann den Text kaum lesen*
Das ist ohne Probleme **machbar**.	*das kann man ohne Probleme machen*
Pfifferlinge sind **essbare** Pilze.	*man kann sie essen*
Ich glaube, das ist ein **lösbares** Problem!	*das Problem kann gelöst werden*

„-bar" bedeutet: *kann gemacht werden, kann man machen.*

Vor dem Substantiv haben die Adjektive Endungen.

Adjektiv-Endungen 86, 87

Unregelmäßige Form: Das Ufer ist **sichtbar**. (*man kann es sehen*)
Besondere Bedeutung: **wunderbar** (*sehr schön, toll*)
zahlbar innerhalb von acht Tagen (*man muss innerhalb von acht Tagen zahlen*)

1 Sitten und Gebräuche

1. *In China isst man mit Stäbchen.*		~~mit Stäbchen essen, in China~~
2. ______		Blumen mitbringen, der Gastgeberin, in Deutschland
3. ______		die Bürotüren offen lassen, in den USA
4. ______		auf der linken Straßenseite fahren, in Japan
5. ______		viel mit dem Fahrrad fahren, in den Niederlanden
6. ______		viele Mehlspeisen essen, in Österreich

Was für Sitten und Gebräuche gibt es in Ihrem Land? Formulieren Sie mit „man".

2 Kaum bewohnbar. Notieren Sie die Verben zu den Adjektiven mit „-bar".

Die Hausbesichtigung hat ergeben, dass die Wohnung kaum mehr bewohnbar ist.	*bewohnen*
Überall gibt es deutlich sichtbare Schäden. Das fängt bei der Wohnungstür an, die	______ 1
nur noch mit Mühe verschließbar ist. Die Farbe an den Wänden blättert ab, das	______ 2
Badezimmer ist wohl kaum mehr renovierbar – hier muss alles komplett neu	______ 3
gemacht werden. Insgesamt ist eine komplette Renovierung zwar machbar,	______ 4
aber sehr teuer!	

3 Das kann man doch (nicht) machen!

1. Man kann saure Milch nicht mehr trinken.	*Saure Milch ist nicht mehr trinkbar.*
2. Auf dem Foto kann man kaum etwas erkennen.	*Auf dem Foto* ______
3. Diese Partei hat sehr radikale Ansichten – ich finde, man kann sie nicht wählen.	______
4. Viele gefährliche Krankheiten kann man heutzutage heilen.	______
5. Seit Eva kontinuierlich lernt, kann man ihre Fortschritte messen.	*Ihre Fortschritte* ______
6. Klar möchte ich nach Südafrika in Urlaub fahren – aber kann man die Reise denn auch bezahlen?	______

4 Auf dem Amt ist nicht alles Passiv. Variieren Sie die unterstrichenen Sätze. Sie können z.B. „man", „eine Person", „jemand", „die Leute", „der Beamte / die Beamtin" etc. verwenden. Lassen Sie maximal einen Passiv-Satz stehen!

Gestern war ich auf dem Einwohnermeldeamt. Was für eine Bürokratie! An der Pforte wurde mir gesagt, ich solle in den ersten Stock gehen. Dort saßen schon viele Leute. Ich habe an einer Tür geklopft, mir wurde von dem Beamten gesagt, dass ich erst eine Nummer ziehen muss. Nach einer Stunde wurde meine Nummer endlich aufgerufen. Ich muss sagen, ich wurde nicht gerade freundlich behandelt. Am Ende wurde ich dann wieder nach Hause geschickt, weil ich meinen Pass nicht dabei hatte. Ich bin froh, dass bei uns zu Hause nicht daran gedacht wird, so eine Meldepflicht einzuführen!

An der Pforte hat man mir gesagt, ich solle … Oder: *An der Pforte hat mir der Beamte gesagt, …*

Unpersönliche Ausdrücke

Das Fahrrad **lässt sich** leicht **reparieren.**	„sich lassen“ + Infinitiv
Das Fahrrad **ist** leicht **zu reparieren.**	„sein + zu“ + Infinitiv

Diese unpersönlichen Ausdrücke haben eine ähnliche Bedeutung wie das Passiv.

sich lassen + Infinitiv

Kunst **lässt sich** nicht immer klar von Kitsch **unterscheiden.**	*Kunst kann nicht immer klar von Kitsch unterschieden werden*
● Kannst du bitte heute die Konzertkarten abholen?	
○ Ja, das **lässt sich machen.**	*das kann ich machen*
Die Kartoffeln **lassen sich** gut **schneiden.**	*man kann sie gut schneiden*
● Wenn wir ihm das sagen, wird er schockiert sein.	idiomatisch: *da kann man nichts machen,*
○ Das **lässt sich** nicht **ändern.**	*wir müssen es trotzdem tun*

„sich lassen“ + Infinitiv hat die Bedeutung: ***man kann*** *es* ***machen*** *oder es* ***kann gemacht werden.***
Man kann die handelnde Person nennen: Das lässt sich nur **von einem Fachmann** reparieren.

lassen **84**

sein + *zu* + Infinitiv

Dieser Text **ist** schwer **zu verstehen.**	*man kann den Text nur schwer verstehen*
Manche Gefühle **sind** schwer **zu beschreiben.**	*sie können nur schwer beschrieben werden*
Bei Feuer **ist** die Treppe **zu benutzen.**	*man muss die Treppe benutzen*
Diese Frage **ist** noch **zu klären.**	*diese Frage muss noch geklärt werden*
● Wie alt ist das Bild? ○ Das **ist** schwer **zu sagen.**	idiomatisch: *man weiß es nicht genau*

„sein + zu“ + Infinitiv hat die Bedeutung: ***man kann*** *es machen oder* ***man muss*** *es machen.*
Man kann die handelnde Person nennen: Dieser Text ist **für Anfänger** nur schwer zu verstehen.

! Hinweis
mit „sich lassen“ + Infinitiv und „sein + zu“ + Infinitiv kann man komplizierte Passiv-Konstruktionen mit Modalverb vermeiden.

1 Ergänzen Sie „sich lassen“:

1. Manche Probleme *lassen sich* ganz einfach lösen, wenn man darüber spricht.
2. Seit Tagen ist Olga sehr aufgeregt. Sie ______ gar nicht mehr beruhigen.
3. Der Vertrag ______ nicht so einfach kündigen – haben Sie das nicht gewusst?
4. Diese Schuhe ______ nur schwer verkaufen – sie sind einfach zu teuer!

2 Praktisch!

Familie Baumann hat ein neues Auto gekauft. Es ist sehr praktisch.

1. Man kann die Spiegel elektronisch verstellen. *Die Spiegel lassen sich elektronisch verstellen.*
2. Man kann das Auto mit einer Fernbedienung abschließen. ______
3. Man kann die Sitze ganz einfach herausnehmen. ______
4. Man kann einen Sitz in einen Tisch verwandeln. *Ein Sitz* ______

3 Strenge Hausordnung

1. Die folgenden Regeln *sind zu befolgen:*
2. Die Fahrräder ______
3. Die Treppe ______
4. Die Haustür ______
5. Die Gehwege ______

| ~~befolgen~~ | in den Keller stellen | einmal in der Woche putzen | immer abschließen | im Winter von Schnee reinigen

4 Gefühle und Gedanken. Formulieren Sie mit „sich lassen“ und mit „sein ... zu“ + Infinitiv:

1. Manche Gefühle kann man nicht leicht verstehen. *Manche Gefühle lassen sich nicht leicht verstehen. / Manche Gefühle sind nicht leicht zu verstehen.*
2. Manche Gedanken kann man nicht leicht aussprechen.
3. Manche Hoffnung kann man nicht leicht erfüllen.
4. Manche Erfahrung kann man nicht leicht vergessen.
5. Manche Enttäuschungen kann man nicht leicht verzeihen.

5 Was kann man oder muss man tun?

1. Die Bedienungsanleitung ist genau zu lesen. *Man muss die Bedienungsanleitung genau lesen.*
2. Die Bedienungsanleitung ist schwer zu verstehen. ______
3. Die Sitzplätze sind älteren Personen und Behinderten zu überlassen. ______
4. Hunde sind an der Leine zu führen. ______
5. Bei Feueralarm ist das Gebäude sofort zu verlassen. ______
6. Das Gebäude ist von zwei Seiten zu betreten. ______

Modalverben: Vermutungen und Einschätzungen

Das ist meine neue Nachbarin. Sie **soll** eine bekannte Schauspielerin sein.	Subjektiver Gebrauch der Modalverben: Der Sprecher drückt seine Vermutung, seine Meinung oder seine Einschätzung einer Sache aus.

Modalverben: Möglichkeit, Fähigkeit, Erlaubnis 33–35

können	Vorige Woche war er bei seiner Familie in New York. Er **kann** also gar nicht hier gewesen sein. Sicher hast du dich getäuscht.	*Überzeugung, dass etwas (nicht) möglich ist*
wollen	Bernd ist nie mit an den Strand gegangen. Er **will** krank gewesen sein – aber er sah eigentlich immer sehr gesund aus.	*er behauptet das, ich glaube es nicht*
müssen	● Ich habe ihn seit Tagen nicht gesehen. Er **muss** schon in Urlaub sein. ○ Aber das Licht brennt in seiner Wohnung. Er **muss** zu Hause sein.	*starke Annahme*
sollen	● Haben Sie Frau Rolfs in letzter Zeit gesehen? ○ Nein, sie ist nicht da. Sie **soll** verreist sein.	*ich habe es gehört, andere Leute behaupten es*
mögen	Sie **mögen** das witzig finden – ich nicht. Er **mag** ja Recht haben, aber gut ist das nicht.	*das kann vielleicht so sein, aber der Sprecher ist anderer Meinung*
werden	● Alle Spuren deuten darauf hin, dass die Diebe durch die Tür gekommen sind. ○ Ja, so **wird** es wohl gewesen sein.	*Vermutung, Schlussfolgerung; so erkläre ich mir das*

werden 48

! Hinweis

„werden" als Modalverb hat immer eine subjektive Bedeutung. Modal-Adverbien (wohl, vielleicht, wahrscheinlich, …) verstärken diese Bedeutung.

1 Haben Sie das auch gehört?

1. ~~Baldrian~~	a. soll Vampire fern halten.	1.b
2. Ein Mittagsschlaf	b. ~~soll gut für die Nerven~~ sein.	______
3. Ein Glas Rotwein am Tag	c. soll blonde Haare glänzend machen.	______
4. Kamillentee	d. soll die Leistungsfähigkeit fördern.	______
5. Knoblauch	e. soll gut für den Kreislauf sein.	______

2 Modalverben: „objektiv" oder „subjektiv"?

1. Er mag das ja gesagt haben, aber gemeint hat er das bestimmt nicht.	*objektiv*	(*subjektiv*)
2. Der Arzt hat meinem Mann gesagt, er soll mehr zu Fuß gehen.	*objektiv*	*subjektiv*
3. Jens kann schon gut schwimmen.	*objektiv*	*subjektiv*
4. Die Försters sollen eine riesige Erbschaft gemacht haben.	*objektiv*	*subjektiv*
5. Frau Neuhaus will früher eine bekannte Tänzerin gewesen sein.	*objektiv*	*subjektiv*
6. Will deine Tochter eigentlich auch Tänzerin werden?	*objektiv*	*subjektiv*
7. Es ist halb vier. Da muss Herbert längst vom Sport zurück sein.	*objektiv*	*subjektiv*

3 „können", „müssen", „sollen", „werden", „wollen", „mögen"?

1. Michael hat nie Zeit. Er *wird* wohl nicht lange auf dem Fest bleiben.
2. Das ______ Goethe gesagt haben? Das glaube ich nicht!
3. Du ______ schon wissen, was du tust! Ich finde das aber zu riskant.
4. Wo ist denn nur mein Führerschein? Ich ______ ihn irgendwo liegen gelassen haben.
5. Ich habe Dirk schon gefragt, ob er die Möbel umgeräumt hat. Aber er ______ das nicht gemacht haben.
6. Wir haben heute früh erst entschieden, zur Bibliothek zu fahren. Das ______ er also gar nicht gewusst haben.
7. Der Finanzminister behauptet, es gebe dieses Jahr keine Steuererhöhungen mehr. Das ______ ja stimmen, aber was passiert nächstes Jahr?
8. In der S-Bahn in München ______ man auch Fahrräder mitnehmen dürfen.

4 Drücken Sie die Aussagen mit Modalverben aus:

1. Es ist unmöglich, dass er mich gesehen hat.
   Er kann mich gar nicht gesehen haben.
2. In meinem Reiseführer steht, dass die beste Reisezeit für Mexiko der Frühling ist.
3. Das ist mal wieder typisch! Er behauptet, dass er meine Warnung nicht gehört hat.
4. Der Gast hat vielleicht Recht, aber das ist kein Grund für unhöfliches Benehmen.

5 Nichts als Vermutungen

1. Holger reibt sich schon die Augen. *Er wird müde sein.*	~~Er ist sicher müde~~.
2. Hast du gehört, Elke ist über den ganzen See geschwommen!	Sie ist ganz bestimmt sehr fit.
3. Horst und Karla sehen wieder ganz glücklich aus.	Sie haben sich sicher wieder vertragen.
4. Die Wolken ziehen sich über dem Meer zusammen.	Es regnet wohl bald.
5. Er hat mir den Weg zu seinem Haus sehr genau beschrieben.	Es ist sicher hier in der Nähe.

Konjunktiv II: Konditionale Nebensätze

Wenn ich nicht viel zu tun habe, komme ich. — Die Bedingung ist realisierbar: *ich komme wahrscheinlich*

Wenn ich nicht so viel zu tun **hätte**, **würde** ich **kommen**. — Die Bedingung ist nicht realisierbar: *ich habe viel zu tun, deshalb komme ich nicht* → **Konjunktiv II**

Weitere Beispiele:
Wenn wir weniger **fernsehen würden**, **könnten** wir mehr miteinander **unternehmen**.
Wenn du nicht immer gleich beleidigt **wärst**, **würden** wir uns besser **verstehen**.
Manchmal auch ohne „wenn" (konjugiertes Verb auf Position I):
Hätte ich nicht so viel zu tun, **würde** ich gern **kommen**. (Oder: … käme ich gern.)

Formen des Konjunktiv II

Regelmäßige Verben: Konjunktiv II von „werden" + Infinitiv:
ich **würde** dort **wohnen**, du **würdest** es **machen**, er **würde** jetzt **arbeiten**

Unregelmäßige Verben: Konjunktiv II = Präteritum + -e; Umlaut: a, o, u → ä, ö, ü
ich kam → ich **käme**, du **kämest**, er **käme**, wir **kämen**, ihr **kämet**, sie **kämen**; Sie **kämen**

Man verwendet diese Konjunktiv II-Formen bei:
- besonders frequenten unregelmäßigen Verben: ich **käme**, ich **ginge**, ich **ließe**, ich **bliebe**, ich **wüsste**, …
- Modalverben: **könnte**, **wollte**, **müsste**, **sollte**, **dürfte**
- **hätte** (haben), **wäre** (sein), **würde** (werden)

Sonst verwendet man meist „würde" + Infinitiv.

Wenn das Wörtchen wenn nicht wär' …

	haben	sein	werden	wissen	können	sollen
ich	hätt-**e**	wär-**e**	würd-**e**	wüsst-**e**	könnt-**e**	sollt-**e**
du	hätt-**est**	wär-**st**	würd-**est**	wüsst-**est**	könnt-**est**	sollt-**est**
er / sie / es	hätt-**e**	wär-**e**	würd-**e**	wüsst-**e**	könnt-**e**	sollt-**e**
wir	hätt-**en**	wär-**en**	würd-**en**	wüsst-**en**	könnt-**en**	sollt-**en**
ihr	hätt-**et**	wär-**(e)-t**	würd-**et**	wüsst-**et**	könnt-**et**	sollt-**et**
sie	hätt-**en**	wär-**en**	würd-**en**	wüsst-**en**	könnt-**en**	sollt-**en**
Sie	hätt-**en**	wär-**en**	würd-**en**	wüsst-**en**	könnt-**en**	sollt-**en**

! Hinweis
Verb „brauchen":
ich **würde brauchen**
Oder:
ich **bräuchte**
(süddeutsch / österreichischer Standard)

Konditionale Nebensätze ohne Konjunktiv 66

1 Was wäre, wenn …?

1. Wenn ich mehr Zeit hätte,
2. Wenn ich mehr Wasser trinken würde,
3. Wenn ich nicht so viel Angst vor Fehlern hätte,
4. Wenn ich nicht so müde wäre,

a. würde ich mehr sprechen. *1.b,c,d*
b. käme ich noch schnell vorbei. ______
c. ginge es mir besser. ______
d. würde ich öfter meditieren. ______

2 Wie würden Sie das sehen?

1. Ich habe nichts dagegen.
2. Es ist o.k.
3. Ich freue mich.
4. Ich finde es nicht so gut.

a. Die ganze Familie fährt mit in den Urlaub.
b. Die Gäste bleiben noch eine Weile bei uns.
c. Ich muss die ganze Hausarbeit allein machen.
d. Ich bin berühmt.

Zum Beispiel: *1.b: Ich hätte nichts dagegen, wenn die Gäste noch eine Weile bei uns blieben.*

3 Konjunktiv oder nicht?

Katrin erzählt: „Ich bin eine allein erziehende Mutter und *muss* (müssen) alles allein machen. Wenn der Vater von Henriette bei uns ______ 1 (leben), ______ 2 (sein) es natürlich einfacher, und wir ______ 3 (können) gemeinsam entscheiden, was zu tun ist. Gott sei Dank hilft mir meine Mutter, wenn ich mal besonders viel für meinen Job zu tun ______ 4 (haben). Wenn sie nicht in der Nähe ______ 5 (wohnen) und immer mal wieder ______ 6 (aushelfen), ______ 7 (wissen) ich gar nicht, was ich tun ______ 8 (sollen). Manchmal ______ 9 (haben) ich auch am Abend noch berufliche Verpflichtungen. Das ______ 10 (gehen) gar nicht, wenn ich nicht mit der Hilfe meiner Freundinnen rechnen ______ 11 (können). Oft denke ich, wir ______ 12 (haben) es einfacher, wenn ich wieder ______ 13 (heiraten). Aber ______ 14 (sein) das auch besser für meine Tochter? Wenn ich das nur ______ 15 (wissen)!

4 Leider ist es nicht immer ideal

1. Wenn man die Sitten einer fremden Kultur gut kennt, gibt es weniger Missverständnisse.
   Wenn man die Sitten einer fremden Kultur gut kennen würde, gäbe es weniger Missverständnisse.
2. Wenn wir weniger Müll produzieren, wird die Umwelt weniger belastet.
3. Wenn ich die Sprache des Urlaubslandes spreche, kann ich mich mit den Bewohnern besser verständigen.
4. Wenn die Ballettgruppe aus Indonesien in unsere Stadt kommt, gehe ich hin.

5 Was würden Sie tun, wenn Sie Filmregisseur / Filmregisseurin wären?

Wenn ich Filmregisseur wäre, würde ich einen Film über meine Kindheit drehen. Ich ließe …

(Zum Beispiel: meine Eltern und meine Geschwister auftreten lassen – auch selbst mitspielen – von meiner ersten großen Liebe erzählen – die Darstellerin / der Darsteller muss schwarze Haare haben – nur an authentischen Drehorten filmen – der Film darf nicht länger als 90 Minuten dauern – er muss spannend sein – er wird ein glückliches Ende haben – …)

79 Wenn du besser aufgepasst hättest, wäre das nicht passiert!

Konjunktiv II: Vergangenheit

Wenn er besser aufgepasst hätte, wäre das nicht passiert. *(er hat nicht aufgepasst, deshalb ist es passiert)*	Nicht realisierte Möglichkeit in der Vergangenheit: → **Konjunktiv II: Vergangenheit**

Wenn er nicht so **getrödelt hätte**, wäre er jetzt schon fertig. Oder auch ohne „wenn" (konjugiertes Verb auf Position I): **Wäre** er vorsichtiger **gefahren**, wäre der Unfall nicht passiert.	Konjunktiv II: Vergangenheit **hätte / wäre + Partizip Perfekt**
Der Anhalter **wäre** von dem Autofahrer **mitgenommen worden**, wenn er etwas ordentlicher angezogen gewesen wäre.	Passiv: **wäre + Partizip Perfekt + worden**
Eigentlich **hätte** ich viel länger **tanzen können**, aber mein Freund war schon müde.	Mit Modalverb: **hätte + Infinitiv + Infinitiv Modalverb**
Ich weiß, dass ich das nicht **hätte tun sollen**.	Im Nebensatz: „hätte" vor den Infinitiven

Vergleichssätze ohne Konjunktiv 69

Das sagt man oft:

Wenn ich das **gewusst hätte**! Wenn er das **geahnt hätte**! **Hättest** du doch was **gesagt**!

Vergleichssätze mit *als ob*

Es scheint, **als ob** er zu Hause **ist**. Er tut so, **als ob** er nichts zu tun **hätte**. Er spielt Tennis, **als ob** er 30 **wäre**.	*er ist wahrscheinlich zu Hause* *er hat aber etwas zu tun* *er ist aber schon 50* } „irrealer" Vergleich → **Konjunktiv II**
Oder auch ohne „ob": Er spielt Tennis, **als wäre** er 30.	
Das Dorf sah aus, **als hätte** es Tag und Nacht **geregnet**.	Konjunktiv II Vergangenheit: **hätte / wäre + Partizip Perfekt**

1 Zwei Freunde – verschiedene Ansichten

1. ● Wir sind vorigen Sommer im Urlaub nach Grönland gefahren. Was? Dahin *wäre ich nie gefahren.*
2. ● Ich habe Elke von unserem Abenteuer in der Wildnis erzählt. Das … meiner Freundin …
3. ● Wir haben uns eine Wohnung in dem neuen Hochhaus gekauft. Ich an deiner Stelle …
4. ● Ich habe den Job bei der Detektiv-Firma angenommen. Tatsächlich? Den Job … ich …

2 Autobiografie

1. Ich bin mein ganzes Leben Beamter gewesen.
   Am liebsten *wäre ich allerdings Maler geworden.*
2. Wir haben die meiste Zeit in der Stadt gelebt. Am liebsten …
3. Wir sind nie ins Ausland gezogen. Am liebsten …
4. Wir hatten immer genug zum Leben. Natürlich …

| ~~Maler werden~~
| auch mal auf dem Land
| für ein paar Jahre nach Italien
| auch gern reich sein

3 Was wäre gewesen, wenn …

1. Thomas hat sich keine Mütze angezogen. Jetzt hat er Ohrenschmerzen.
   Wenn Thomas sich eine Mütze angezogen hätte, hätte er jetzt keine Ohrenschmerzen.
2. Vor vielen Jahren arbeitete sie für ihre Firma im Ausland. Dort lernte sie Juan kennen.
3. Der See war leider nicht zugefroren. Deshalb konnten wir nicht Schlittschuh laufen.
4. Die Prinzessin küsste den Frosch. Da verwandelte er sich in einen Prinzen.

4 Das wäre gemacht worden

1. Wenn er anruft, wird er abgeholt. *Wenn er angerufen hätte, wäre er abgeholt worden.*
2. Wenn sie besser tanzen, werden sie noch einmal engagiert.
3. Wenn die Bürger sich beim Bürgermeister beschweren, werden die Straßen repariert.
4. Wenn die Kranke zu Hause bleibt, wird sie von den Familienangehörigen gepflegt.

5 Er tut, als wäre nichts geschehen

1. Herr Neureich macht ein teilnahmsloses Gesicht. *Er tut so, als wäre nichts geschehen.* (nichts ist geschehen)
2. Ali macht erstaunte Augen. Sie tut, als ob sie ______ (sie hat das nicht gewusst)
3. Horst spielt sich immer so auf, als ob ______ (der Chef sein)
4. Erich ist gar nicht so arm. Aber er tut immer so, als ______ (kein Geld haben)

6 Kennen Sie das?

1. Man ist traurig, aber *man tut so, als wäre alles in Ordnung.* (alles ist in Ordnung)
2. Man möchte etwas haben, aber man tut so, als … (kein Interesse haben)
3. Man hat Angst, aber … (…)
4. Man ist enttäuscht, aber … (…)

7 Erzählen Sie:

1. In welcher Zeit hätten Sie gern gelebt? Warum?
2. Gibt es einen Moment in Ihrem Leben, in dem Sie anders hätten entscheiden sollen?

Konjunktiv II: Höfliche Bitten und Fragen

- ● Guten Tag, was darf es sein?
- ○ Ich **hätte** gern eine Süddeutsche.

Mit dem Konjunktiv II kann man Bitten höflicher formulieren. Diese Form benutzt man besonders in Situationen mit „Sie".

Das sagt man oft:

Herr Ober, ich **hätte** gern noch einen Kaffee.
Frau Reiser ist nicht da. **Könnten** Sie bitte morgen noch einmal **anrufen**?
Entschuldigen Sie, **könnten** Sie mir bitte die Uhrzeit **sagen**?
Entschuldigung, **hätten** Sie vielleicht einen Moment Zeit?
Würdest du mir bitte mal den Zucker **geben**?
Wärst du so **nett**, mir die Zeitung zu bringen?
Dürfte ich Sie um einen Gefallen **bitten**?

Sehr formell:

Wenn Sie bitte hier **warten würden**. Herr Leitner kommt gleich.
Wären Sie bitte so **freundlich**, hier zu warten?

! Hinweis
Die Modal-Partikeln „vielleicht" und „mal" machen die Bitte vorsichtiger.

Modal-Partikeln 38, 39

Konjunktiv II: Ratschläge

An deiner Stelle **würde** ich diesen Mietvertrag nicht **unterschreiben**.
Wenn ich du **wäre**, würde ich jetzt die Wahrheit **sagen**.
Du **solltest** wirklich mehr **Sport treiben**! Das ständige Sitzen ist nicht gut für den Kreislauf.

Ratschläge kann man mit dem Konjunktiv II vorsichtiger formulieren.

Formen des Konjunktiv II 78

1 Sagen Sie das höflicher:

Könnten Sie … ● Würden Sie … bitte ● Dürfte ich Sie bitten, … ● Wäre es möglich, …

1. Sprechen Sie langsamer. *Würden Sie bitte langsamer sprechen?*
2. Helfen Sie mir. ______
3. Warten Sie einen Moment. ______
4. Sagen Sie mir, wann der Zug aus Köln ankommt. ______

2 Höfliche Fragen und Bitten an einen Freund. Benutzen Sie auch die Modalpartikeln „vielleicht“ und „mal“.

die Tür	leihen
das Radio	ein- / ausschalten
das Handy	leiser machen
dein Auto	auf- / zumachen

Beispiele:
Könntest du vielleicht mal die Tür zumachen?
Würdest du bitte mal das Radio einschalten?

3 Im Restaurant: Geht es auch höflicher?

1. Ober: Was wollen Sie? *Was hätten Sie gerne?*
2. Gast: Was empfehlen Sie? ______
3. Ober: Ich empfehle Steak mit Salat. ______
4. Gast: Gut. Und bringen Sie mir ein Mineralwasser. ______

4 Einladung bei einer Kollegin

1. Sie bitten um das Salz. *Könnte ich bitte mal das Salz haben?*
2. Sie möchten das Telefon benutzen. ______
3. Sie haben eine Frage Ihrer Gastgeberin nicht verstanden. ______
4. Sie wissen nicht, wie man zur Autobahn kommt. ______

5 Ratschläge für eine Reise nach Lateinamerika

1. Zuerst würde ich …
2. An deiner Stelle …
3. Auf jeden Fall solltest du …
4. Wenn ich du wäre, …

einen Spanischkurs machen ● einen guten Reiseführer kaufen ● im World Wide Web nachsehen ● sich erkundigen, ob eine Malaria-Impfung nötig ist ● Reiseschecks mitnehmen ● das Geld erst dort wechseln ● …

6 Zwei Briefe – einmal an eine Freundin, einmal an einen Kollegen

Liebe Else!
Wie geht es dir? … Kannst du mir einen Gefallen tun? Ich brauche ein deutsches Lehrwerk und kann es hier nicht bekommen. Kannst du mal nachsehen, ob die Universitäts-Buchhandlung es auf Lager hat? Und ist es möglich, dass du es mir schickst? Das ist sehr nett von dir! Ich werde dir natürlich deine Unkosten ersetzen. Antwortest du mir bitte so schnell wie möglich per E-Mail?

Herzliche Grüße, deine Sophie

Schreiben Sie nun den Brief an einen Kollegen in Deutschland, den Sie erst seit kurzem kennen.

Lieber Herr Fichte!
Wie geht es Ihnen? … Könnten Sie mir bitte einen Gefallen tun? …

81 Wenn es doch endlich regnen würde!

Konjunktiv II: Wunschsätze

Wenn es doch endlich regnen würde!	Mit dem Konjunktiv II kann man (irreale) Wünsche ausdrücken. Meist: **„würde“ + Infinitiv des Verbs**

Wenn sie doch mal **anrufen würde**!	„würde“ + Infinitiv des Verbs
Wenn er doch endlich **käme**! **Wenn** wir doch gestern **mitgefahren wären**! **Wenn** ich doch besser Deutsch **sprechen könnte**!	Bei unregelmäßigen Verben und Modalverben sowie bei „sein“, „haben“ und „werden“ benutzt man die Konjunktiv II-Form: käme, ginge, ließe, … könnte, sollte, wollte, dürfte, müsste wäre, hätte, würde
Ohne „wenn“ (konjugiertes Verb auf Position I): **Käme** er doch endlich! **Wäre** er doch schon hier!	

Das sagt man oft:

● Wann kommt sie denn nur? ○ **Wenn** ich das bloß **wüsste**!
Hättest du mir das doch gleich **gesagt**!
Wenn doch schon Freitag Abend **wär'**!

! Hinweis
Die Modal-Partikeln „doch“, „nur“ und „bloß“ machen den Wunsch intensiver.

Modal-Partikeln **38, 39**

Konjunktiv II und Modalverben: Vermutungen

Er **dürfte** morgen fertig **werden**. Er **könnte** morgen fertig **werden**. Er **müsste** morgen fertig **werden**.	*vorsichtige Vermutung: wahrscheinlich wird er fertig* *Feststellung einer Möglichkeit: möglicherweise wird er fertig* *stärkere Vermutung, es gibt Indizien, dass er fertig wird*

Das sagt man oft:

So **dürfte** es gewesen sein.
Das **könnte** er gesagt haben.

Subjekt-Gebrauch der Modalverben **77**

1 Wünsche. Benutzen Sie auch „doch" und „nur".

1. Ich wünsche, dass schon Freitag Nachmittag ist. *Wenn es doch schon Freitag Nachmittag wäre!*
2. Ich wünsche, dass ich Chinesisch sprechen kann. *Könnte ich ...*
3. Ich wünsche, dass ich mehr Zeit für meine Hobbys habe. ______
4. Ich wünsche, dass mein Freund anruft. ______

2 Das wäre gut gewesen

1. Mein Freund hat nicht angerufen. *Wenn mein Freund doch angerufen hätte!*
2. Du hast es mir nicht rechtzeitig gesagt. ______
3. Ben hat nicht auf seine Eltern gehört. ______
4. Wir haben das nicht gewusst. ______

3 Ein verpatzter Urlaub

Familie Unger hat sich auf ihren Urlaub im Ausland nicht gut vorbereitet: (1) Sie verstehen die Sprache des Landes nicht, denn sie haben keinen Sprachkurs besucht. (2) Sie haben sich vorher nicht über Sitten und Bräuche informiert. (3) Sie haben keine Reiseschecks mit und (4) haben auch die Landkarte nicht eingesteckt . (5) Sie wussten nichts über das Klima und haben nicht genug warme Kleidung dabei. Frau Unger denkt: (1) *Wenn wir doch einen Sprachkurs besucht hätten! (2) Und wenn wir uns nur ...*

4 Was hätten Sie besser machen können?

1. Sie sind zu spät zu einem Rendezvous gekommen, und ihr Bekannter ist schon weg.
   Wenn ich doch bloß rechtzeitig aus dem Haus gegangen wäre!
2. Sie sind in einem Restaurant, aber die Bedienung ist unfreundlich und das Essen ist schlecht.
3. Sie schreiben eine Deutschprüfung und können sich an viele Vokabeln nicht mehr erinnern.

5 Gloria ist vorsichtig

1. Freundin Ida: ● Ich brauche mein Buch wieder. Hast du es bis morgen ausgelesen?
   Gloria (hat nur noch ein paar Seiten zu lesen): ○ *Ja, ich dürfte morgen damit fertig sein.*
2. Tochter Eva: ● Ich muss heute Abend noch weg. Ist das Essen um 7 Uhr fertig?
   Gloria (hält das für möglich): ○ *Ja, es*
3. Mann Uwe: ● Glaubst du, dass es ein schönes Fest wird morgen?
   Gloria (hat alles gut vorbereitet): ○ *So wie es aussieht,*

6 So wäre das Leben leichter!

Wäre das Leben leichter oder angenehmer für Sie, wenn Sie ... großzügiger / sparsamer wären? mehr Zeit für sich selbst / mehr Zeit für Ihre Freunde / mehr Zeit für Ihre Kinder hätten? mehr Geld / ein Auto hätten? den Beruf wechseln könnten? nettere Nachbarn / Kollegen hätten? einen Garten hätten?

Formulieren Sie Wünsche: *Wenn ich doch etwas sparsamer wäre! Dann ...*

82 Er sagte, er wisse nichts davon.

Der Regierungssprecher sagte, er wisse nichts von Steuererhöhungen.

Indirekte Rede

Regierungssprecher: „Ich **weiß** nichts von Steuererhöhungen." Reporter: „Er sagte, er **wisse** nichts von Steuererhöhungen."	Der Sprecher gibt wieder, was ein anderer gesagt hat → **Konjunktiv I**
Uwe: „Ich **komme** gleich!" Maria: „Uwe sagt, **er kommt** gleich." Oder: „Uwe sagt, **dass er** gleich **kommt**."	In der Umgangssprache benutzt man den Konjunktiv I selten.

Regeln für die indirekte Rede:

Der Regierungssprecher <u>sagte</u>, **dass** er davon nichts **wisse**. Der Regierungssprecher <u>behauptete</u>, er **wisse** davon nichts. Die Freundin <u>meinte</u>, **dass** er gut **aussehe**. Der Professor <u>fragte</u> den Studenten, **ob** ihm das Buch **gefalle**.	Die indirekte Rede folgt auf ein Verb des Sagens im Hauptsatz. Sie kann die Form eines Nebensatzes („dass", „ob") oder eines Hauptsatzes haben.
Der Firmenchef sagt: „**Ich** muss das überprüfen." Die Sekretärin: „Der Chef sagt, **er** müsse das überprüfen." Der Firmenchef sagte: „**Wir** sind bald fertig." Die Sekretärin: „Der Chef sagte, **sie** seien bald fertig."	Oft ändern sich die Personalpronomen. Hier: ich → er wir → sie
Der Minister: „Die Einkommen liegen höher als im Vorjahr. Die Statistiken zeigen das." Reporter: „Der Minister sagte, die Einkommen **lägen** höher als im Vorjahr. Die Statistiken **würden** das **zeigen**."	Bei gleichen Formen in Konjunktiv I und Präsens: Konjunktiv II liegen → lägen zeigen → würden zeigen.

Formen des Konjunktiv I

Diese Formen des Konjunktiv I werden benutzt, sonst: Konjunktiv II (oder „würde" + Infinitiv)

	gehen	wissen	haben	sein	werden	lassen	wollen	müssen
ich	–	**wiss-e**	–	sei	–	–	woll-**e**	müss-**e**
du	–	–	–	sei-**st**	–	–	–	–
er / sie / es	geh-**e**	wiss-e	hab-**e**	sei	werd-**e**	lass-**e**	woll-**e**	müss-**e**
wir	–	–	–	sei-**en**	–	–	–	–
ihr	–	–	–	–	–	–	–	–
sie / Sie	–	–	–	sei-**en**	–	–	–	–

! Hinweis
Konjunktiv I unregelmäßige Verben:
er gehe,
er fahre,
er nehme, …

Die Formen des Konjunktiv I sind vom Infinitiv abgeleitet. Es gibt keine Vokal-Änderung.

1 Wie kann man diese Sätze anders formulieren?

1. Der Buchhändler sagte uns, das Buch habe er leider nicht.
   Der Buchhändler sagte uns, dass er das Buch leider nicht habe.
2. Er erklärte uns, das Buch sei schon lange vergriffen. *Er erklärte uns, …*
3. Der Verlag denke wohl auch nicht an eine Neuauflage. *Er glaube auch nicht, …*

2 Sie hat Zeit. Schreiben Sie den Dialog.

1. Rolf rief Rosa an und fragte sie, ob sie am Nachmittag Zeit habe.
   Rolf: „Hast du heute Nachmittag Zeit?"
2. Rosa meinte, sie sei gerade mit dem Artikel für die Sonntagszeitung fertig.
3. Rolf fragte, ob sie zum Kaffeetrinken zu ihm kommen könne.
4. Rosa sagte sofort, dass sie gerne komme. Was sie ihm denn mitbringen solle?
5. Er meinte, das sei gar nicht nötig. Er habe nämlich selbst einen Kuchen gebacken. Den könnten sie ja essen.
6. Sie sagte noch kurz, dass sie sich sehr auf ihn freue und dass sie sich also gleich sehen würden.

3 Drücken Sie die direkte Rede in indirekter Rede aus:

1. Der Minister: „Ich kenne die Gesetzesvorlage gar nicht so genau."
   Der Zeitungsbericht: *Der Minister behauptete, er kenne die Gesetzesvorlage gar nicht so genau.*
2. Ein Abgeordneter: „Die Umwelt muss uns wichtiger sein als der wirtschaftliche Gewinn. Deshalb dürfen die Bäume in dem Park nicht gefällt werden."
   Der Zeitungsbericht: *Ein Abgeordneter meldete sich zu Wort und forderte, …*

4 Ein Interview

Reporter: Frau Orth, Sie haben gerade einen Preis im Eiskunstlauf gewonnen. Freuen Sie sich?

Frau Orth: Ja, natürlich, sehr. Nach so viel Training und Spannung ist das eine schöne Belohnung.

Reporter: Was ist denn das Wichtigste am Eiskunstlaufen?

Frau Orth: Na ja, natürlich ist am wichtigsten, dass man jeden Tag mehrere Stunden lang trainiert. Auch auf die Diät muss man sehr achten. Wenn ich zu viel wiege, kann ich nicht mehr so gut springen.

Reporter: Wie viele Stunden am Tag trainieren Sie denn?

Frau Orth: Also zuerst kommt mal die tägliche Gymnastik, das machen wir in der Gruppe. Danach gehen wir noch mal vier bis fünf Stunden aufs Eis, vor einem Wettkampf sogar länger.

Reporter: Ist Ihre Familie erleichtert, dass jetzt das ganz intensive Training erst mal vorbei ist?

Frau Orth: Oh ja. Besonders meine kleine Tochter ist froh, dass ich wieder mehr mit ihr spielen kann.

Reporter: Frau Orth, wir danken für das Gespräch.

In die Zeitung kommt eine Zusammenfassung des Interviews. Schreiben Sie die Zusammenfassung weiter. Denken Sie daran, dass manchmal Verben des Sagens in den Text eingefügt werden müssen: wir fragten, … sie antwortete, … sie fuhr fort, …

Gestern haben wir die Eiskunstläuferin Hedwig Orth interviewt. Auf unsere Frage, ob sie sich über den Preis freue, antwortete sie, dass sie sich natürlich …

83 Er sagt, er habe davon nichts gewusst.

Indirekte Rede: Vergangenheit und Zukunft

Minister:	„Ich habe davon nichts gewusst."	Vergangenheit
Zeitungsartikel:	Der Minister sagte, er **habe** davon nichts **gewusst**.	Bezug auf etwas Vergangenes: **Konjunktiv I Perfekt**
Minister:	„Ich werde das vor dem Untersuchungsausschuss aussagen. Die Ermittlungen werden auch nichts anderes ergeben."	Zukunft
Zeitungsartikel:	Der Minister sagte, er **werde** das vor dem Untersuchungsausschuss **aussagen**. Die Ermittlungen **würden** sicher auch nichts anderes **ergeben**.	Bezug auf etwas Zukünftiges: **Konjunktiv I Futur** Oft: „würde" + Infinitiv

Zeitpunkt des Sprechens

Er sagt,	er **wisse** nichts davon.	Bezug auf einen gegenwärtigen,
Er sagte,	er **habe** nichts davon **gewusst**.	vergangenen,
Er hat gesagt,	er **werde** das auch wieder **aussagen**.	zukünftigen Zeitpunkt

Der Zeitpunkt des Sprechens ist unabhängig von der Zeit in der indirekten Rede.

Zeit-Adverbien

Minister: „Ich bin erst gestern aus Rom zurückgekommen. Ich werde aber noch heute vor dem Ausschuss aussagen. Morgen muss ich allerdings schon wieder nach Berlin fliegen."
Der Minister sagte auf der Pressekonferenz, er sei erst **am Tag davor** aus Rom zurückgekommen. Er werde aber noch **am gleichen Tag** vor dem Ausschuss aussagen. Allerdings müsse er schon **am nächsten Tag** wieder nach Berlin fliegen.

! Hinweis

Die Zeit-Adverbien ändern sich in der indirekten Rede in der Vergangenheit:

gestern	→	am Tag davor, am vorigen Tag
heute	→	am gleichen Tag
morgen	→	am nächsten Tag

1 Heide erzählt. Setzen Sie folgende Verben ein: gehen, haben, können, sein, unterstützen

Heide erzählt ihrer Freundin, dass sie jetzt wieder arbeiten *gehen*. Sie meint, dass es gar nicht so einfach ___ 1, nach so vielen Jahren wieder anzufangen. Sie ___ 2 aber stolz darauf, dass sie sich ohne weiteres wieder in ihre Arbeit ___ 3 einarbeiten ___ 4. Sie ___ 5, vorher alles mit ihrem Mann und ihren Kindern besprochen, und ihre Familie ___ 6 sie voll. Alle ___ 7 jetzt insgesamt viel zufriedener und ___ 8 sich interessantere Dinge zu erzählen.

2 Konjunktiv II in der indirekten Rede? Welche Verben brauchen einen Konjunktiv II statt des Konjunktiv I? Geben Sie auch den Grund dafür an.

1. Erika und Volker behaupten, sie haben in Mexiko in einem Restaurant Affen gesehen.
   Erika und Volker behaupten, sie hätten in Mexiko in einem Restaurant Affen gesehen.
   (Grund: haben → hätten, da Konjunktiv I gleich ist wie Indikativ)
2. Sie erzählten: Die Affen seien direkt an die Tische der Gäste gekommen und haben um Futter gebettelt.
3. Obwohl besonders Erika am Anfang etwas Angst gehabt habe, haben sie sich am dritten Tag dann schon an die ungewohnten Gäste gewöhnt.

3 Was haben sie gesagt? Drücken Sie die indirekte Rede in direkter Rede aus. Achten Sie dabei besonders auf die Zeit-Angaben.

1. Die Tochter erzählte den Eltern, sie hätte wegen des Lärms aus der Disko in der vorigen Nacht gar nicht schlafen können.
   Die Tochter erzählte: „Ich habe wegen des Lärms aus der Disko gestern Nacht gar nicht schlafen können."
2. Heinz versprach seiner Mutter, er werde noch am selben Tag die Bewerbung an die Firma schicken.
3. Die Gäste sagten, sie müssten jetzt gehen, weil ihre Kinder zu Hause alleine seien. Sie würden aber am nächsten Tag gern wieder kommen.

4 Drücken Sie die direkte Rede in indirekter Rede aus:

1. Hannelore erzählte: „Wir durften abends nicht mehr weggehen."
   Hannelore erzählte, sie hätten abends nicht mehr weggehen dürfen.
2. Bernd erklärte: „Ich konnte mir das einfach nicht erklären."
3. Ute erzählt: „Ich habe eine Fachschule für Erzieherinnen besucht. Im letzten Jahr mussten alle ein zweimonatiges Praktikum machen. Nun werde ich wahrscheinlich erst mal in einem Kindergarten arbeiten."

5 Wann haben sie was gesagt?

1a. Oskar sagt immer: „Ich habe kein Kleingeld dabei." → *Er sagt immer, er habe kein Kleingeld dabei.*

1b. Auch gestern, an der Parkuhr, sagte er wieder: „Tut mir Leid! Ich habe kein Kleingeld dabei."
→ Auch gestern sagte er wieder, *es tue ihm leid, aber er* ___

2a. Ute sagt oft: „Das habe ich doch schon immer gewusst." → Ute sagt oft, dass *...* ___

2b. Auch gestern sagte sie ständig: „Das habe ich doch schon immer gewusst." → Auch gestern sagte sie ständig, dass *...* ___

Bitte liegen lassen!

Ich **mag** Kirschen. Ich **möchte** noch einen Kaffee! Ich **kenne** ihn, aber ich **weiß** nicht, wie er heißt. Bitte liegen **lassen**!	Diese Verben haben spezielle Bedeutungen.

mögen / gern haben

Ich **mag** Kirschen. Früher **mochte** ich sie nicht.	*Geschmack*
Katharina **mag** München nicht. Sie findet München langweilig.	*allgemeine Einstellung*
Ich **habe** Kinder **gern**. (= Ich **mag** Kinder gern.)	

Präsens von „mögen“: ich mag, du magst, er mag, wir mögen, ihr mögt, sie mögen; Sie mögen
Präteritum: ich mochte, du mochtest, er mochte, …; Perfekt: ich habe gemocht

! Hinweis
„etwas / jemanden lieben“ klingt im Deutschen sehr emotional, stattdessen oft : „(gern) mögen“ und „gern haben“.

möchte

Ich **möchte** gerne noch einen Kaffee (trinken).	*momentaner Wunsch*
(Im Laden:) Ich **möchte** gerne fünf Semmeln.	
Über dieses Problem **möchte** ich im Moment lieber nicht **reden**.	

„möchte“ ist ein Modalverb. Man verwendet es meistens mit einem anderen Verb. (Ursprünglich war „möchte“ die Konjunktiv II-Form von „mögen“).

Modalverben 34

kennen, wissen

Fragst du bitte Herrn Scharf, du **kennst** ihn besser!	*kennen:*	*man kennt jemanden persönlich*
Ich **kenne** den Sänger.		*man kennt die Lieder / Werke*
Bernd **weiß** alle historischen Daten – phänomenal!	*wissen:*	*man hat etwas gelernt / gehört*

kennen lernen: „Hast du unseren Nachbarn schon ~~getroffen~~ **kennen gelernt**?

Bedeutungen von *lassen*

Herr Koller **lässt** seine Wohnung **streichen**.	*einen Auftrag geben / etwas nicht selbst tun*
Bitte **liegen lassen**!	*nicht wegnehmen / so lassen, wie es ist*
Heute **lasse** ich die Kinder mal **fernsehen**.	*etwas erlauben, zulassen*
Das Fahrrad **lässt** sich leicht **reparieren**!“	*es kann gemacht werden*

lassen + Infinitiv 57 *„sich lassen“ + Infinitiv* 76

1 Vorlieben. Ergänzen Sie „mögen".

1. Als ich klein war, *mochte* ich kein Gemüse und keinen Käse. Jetzt ______ ich beides sehr gern!
2. ● ______ Sie klassische Musik?
   ○ Ja, sehr gerne sogar. Besonders gern ______ ich Strawinsky und Schönberg.
3. ● Ich koche heute Abend – ______ ihr eigentlich Fleisch?
   ○ Nein, Fleisch essen wir nicht, aber wir ______ gern Fisch.

2 „mögen" oder „möchte"?

1. Wir *möchten* ein Zimmer für den 28.10. reservieren – haben Sie noch etwas frei?
2. Wir ______ dieses Hotel – es liegt ruhig und zentral, und der Service ist sehr gut.
3. Sie sind sicher müde von der Reise – ______ Sie sich erst etwas ausruhen?
4. Die Landschaft hier ______ ich sehr gern, sie ist so wild und romantisch.
5. ______ du morgen einen Ausflug machen?

3 Ergänzen Sie „kennen":

● *Kennst* du schon die neue CD von „Kraftwerk"?
○ Nein, die ______ 1 ich noch nicht – ist sie gut?
● Ja, mir gefällt sie gut. Aber du ______ 2 doch die alten Stücke von „Kraftwerk"?
○ Nur ein paar – aber mein Freund ist ein richtiger Experte, der ______ 3 praktisch alles.
Durch ihn habe ich die Gruppe erst ______ ______ 4.

4 Wissen Sie, ...?

1. *Wissen Sie, wie ich zum Bahnhof komme?*
2. ______
3. ______
4. ______

| ~~zum Bahnhof kommen~~, wie
| Fahrkarten kaufen können, wo
| ein Brief nach Japan kosten, wie viel
| hier verantwortlich sein, wer

5 „kennen" oder „wissen"?

Liebe Erika, jetzt *kenne* ich hier schon einige Menschen, aber ich *weiß* trotzdem noch nicht so recht, ob es mir hier gut gefällt. Die Leute sind ziemlich direkt – nicht so vorsichtig wie bei uns. Auch wenn man das ______ 1, muss man sich erst daran gewöhnen. Man lernt leicht jemanden ______ 2, aber das heißt nicht, dass man auch eingeladen wird. Einige Leute kümmern sich aber besonders nett um mich, weil sie ______ 3, dass ich hier neu bin.

6 Formulieren Sie mit „lassen":

1. *Lass dich nicht von der Werbung täuschen!* — Akzeptiere nicht, dass die Werbung dich täuscht!
2. ______ — Erlauben Sie dem Kind doch Schokolade zu essen!
3. ______ — Ich nehme den Schlüssel nicht mit.
4. ______ — Ich räume hier nicht auf – das machen die Kinder.
5. ______ — Diese Frage kann man schnell klären.

85 Ich nehme diesen Hut.

Artikelwörter

Welchen Hut …?	–	… **diesen** Hut …	(der Hut)
Welches Haus …?	–	… **dieses** Haus …	(das Haus)

Artikelwörter bestimmen das Substantiv.

Es gibt zwei Gruppen von Artikelwörtern:

- Immer mit Signal-Endung (wie Definit-Artikel „der, das, die“)
- Manchmal ohne Signal-Endung (wie Indefinit-Artikel „ein, eine“)

Diese Artikelwörter haben immer die Signal-Endung:

dieser, dieses, diese	Hast du **dieses** Buch schon gelesen? Es ist sehr gut!	*jemand zeigt auf etwas*
jener, jenes, jene	Beim Abendessen herrschte eine eisige Atmosphäre. … Später dachte er immer wieder an **jenen** Abend zurück.	*Verweis auf eine andere Aussage*
jeder, jedes, jede	Die Tante brachte **jedem** Kind eine Tafel Schokolade mit.	Peter, Paul, Marie …
alle	Man kann nicht immer **allen** Kindern etwas schenken.	nur Plural
mancher, manches, manche	**Manche** Leute sind immer unzufrieden.	*einige*
welcher, welches, welche	● **Welcher** Mantel gehört Ihnen? ○ *Dieser* Mantel hier. ● **Welche** Uhr gefällt Ihnen am besten? ○ *Die* Uhr hier.	*Auswahl aus konkreter Menge*
irgendwelche	Haben Sie noch **irgendwelche** Fragen? (nur Plural)	*egal, was für Fragen*

Deklination wie Definit-Artikel „der, das, die“

Diese Artikelwörter haben manchmal keine Signal-Endung:

irgendein, irgendeine Plural: irgendwelche …	Ich mache das an **irgendeinem** anderen Tag, heute habe ich keine Zeit dafür.	*der genaue Tag ist nicht wichtig*
was für ein / eine … ? Plural: was für welche … ?	● **Was für eine Uhr** suchen Sie? ○ **Eine** moderne Uhr, mit Datumsanzeige.	*Frage nach der Art einer Sache*; Antwort: ein …

Signal-Endungen bei „der, das, die“:

	maskulin	neutrum	feminin	Plural
Nom.	der	das	die	die
Akk.	den	das	die	die
Dat.	dem	dem	der	den
Gen.	des	des	der	der

Signal-Endungen bei „ein, ein, eine“:

	maskulin	neutrum	feminin	Plural
Nom.	ein	ein	eine	–
Akk.	ein**en**	ein	eine	–
Dat.	ein**em**	ein**em**	ein**er**	–
Gen.	ein**es**	ein**es**	ein**er**	–

1 Signal oder kein Signal? Unterstreichen Sie Artikelwörter ohne Signal-Endung, umkreisen Sie Artikelwörter mit Signal-Endung:

Seit gestern steht ein Mann vor unserem Haus und beobachtet die Straße. Er sieht allen Leuten nach, die das Haus verlassen oder hineingehen. Habe ich diesen Mann nicht schon mal gesehen? Ich finde die Sache langsam unheimlich. Vielleicht ist es irgendein Krimineller? Oder ein Geheimagent? Ich glaube, ich spreche mal mit meinem Nachbarn – vielleicht weiß er, was für ein Mann das ist und was er vor unserer Tür will.

2 Ergänzen Sie die Endungen:

Achten Sie auf das Genus!

1. Ich verstehe mich nicht gut mit mein*er*___ Mutter (Dat.). Nie hört sie mir zu, egal, was für ein_____ Problem (Akk.) ich habe. Wenn sie selbst aber irgendein_____ Problem (Akk.) hat, spricht sie immerzu darüber.
2. Wissen Sie, manch_____ Leuten (Dat.) kann man es nie Recht machen. Egal, was für ein_____ Lösung (Akk.) man findet – sie sind nie zufrieden.
3. Ich hasse Einkaufen. Nie kann ich mich entscheiden: Was für ein_____ Hut (Nom.) passt gut zu dies_____ Mantel (Dat.)? Was für ein_____ Schal (Akk.) soll ich nehmen? Bei jed_____ Entscheidung (Dat.) muss ich lange überlegen. Am Schluss kaufe ich meistens irgendwelch_____ Dinge (Akk.) – nur, um endlich aus dies_____ Läden rauszukommen.
4. Dies_____ Luxusauto (Nom.) ist der Traum all_____ Manager (Gen.)! Verlassen Sie sich auf unser_____ Erfahrung (Akk.) und unser_____ Können (Akk.) – wir bauen Autos für Ihr_____ Vergnügen (Akk.)!

3 Was für ein Waschmittel? Ergänzen Sie die Artikelwörter „was für ein", „welcher", „ein", „der, die, das"

Achten Sie auf Genus und Kasus!

1. ● Wenn du einkaufst, bring bitte ein Waschmittel mit.
   ○ Ja, gerne, aber *was für ein Waschmittel* ________ soll ich denn kaufen?
2. (An der Universität) ● Ich mache in diesem Semester vier Seminare. ○ ________ Seminar gefällt dir denn am besten? ○ Ich finde ________ Kurs über Karl Marx am interessantesten.
3. (Beim Bäcker) ● Guten Tag, was darf es denn sein? ○ Ich hätte gerne vier Brötchen. ● Ja, gerne, aber ________ Brötchen hätten Sie gern? Wir haben viele Sorten! ○ Ich nehme ________ Mohnbrötchen.
4. (An der Bushaltestelle) ● Entschuldigen Sie – ________ Bus fährt denn in die Innenstadt?
   ○ ________ Bus Nummer 34, aber er macht einen ziemlichen Umweg.

4 Psychologische Beratung. Setzen Sie die Artikelwörter ein.

Achten Sie auf Genus und Kasus!

welch- ● jed- ● ~~manch-~~ ● dies- ● kein- ● irgendwelch- ● was für ein-

● An *manchen* Tagen fühle ich mich so deprimiert. Da macht das Leben einfach ________ 1 Spaß mehr!

○ Können Sie sagen, an ________ 2 Tagen Sie ________ 3 Gefühl haben?

● Nein, das kann ich nicht. ________ 4 Mal ist es anders.

○ Erklären Sie doch noch einmal, ________ 5 Gefühl das genau ist. Wie fängt es an, was genau fühlen Sie, wie reagieren Sie?

● Es fängt schon in der Nacht an – ich habe meistens ________ 6 Albträume, dann wache ich auf und kann nicht mehr einschlafen.

Deklination der Adjektive

„sein" + Adjektiv:

Der Pulli ist **alt**.
Das Hemd ist **neu**.
Die Bluse ist **blau**.

Das Adjektiv hat keine Endung.

Adjektiv + Substantiv:

Der alte Pulli ist hässlich.
Das neue Hemd steht dir besser.
Die blaue Bluse war ziemlich teuer.

Das Adjektiv hat eine Endung.

„sein" + Adjektiv 5

Prinzip: Das Artikelwort bestimmt die Endung des Adjektivs.

der alte Pulli   **das** neue Hemd   mit **den** bunten Kleidern

Regel 1: Die Signal-Endung ist beim Artikelwort. → Das Adjektiv hat die Endungen „-e" oder „-en".

Regel 2 87

! Tipp
Es ist ganz leicht:
Lernen Sie die Adjektiv-Endungen visuell!

	maskulin	neutrum	feminin	Plural
Nominativ Akkusativ		**-e**		**-en**
Dativ Genitiv		**-en**		

Nominativ	**der** blaue Pulli	**das** blaue Kleid	**die** blaue Bluse	**die** blau**en** Pullis, Kleider, …
Akkusativ	**den** blau**en** Pulli	**das** blaue Kleid	**die** blaue Bluse	**die** blau**en** Pullis, Kleider, …
Dativ	**dem** blau**en** Pulli	**dem** blau**en** Kleid	**der** blau**en** Bluse	**den** blau**en** Pullis, Kleidern, …
Genitiv	**des** blau**en** Pullis	**des** blau**en** Kleids	**der** blau**en** Bluse	**der** blau**en** Pullis, Kleider, …

! Hinweis
Die Adjektive „lila" und „rosa" haben nie eine Endung:
Ich kaufe **ein rosa** Kleid. Er trug **eine lila** Krawatte.

Artikelwörter mit Signal-Endungen 85

1 Die gute, alte Zeit. Was passt zusammen?

1. Die *gute, alte* Zeit
2. Das ______ Kind
3. Der ______ Herr
4. Die ______ Augen
5. Der ______ Chef
6. Die ______ Mutter
7. Die ______ Nachrichten
8. Das ______ Examen

~~gut~~ • jung • freundlich • schlecht • nett • streng • alt • groß • fröhlich • ~~alt~~ • gut • süß • klein • schön • grau • dynamisch • schwer • blau • …

2 Ich freue mich schon sehr darauf!

Achten Sie auf den Kasus!

Wir fahren jedes Jahr an die Nordsee. Ich kenne schon alles – und ich freue mich jedes Mal darauf!

1. immer denken an – die langen Spaziergänge *Ich denke immer an die langen Spaziergänge.*
2. sich freuen auf – der schöne, lange Strand *Ich freue mich schon auf* ______
3. sich immer wieder erinnern an – der weite Himmel *Ich erinnere mich* ______
4. sich freuen auf – das gute Essen ______
5. sich freuen auf – die saubere Luft ______

3 Ich arbeite nur mit dem neuen Computer!

Margarete Stolz weiß genau, was sie will – und was sie nicht will.

1. Sie arbeitet nur mit *dem neuen Computer.*
2. Sie geht nur zu ______
3. Sie will ______ nicht – sie kauft nur Spezialitäten!
4. Ohne ______ geht sie nicht auf die Straße.
5. Sie hasst den Stress in ______

| ~~der neue Computer~~
| der teure Frisör in der Milchstraße
| die billigen Lebensmittel
| der elegante Hut
| die volle U-Bahn

4 Das Geheimnis der alten Frau. Schreiben Sie spannende Zeitungsüberschriften.

1. Das Geheimnis *der alten Frau*
2. Die Tränen ______
3. Das tragische Schicksal ______
4. Der Stolz ______
5. Das Pech ______
6. Das Glück ______

Der Besuch der alten Dame
(Drama von Friedrich Dürrenmatt)

der erfolgreiche Forscher • die alte Frau • das kleine Mädchen • die junge Familie • die jungen Eltern • der gefährliche Verbrecher

Erfinden Sie weitere Überschriften.

______

5 Büroregeln! Ergänzen Sie die Adjektive.

Achten Sie auf den Kasus!

1. Legen Sie alle Briefe immer in *die grüne Mappe!*
2. Stellen Sie die Akten immer in ______
3. Kümmern Sie sich bitte um ______
4. Schalten Sie abends bitte immer ______ aus!
5. Schließen Sie immer mit ______ ab!

| ~~die grüne Mappe~~
| der graue Schrank
| die schöne Pflanze
| das neue Kopiergerät
| der große und der kleine Schlüssel

Frau Siebert kauft jede Woche ein neues Kleid! Sie liebt schöne Kleider.

Deklination der Adjektive

Frau Siebert kauft jede Woche **ein neues** Kleid. Sie liebt **schöne Kleider**. Hier hat das Adjektiv die Signal-Endung.

Regel 2: Das Adjektiv hat die Signal-Endung, wenn
- das Artikelwort keine Endung hat: ein Kleid – ein neue**s** Kleid (da**s** Kleid)
- kein Artikelwort da ist: Kleider – schön**e** Kleider (di**e** Kleider)

Regel 1 86

Weitere Beispiele:

De**r**	kleine Junge schaukelte.	Ein fremde**r**	Junge kam auf den Spielplatz.
De**r**	Kaffee ist sehr stark.	Stark**er**	Kaffee macht mich nervös.
Da**s**	Wetter wird besser.	Gute**s**	Wetter schafft gute Laune.
Bei de**m**	Lärm kann ich nicht arbeiten.	Mit große**m**	Lärm fiel der Baum um.
Di**e**	alten Leute hatten nicht viel zu tun.	Alt**e**	Leute gehen gerne spazieren.

Adjektive nach Artikelwörtern wie *ein, mein, kein, irgendein, was für ein, ...*

	maskulin	neutrum	feminin	Plural
Nom.	mein alte**r** Baum	mein alte**s** Haus	mein**e** neue Frisur	mein**e** alten Bäume
Akk.	mein**en** alten Baum	mein alte**s** Haus	mein**e** neue Frisur	mein**e** alten Bäume
Dat.	mein**em** alten Baum	mein**em** alten Haus	mein**er** neuen Frisur	mein**en** alten Bäumen
Gen.	mein**es** alten Baums	mein**es** alten Hauses	mein**er** neuen Frisur	mein**er** alten Bäume

Hier hat das Adjektiv die Signal-Endung, in allen anderen Fällen „-en".

Adjektive ohne Artikelwort, mit Signal-Endung

Artikelwörter 85

	maskulin	neutrum	feminin	Plural
Nom.	gut**er** Geschmack	gut**es** Wetter	groß**e** Freude	alt**e** Leute
Akk.	gut**en** Geschmack	gut**es** Wetter	groß**e** Freude	alt**e** Leute
Dat.	(mit) gut**em** Geschmack	(bei) gut**em** Wetter	(mit) groß**er** Freude	(mit) alt**en** Leuten
Gen.	(ein Zeichen) gut**en** Geschmack**s**	(trotz) gut**en** Wetter**s**	(Zeichen) groß**er** Freude	(Interessen) alt**er** Leute

Hier ist das Signal am Substantiv. Das Adjektiv hat „-en". Diese Formen kommen selten vor.

1 Unterstreichen Sie die Signal-Endungen:

Sie sah ihn mit großen Augen an: Warum erzählte er jedes Mal eine andere Geschichte? Das war kein gutes Zeichen. Vielleicht hatte er ein schlechtes Gewissen? Oder er hatte ein ernstes Problem? Gab es ein persönliches Geheimnis? Zuerst fühlte sie großes Mitleid mit ihm, als er da so hilflos stand. Aber auch vorsichtige Fragen halfen nichts: Er blieb bei seiner Geschichte. In großer Wut fragte sie ihn schließlich ganz direkt …

2 Assoziationen. Schreiben Sie Ihre Assoziationen auf. Suchen Sie noch mehr Assoziationen.

1. Griechenland: *alte Kultur, warmes Klima, schöne Inseln, …*
2. USA: ____________
3. Brasilien: ____________
4. Deutschland: ____________
5. Russland: ____________

grün ● tropisch ● politisch ● alt ● schön ● schlecht ● kalt ● groß ● gut ● wirtschaftlich ● …

Wälder ● Essen ● Klima ● Macht ● Kultur ● Schlösser ● Kirchen ● Winter ● Inseln ● Größe ● Energiereserven ● …

3 Ergänzen Sie:

1. ● Fahren wir morgen an die See?
   ○ Nur bei *gutem Wetter*, bei ____________ gehen wir lieber ins Museum.
2. ● Tut mir leid, der Kaffee ist ziemlich stark geworden!
   ○ Das macht gar nichts, ich mag ____________ sehr gerne.
3. Seine Arbeit ist nach ____________ nun endlich fertig geworden.

| ~~gutes Wetter~~
| schlechtes Wetter
| starker Kaffee
| lange Mühe

4 Entwicklungen

Achten Sie auf das Genus!

1. *Der faule Schüler* wurde *ein reicher Rechtsanwalt.*
2. ____________ gewann im Lotto und wurde ____________
3. ____________ wurde renoviert und ist jetzt ____________
4. ____________ ist ____________ geworden.

| ~~Schüler, faul~~ → ~~Rechtsanwalt, reich~~
| Rentner, einsam
| → Millionär, glücklich
| Gebäude, alt → Hotel, gut
| Dorf, klein → Stadt, groß

5 Kompetente Mitarbeiter!

Wir suchen kompetente Mitarbeiter *mit langer Berufserfahrung,* ____________ 1, ____________ 2 und ____________ 3. Bitte melden bei Herrn Kunze!

| ~~Berufserfahrung, lang~~
| Qualifikation, gut; Fleiß, groß
| Einstellung, positiv

6 Das Kofferspiel. Jonas Sönke packt seinen Koffer. Was nimmt er mit? Spielen Sie mit Ihrem Partner / Ihrer Partnerin. Wiederholen Sie alle Dinge, die schon genannt wurden – bis Sie etwas vergessen!

● *Jonas Sönke packt ein grünes Hemd ein.*
○ *Er packt ein grünes Hemd und eine blaue Hose ein.*
● *Er …*

rot, blau, grün, … dick, dünn, elegant, …
lang, kurz, hell, dunkel, …

Hemd, Hose, Schuhe, …

Partizipien als Adjektive

Vorsicht! **Spielende** Kinder! Der Film war sehr **spannend**.	Mögen Sie gern **geröstete** Erdnüsse? Der Laden ist heute wegen Inventur **geschlossen**.	Partizipien kann man wie Adjektive verwenden.
Partizip I	Partizip II	

Partizip I (= Partizip Präsens)

Form: spielen-**d**-e Kinder; blühen-**d**-e Wiesen: **Infinitiv** + ***-d*** (+ Endung)
Bedeutung: *etwas passiert gleichzeitig mit einer anderen Sache:*
Auf der Straße sahen wir spielende Kinder. = Wir sahen: Die Kinder spielten gerade auf der Straße.

Das ist ein sehr **beunruhigender** Bericht.	*dieser Bericht beunruhigt (mich) sehr*
Gestern kam es zu einer **überraschenden** Entwicklung.	*diese Entwicklung hat alle überrascht*
Das Auto näherte sich mit **rasender** Geschwindigkeit.	*das Auto näherte sich sehr schnell*

Partizipien I stehen meistens **vor** dem Substantiv und haben Adjektiv-Endungen.
Manche Partizipien I können auch idiomatisch mit „sein" oder anderen Verben verwendet werden.
Dann haben sie keine Endung: Das Kleid ist ja **entzückend**! (*sehr hübsch*). Sie sah ihn **strahlend** an.

Partizip II (= Partizip Perfekt)

Vor einem Substantiv hat das Partizip II die Adjektiv-Endungen. Es hat meistens eine Passiv-Bedeutung.

In der **zerstörten** Stadt gab es kaum Lebensmittel.	*die Stadt war zerstört (man hat sie zerstört)*
Ich kann sie sogar durch die **geschlossene** Tür hören.	*die Tür ist geschlossen / die Tür ist zu*
Der auf Gleis 3 **eingefahrene** Zug fährt nach Rostock.	*der Zug ist auf Gleis 3 eingefahren*

Form des Partizip II (Partizip Perfekt) **40, 42 44, 45**

Adjektiv-Endungen **86, 87**

Man verwendet das Partizip II auch oft mit „sein". Dann hat es keine Endung.

Du **bist** aber **schick angezogen**!	*deine Kleidung ist schick*
So, jetzt **ist** alles **vorbereitet** – die Party kann beginnen.	*alles ist fertig*
Kompliment! Die Konferenz **war** wirklich **gut organisiert**!	*die Konferenz ist gut organisiert worden*

! Hinweis
Man kann das Partizip II auch mit anderen Verben verwenden:
Er **blickte erstaunt** um sich.

1 Aber das ist doch schon gemacht!

1. Schließen Sie bitte die Tür! → *Aber die Tür ist doch schon geschlossen!*
2. Räumt bitte die Küche auf. → ______
3. Erledigen Sie bitte die Korrespondenz! → ______
4. Ich muss jetzt das Auto waschen. → ______

2 Der Vogel flog durch das geöffnete Fenster herein. Ergänzen Sie die Partizipien. Achten Sie auf die Endungen.

Der Vogel flog durch das *geöffnete* Fenster herein. Er setzte sich direkt auf den ______ 1 Tisch und schaute mit ______ 2 Augen um sich. Das ______ 3 Besteck glänzte, die frisch ______ 4 Tischdecke duftete. Da hörte der Vogel menschliche Stimmen durch die ______ 5 Tür – und flog schnell wieder hinaus ins Freie.

~~geöffnet~~ • geputzt • geschlossen • gedeckt • gewaschen • erschreckt

3 Schreckensvisionen. Was passt? Achten Sie auf die Endungen.

~~Kinder~~ • Wasserhähne • ein Chef • Milch • Regen • ein Hund

schreiende Kinder, ______
______
______

überkochend • ~~schreiend~~ • strömend • bellend • brüllend • tropfend

4 Idylle

~~Ein Kind, das lacht~~; Kühe, die grasen; eine Sonne, die strahlt; Vögel, die singen; ein Bach, der plätschert; Wiesen, die blühen, …

ein lachendes Kind, ______
______
______

5 Momentaufnahme. Setzen Sie die Partizipien an die passende Stelle.

Sie saßen <u>schweigend</u> am Tisch. Die Geräusche der Straße füllten den Raum: | ~~schweigend~~
Ein Motorrad fuhr vorbei, eine Frau schrie aus einem Fenster im Nachbarhaus. | knatternd, aufgeregt
Ein Flugzeug flog über sie hinweg. Ein Hund lief hinter einem anderen Hund | donnernd, bellend
her. Sie blickten sich an: Es gab nichts mehr zu sagen! | erschöpft

6 Sprichwörter. Wie heißen die Sprichwörter? Finden Sie die richtigen Paraphrasen zu den Sprichwörtern.

1. Schlafende Hunde	ist halb gewonnen.	*Schlafende Hunde soll man nicht wecken.*
2. Aufgeschoben	verlassen das sinkende Schiff.	______
3. Frisch gewagt	ist nicht aufgehoben.	______
4. Die Ratten	soll man nicht wecken.	______

a. Wir können es jetzt nicht machen, aber wir machen es auf jeden Fall. ______
b. Wer mutig anfängt, hat schon einen wichtigen Teil geschafft. ______
c. Jetzt ist nichts mehr zu retten. ______
d. Man sollte sich keine zusätzlichen Probleme machen. *1.d*

Adjektive und Partizipien als Substantive

das Neueste, der / die Geliebte,
der / die Angestellte, der / die Studierende, …

Man kann Adjektive und Partizipien als Substantive verwenden.

Sie behalten auch als Substantive ihre Adjektiv-Endungen:

Adjektiv-Endungen 86, 87

maskulin	neutrum	feminin
de**r** Angestellte – ein Angestellte**r**	da**s** Beste – mein Beste**s**	di**e** Bekannte – ein**e** Bekannt**e**

Es gibt nichts Gutes, außer man tut es!

Adjektiv als Substantiv

Personen	Adjektive
der/die Deutsch**e** (ein Deutsche**r**, ein**e** Deutsch**e**)	deutsch
der/die Bekannt**e** (ein Bekannte**r**, ein**e** Bekannt**e**)	bekannt
der/die Arbeitslos**e** (ein Arbeitslose**r**, ein**e** Arbeitslos**e**)	arbeitslos
der/die Jugendlich**e** (ein Jugendliche**r**, ein**e** Jugendlich**e**)	jugendlich

Ebenso: der/die Verwandte, der/die Fremde, der/die Kranke, der/die Schlaue, der/die Adelige, …

Abstrakte Konzepte (immer neutrum)	Adjektive
das Gute, das Schlechte, das Schöne, das Alte	gut, schlecht, schön, alt
das Neueste, das Schönste, das Beste (Superlativ)	neu, schön, gut

Partizip I als Substantiv

	Partizip I
der/die Studierend**e** (ein Studierende**r**, ein**e** Studierend**e**)	studierend
der/die Reisend**e** (ein Reisende**r**, ein**e** Reisend**e**)	reisend

Ebenso: der/die Vorsitzende, der/die Alleinerziehende (*jemand, der/die ein Kind allein aufzieht*)

Partizip II als Substantiv

	Partizip II
der/die Angestellt**e** (ein Angestellte**r**, ein**e** Angestellt**e**)	angestellt
der/die Vorgesetzt**e** (ein Vorgesetzte**r**, ein**e** Vorgesetzt**e**)	vorgesetzt

Ebenso: der/die Verheiratete, der/die Bekannte, der/die Verletzte, der/die Behinderte, …
Aber: der Beamt**e**, ein Beamte**r**; die Beamtin, eine Beamtin (Partizip: beamtet)

1 Der Fremde. Finden Sie die Adjektive und Partizipien zu den unterstrichenen Substantiven.

Es war schon spät, und die *Angestellten* wollten gerade gehen. Da betrat ein Fremder ___1 den Laden. Er hatte etwas Besonderes ___2 an sich, aber es war schwer zu sagen, was so besonders an ihm war: Seine enorme Größe ___3? Das leuchtende Weiß ___4 seiner Haare? Die Schärfe ___5 seiner Stimme? Er sah aus wie ein Reisender ___6, der schon lange nicht mehr an einem Ort gewohnt hatte. Das Komischste ___7 an ihm war jedoch, dass er gar nichts kaufen wollte.

angestellt
___
___
___
___
___
___

2 Weisheiten. Setzen Sie die Adjektive und Partizipien als Substantive in den Text ein.

1. Der *Faule* kommt nicht weit – dem ___ öffnen sich die Türen. | ~~faul~~, fleißig
2. Den ___ gehört das Himmelreich, den ___ die halbe Welt. | arm, reich
3. Jeder ist fast überall auf der Welt ein ___. | fremd
4. Manchmal will man nur ___ und schafft doch nur ___. | gut, schlecht
5. ___ soll man nicht aufhalten. | reisend

3 Nur Superlative

1. ● Du bist so verständnisvoll! ○ Das ist das *Schönste*, was ich seit langem gehört habe. | ~~schön~~
2. In der Prüfung ist es das ___, die Nerven zu behalten. | wichtig
3. Der Krieg ist für viele Menschen das ___, was sie je erlebt haben. | schlimm
4. Dass ich ihn getroffen habe, ist das ___, was mir passieren konnte. | gut

4 Sehr geehrter Vorsitzender .... Ergänzen Sie die Substantive. (Wandeln Sie die Verben in Partizipien I (P I) oder Partizipien II (PII) um.)

Sehr geehrter *Vorsitzender*, liebe Anwesende, | ~~vorsitzen~~ (PI)
unser Staat ist unsozial! Den Unternehmern, den ___1 und | anstellen (PII)
den ___2 geht es gut – aber was sagt dazu ein ___3 | beamten (PII), arbeitslos
oder ein einfacher Arbeiter? Die ___4 und ___5 in unserer | krank, alt
Gesellschaft leben heute schlechter als vor zehn Jahren. Unsere Steuern sind
ungerecht: die ___6 können mehr Steuern sparen | verheiraten (PII); allein er-
als eine ___7 (oder ein ___8), | ziehen, allein erziehen (PI)
wo bleibt da die Gerechtigkeit? Unsere ___9 verlieren die Hoffnung, | jugendlich
weil es keine Stellen für sie gibt – das kann so nicht weitergehen!

5 Wahl-Taktik. Sie sind Politiker. Wer ist Ihre Zielgruppe? Um wen brauchen Sie sich nicht zu bemühen?

Wir müssen uns um *die Studierenden* bemühen – die werden mal sehr einflussreich.

Um *die Alten* brauchen wir uns nicht zu bemühen – die haben schon eine feste Meinung. ...

~~studieren~~ ● anstellen ● ~~alt~~ ● behindert ● jugendlich ● begabt ● krank ● reich ● arm ● verheiratet ● ...

Das Publikum war von dem Konzert ganz begeistert.

Adverbien der Verstärkung und Fokussierung

Das Publikum war von dem Konzert **ganz begeistert**.	„ganz" kann die Bedeutung von Adjektiven verstärken oder abschwächen.
Nur der Dirigent hat mir nicht gut gefallen.	„nur" fokussiert die Aufmerksamkeit auf ein Substantiv, Pronomen oder Adverb.

Verstärkung von Adjektiven

sehr (betont)	Vielen Dank für diesen Tipp – das ist ein **sehr interessanter** Roman!
besonders	Das war heute ein **besonders schönes** Konzert – so etwas habe ich selten gehört.
ganz (betont)	Du hast ja eine **ganz nette** Freundin – wirklich sehr sympathisch.
ziemlich	Ich habe **ziemlich wenig** verstanden. Das ist eine **ziemlich gute** Arbeit. (*relativ gut*)
recht	Es war eine **recht kurze** Fahrt. (*relativ kurz*)

Aber: Ich möchte Ihnen **recht herzlich** danken. = Ich möchte Ihnen **ganz herzlich** danken.
Mündlich sagt man auch oft: **total nett**, **super**, **schön**, ...

Abschwächung von Adjektiven

ganz (unbetont)	Ich fand das Konzert **ganz nett**. (Betonung auf „nett": *ich bin nicht so begeistert*)
einigermaßen	Hier drinnen ist es **einigermaßen warm**. (*es ist nicht sehr warm, es geht gerade*)
etwas	Lange bleibe ich nicht mehr wach, ich bin schon **etwas müde**. (*ein bisschen müde*)
nur	Seltsam: Das Konzert war toll – aber der Beifall war **nur schwach**. (schwach ist betont)

Mit der Negation („nicht", „gar nicht") kann man diese Adjektive verneinen.

Negation 17

Fokussierung von Substantiven, Pronomen und Adverbien

nur	Das Konzert war gut – **nur der Dirigent** hat mir nicht gefallen. (*er allein*) Ich gehe jeden Tag in die Bibliothek – **nur dort** kann ich mich konzentrieren.
auch	Immer kaufen **wir** ein, ich finde, **auch du** kannst das jetzt mal machen! („wir" und „du" sind betont)
sogar	Dieses Computerprogramm ist wirklich nicht schwer – **sogar Bernhard** hat es ganz schnell gelernt. („Bernhard" ist betont: *von dem erwartet man das normalerweise nicht*) (Vorsicht: „sogar" kann in dieser Bedeutung beleidigend wirken!)

1 Prima Party. Verstärken Sie die Aussagen.

Also, Katja, das muss ich dir erzählen – gestern war ich auf einem ganz tollen Fest. Die Leute waren alle nett, die Musik hat mir gut gefallen, und das Essen war lecker. Klar, dass ich gute Laune hatte! Und – ich hab' auch eine sympathische Frau kennen gelernt. Wir haben uns lange unterhalten. Vielleicht ruft sie bald an? Am Ende vom Fest waren alle müde – ich wäre auf dem Heimweg fast in der U-Bahn eingeschlafen!

2 Enttäuschungen. Welches Adverb passt wohin? Manchmal gibt es mehr als eine Lösung.

ziemlich ● ~~ganz~~ ● etwas ● ganz ● nur

1. Der Film war ja ganz interessant – aber ich habe schon bessere gesehen.
2. Ich hatte die Präsentation sehr gut vorbereitet – aber das Interesse war schwach.
3. Der neue Kollege ist nett – manchmal aber auch stressig.
4. Wenn fremde Leute zu Besuch kommen, sind unsere Kinder immer schüchtern.

3 Nur hier kann man sich richtig entspannen. Formulieren Sie die Sätze mit „nur", „auch", „sogar".

1. Kommen Sie zu uns auf die Trauminsel – *nur hier kann man sich richtig entspannen.*
   (hier, sich richtig entspannen können)
2. Hier entwickeln Sie endlich wieder Lebensfreude – (Pessimisten, die Zukunft wieder positiver sehen)
3. Die Inselbewohner freuen sich auf Sie – (bei uns, solche Gastfreundschaft finden können)
4. Der Strand ist nicht die einzige Attraktion – (die Hügel mit ihren tropischen Wäldern, ein wahres Paradies sein)

4 Ein schreckliches Restaurant. Sie berichten einem Freund / einer Freundin über einen schrecklichen Restaurant-Besuch. Benutzen Sie die Adjektive mit verstärkenden Adverbien.

~~schrecklich~~ ● hoch ● scheußlich ● arrogant ● ungemütlich

Geh bloß nicht in das Restaurant „Alte Eiche":
Der Service ist *ganz schrecklich,* ____
die Bedienung ist ____
das Essen schmeckt ____
der Raum ist ____, und trotzdem sind
die Preise ____

Jetzt berichten Sie einem Freund / einer Freundin über ein ganz tolles Restaurant. Benutzen Sie diese Adjektive mit verstärkenden Adverbien: gemütlich, freundlich, hervorragend, niedrig, gut.

5 Fragen und Antworten. Fragen Sie Ihren Partner / Ihre Partnerin:

Film (sehen) ● Konzert (besuchen) ● Kunstausstellung (ansehen) ● Ausflug (machen) ● Party (gehen auf) ● Deutschstunde ● Urlaub ● …

● *Wie hat Ihnen der letzte Film gefallen, den Sie gesehen haben?*
○ *Der hat mir sehr gut / ziemlich gut / nicht sehr gut / gar nicht gefallen.*

● *Wie fanden Sie … / Wie war …*
○ *Den fand ich … / Der war …*

Pronomen

● Siehst du **den** Mann dort drüben? ○ Warte mal, **den** kenne ich doch. Wie heißt **er** nur?

Artikel

Demonstrativ-Pronomen
oft betont
meistens auf Position I

Text-Pronomen
meistens unbetont
oft in der Satzmitte

Personalpronomen 3, 16, 56

der, das, die als Pronomen

Schau mal, da vorne, was ist **das**?	*Bezug auf etwas, das man sieht*
● Wie heißt nur der Mann da vorne? ○ **Das** weiß ich auch nicht.	*Bezug auf eine ganze Aussage*
Es war einmal ein kleiner Junge, **der** hatte keine Eltern mehr.	*Bezug auf konkrete Substantive*
● Wir müssen uns noch bei Kai und Uta bedanken. ○ Bei **denen** haben wir uns doch schon bedankt, aber bei Martina noch nicht! (Unbetont auch möglich: ○ Wir haben uns schon bei **ihnen** bedankt.)	

! Hinweis
Artikel: den
Pronomen: **denen** (wie Relativ-Pronomen)

einer; keiner als Pronomen

Ihr könnt nicht alle mitkommen – **einer** muss hier bleiben und aufräumen.	*Auswahl aus Menge*
● Mögen Sie noch ein Stück Kuchen? ○ Ja, gerne, ich esse gerne noch **eins**.	*Bezug auf Substantive mit Indefinit-Artikel*
● Und Sie? ○ Nein, vielen Dank, für mich **keins** mehr, ich bin satt!	
● Ich brauche eine Briefmarke. Hast du eine? ○ Nein, ich habe **keine**.	*Negation*
Ich habe keine Briefmarken mehr. Kannst du mir **welche** leihen?	Plural: welche

Pronomen haben immer die Signal-Endungen:

	maskulin	neutrum	feminin	Plural	maskulin	neutrum	feminin	Plural
Nom.	der	das	die	die	einer	ein(e)s	eine	**welche**
Akk.	den	das	die	die	einen	ein(e)s	eine	**welche**
Dat.	dem	dem	der	**denen**	einem	einem	einer	**welchen**
Gen.	(dessen)	(dessen)	(deren)	(deren)	–	–	–	–

Ebenso: dieser, … jener, …; mancher, …; jeder, …; alle; welcher, …

Ebenso: keiner, …; meiner, …, deiner, …, seiner, …, ihrer, …; irgendeiner, …; was für einer, …

Artikelwörter 85
Verwendung der Pronomen 92 – 94

1 Kollegen und Kolleginnen. Verwenden Sie „einer, eine".

● Ich habe nur Männer als Kollegen – sie sind sehr verschieden. *Einer* ist verheiratet und hat drei Kinder, ________ 1 ist schon über 60 und geht bald in Rente, und ________ 2 ist jung und unternehmungslustig.

○ Komisch, und ich habe nur Kolleginnen. ________ 3 ist so alt wie ich, wir verstehen uns gut, ________ 4 ist Mitte 30 und hat ganz andere Interessen, und ________ 5 ist Ende 50 – die ist immer ganz mütterlich zu mir.

✲ Meine Kollegen sind sehr nett – nur mit ________ 6 verstehe ich mich nicht sehr gut. Aber so ________ 7 gibt es in jedem Büro.

2 Der, das, die. Ergänzen Sie „der, das, die" als Pronomen. Achten Sie auf den Kasus.

Kennen Sie den?
(Idiomatische Wendung beim Witzeerzählen)

1. ● Hast du Demir und Sabrina schon zum Fest eingeladen?
   ○ Ja, *die* haben auch schon zugesagt.
2. ● Ich finde, mit Männern kann man über vieles nicht reden – ________ interessieren sich nicht für persönliche Dinge.
   ○ Da sind meine Freunde aber anders. Mit ________ kann ich mich sehr gut über Privates unterhalten.
3. ● Wir müssen Frau Kuczinski noch eine Einladung schicken.
   ○ ________ hab ich doch schon längst eine geschickt!
4. ● Gestern habe ich mich beim Geschäftsführer der Firma beschwert.
   ○ Bei Herrn Heiter? Bei ________ habe ich mich auch schon mal beschwert, das nutzt nichts.

3 Annehmen oder ablehnen? Antworten Sie mit „einer, eines, eine" oder „keiner, keines, keine".

1. ● Darf ich Ihnen noch ein Stück Kuchen anbieten?
   ○ Ja, vielen Dank, *ich nehme gerne noch eines.*
   ○ Nein, vielen Dank, ich kann wirklich ________ mehr essen.
2. ● Möchten Sie noch eine Tasse Kaffee?
   ○ Ja, vielen Dank, ________.
   ○ Nein, vielen Dank, aber ich vertrage wirklich ________ mehr.
3. ● Darf ich Ihnen noch ein paar Pralinen anbieten?
   ○ Ja, vielen Dank, ich esse gerne noch ________.
   ○ Das ist sehr nett von Ihnen, aber ich vertrage ________ mehr.
4. ● Hätten Sie noch gerne einen Keks?
   ○ Ja, danke, ich nehme gerne noch ________.
   ○ Nein danke, ich kann wirklich ________ mehr essen.

4 Geheimnisse. Herr Braun ist beim Geheimdienst. Ständig muss er seine Mitarbeiter ermahnen.

Außer Ihnen darf das *keiner* wissen. Bitte ________ 1 etwas davon sagen! Reden Sie mit ________ 2 darüber! Informieren Sie nur mich – sonst ________ 3 ! Passen Sie gut auf diese Dokumente auf , es darf ________ 4 verloren gehen! Warum erfahre ich das jetzt erst, wieso hat mich ________ 5 darüber informiert?

welcher, ...? – der, ... / dieser, ...

- Es gibt <u>zwei Züge</u> ... **Welchen** nehmen wir? ○ **Den** späteren ...
- Hier sind <u>unsere Armreifen</u>. **Welcher** gefällt Ihnen denn am besten?

○ **Dieser** hier, der ist schön schlicht.

Auswahl aus konkreter Menge: A, B oder C? → Antwort: der / dieser

was für einer, ...? was für welche? – ein, ... / irgendein, ...

- Wir brauchen einen neuen Herd. Können Sie uns beraten?

○ Ja, gerne. **Was für einen** wollen Sie – einen Gasherd oder einen Elektroherd?

- Ich habe mir endlich Handschuhe gekauft. Prima! **Was für welche** denn? ○ Echte Fellhandschuhe, für den Winter!
- **Was für eine Postkarte** nehmen wir? Das ist mir egal, nimm **irgendeine**.

Frage: Was für eine Art / Was für einen Typ? → Antwort: ein / irgendein Plural: welche

dieser, ... jener, ... im Text

Wir leben in einer Informationsgesellschaft, aber wir reden immer weniger in Ruhe miteinander. Viele Menschen bemerken **dies(es)**, aber sie können **es** nicht ändern. (*bezieht sich auf den Vorsatz*)

Er traf zwei alte Bekannte: <u>Moritz Wohlmann</u> und <u>Karl Knapp</u>. **Dieser** war sehr reich, aber **jener** hatte gerade genug zum Leben.
(dieser: *Bezug auf die ‚nahe' Aussage*; jener: *Bezug auf die Aussage, die weiter weg steht*)

- Nimmst du den Regenschirm mit? ○ **Diesen** hier? (*es ist nicht klar, welchen*)

Deklination der Pronomen 91

Das sagt man oft:

Ich muss noch **dieses oder jenes** erledigen. (*einige Dinge*)
Dieser oder jener stimmte mir zu. (*einige Leute*)

1 Was passt?

1. ~~Ich möchte ein Fahrrad kaufen.~~
2. Ich komme mit dem Computer einfach nicht zurecht.
3. Hier ist ein blaues Hemd, und hier ist ein weißes.
4. Diese Musik-Band mag ich gar nicht.
5. Du kannst mit meinem oder mit Pauls Fahrrad fahren.
6. Mein Freund ist leider ein Fußball-Fan.

a. Mit was für einem arbeitest du denn?
b. ~~An was für eines denken Sie denn?~~
c. Mit welchem fährst du lieber?
d. Was für eine gefällt Ihnen denn?
e. Für welchen Verein ist er denn?
f. Welches gefällt Ihnen besser?

1.b ______ ______ ______ ______ ______

2 Unentschlossen. Setzen Sie „welcher, ...“ oder „was für einer, ...“ ein.

Achten Sie auf den Kasus!

1. Ich will in ein Restaurant gehen – aber in *was für eines* ? Ein indisches? Ein griechisches? ...
2. Soll ich den roten oder den blauen Mantel kaufen – ich weiß nicht, ______ mir besser steht.
3. Ich brauche eine neue Frisur – aber ______?
4. Wenigstens weiß ich, dass ich im Sommer ans Meer will – nur an ______?
5. Zwei Männer wollen mich heiraten – der eine ist groß und intelligent, der andere reich und charmant. ______ soll ich nur nehmen?

3 Was für einer / Welcher? Ergänzen Sie die Lücken und formulieren Sie Fragen.

1. Wenn du einkaufst, bring bitte *einen* Saft mit! *Was für einen denn?*
2. Gestern sind wir in ______ Konzert gegangen. ______
3. Simon hat sich mit ______ Bruder gestritten. ______
4. Ute und Jakob haben ______ Auto gekauft. ______

4 Dieser hier?

1. ● Ist hier zufällig mein Mantel abgegeben worden?
   ○ Ist es vielleicht *dieser* hier? ● Nein, der ist ja viel zu klein!
2. ● So, Herr Maier, dann setzen Sie sich mal an einen Computer.
   ○ An ______ hier? Das ist ganz egal, wo Sie wollen.
3. Hier sehen Sie also unsere besten Waschmaschinen. ● Bei ______ hier sparen Sie Wasser und Energie, die andere hat mehr Funktionen.

5 Bezüge. Worauf bezieht sich „dieser“? Unterstreichen Sie. Worauf bezieht sich „jener“? Umkreisen Sie.

1. Auf dem Tisch lagen zwei Bücher: Eines über mittelalterliche Geschichte, das andere über die Zeit nach 1945. Dieses nahm sie in die Hand und blätterte darin.
2. Sie kamen an eine Kreuzung. Ein Weg ging in den Wald, der andere führte zurück in die Stadt. Auf diesem gingen sie weiter.
3. Er traf Frau März und Frau Pollak jeden Tag auf dem Weg zur Arbeit. Mit dieser verstand er sich recht gut, jene war ihm unsympathisch.

93 Das ist meins.

meiner, mein(e)s, meine, …

● Ist das dein Boot? ○ Ja, das ist **mein(e)s**. ● Ich habe meine Tasche vergessen. ○ Ist das hier **Ihre**? Nehmen wir lieber unser Auto, mit **eurem** ist mir das zu riskant – es ist sehr alt.	*Besitz / Zugehörigkeit*

jeder, …, alle; alles

● Wenn die ganze Familie zusammen ist, will **jeder** immer etwas anderes machen. ○ Das ist bei uns ganz anders: Bei uns vertragen sich **alle** sehr gut.	*jeder Einzelne* *die ganz Gruppe*
● Weiß Frau Simon Bescheid? ○ Ja, ich habe gestern **alles** mit ihr besprochen. ● Haben Sie noch einen Wunsch? ○ Nein, vielen Dank, das ist **alles**.	*alle Dinge* *ich habe alles*

! Hinweis
Wenn nur Frauen gemeint sind, verwendet man „jede" oder „jede Frau" statt „jeder":
In der Frauengruppe berichtete **jede** (**jede Frau**) über **ihre** Erfahrungen.

mancher, …; einiges, einige; vieles, viele; wenige; beide(s)

Es kamen viele Leute zu der Demonstration. **Manche** hatten Transparente dabei. Ich kannte viele Gäste auf der Party, **manchen** aber war ich noch nie begegnet.	*einige, eine Minderheit*
Ich habe vor vielen Jahren Deutsch gelernt – **einiges** habe ich schon wieder vergessen. Mir gefallen alle Lieder auf dieser CD, aber **einige** finde ich besonders toll.	*ein paar Dinge* *ein paar*
Meine Mutter sagte immer: „**Vieles** im Leben versteht man erst, wenn man älter ist." Vor der Wahl hofften viele Menschen auf eine Veränderung. Danach waren **viele** enttäuscht, denn so hatten sie sich das nicht vorgestellt. Nur **wenige** waren zufrieden.	*viele Dinge* *eine große Zahl* *eine kleine Zahl*
Die Menschen glaubten lange Zeit, dass die Erde eine Scheibe ist und dass sich die Sonne um die Erde dreht. **Beides** ist falsch. Ich habe zwei Schwestern. **Beide** studieren in Kiel.	*sowohl A als auch B*

derselbe, dasselbe, dieselbe

Deklination der Pronomen 91

Vor einem Jahr wurde Martin Mahler von der Firma entlassen. Seitdem ist er nicht mehr **derselbe**, er ist depressiv und mutlos. Siehst du die Katze dort? Es ist **dieselbe**, die immer an unser Fenster kommt.	*Identität*

! Hinweis
Die Deklination von „derselbe, dasselbe, dieselbe" ist wie die Deklination von „der, das, die" + Adjektiv:
d**er**selb**e**, d**en**selb**en**, d**em**selb**en**, …; d**ie**selb**e**, d**er**selb**en**, …; d**as**selb**e**, d**em**selb**en**, …

Pronomen (3): *meiner; jeder, alle; mancher; einige, wenige, viele, beide; derselbe*

1 Nein, das ist meins!

Lukas ist drei Jahre alt. Er denkt, dass alle Sachen ihm gehören.

1. Gib mir das Buch – das ist *meins.*
2. Das ist nicht dein Bär – das ist ___________
3. Ich will die Tasche haben – das ist ___________
4. Ich will jetzt die Nudeln essen – das sind ___________

2 Ist das Ihrer?

1. ● Der Hund sieht aber gefährlich aus – ist das etwa *Ihrer* (Sie) ?
   ○ Nein, nein, das ist nicht ___________ (ich), der gehört meiner Nachbarin. Die ist gerade im Urlaub.
2. Ich würde gerne Weihnachten mit meiner Familie feiern – mit ___________ (du) haben wir letztes Jahr schon gefeiert!
3. Ich arbeite lieber mit meinem Computer – mit ___________ (Sie) kenne ich mich nicht aus.
4. Unser Vermieter ist eigentlich recht nett – nicht so wie ___________ (ihr).

3 Veränderungen

manch- ● all- ● viel- (2x) ● einig-

Vieles auf der Welt ist ungerecht. Man kann leider nicht ___________ 1 ändern, aber wenn ___________ 2 sich bemühen, wird sich ___________ 3 verbessern. Leider haben ___________ 4 kein Interesse daran, etwas zu verbessern.

4 Geheimnisse. Setzen Sie „jeder" und „alles" ein. Achten Sie auf den Kasus!

1. Wenn *jeder* ___________ ___________ sagen würde, gäbe es keine Geheimnisse mehr.
2. Wenn keiner mehr mit dem anderen reden würde, dann wäre ___________ ein Geheimnis, und ___________ wäre ganz allein.

5 Immer dasselbe! Formulieren Sie mit „derselbe, dieselbe, dasselbe". Achten Sie auf den Kasus!

Meine Freundin muss immer dasselbe haben wie ich – es ist wirklich schlimm!

1. Ich kaufe mir ein neues Kleid – am nächsten Tag hat sie *dasselbe*.
2. Neulich habe ich einen neuen Hut geschenkt bekommen – jetzt hat sie auf einmal ___________.
3. Gerade habe ich schöne Blumen auf das Fensterbrett gestellt – und schon stehen bei ihr ___________.
4. Zum Glück gibt es meinen Mann nur einmal – sonst hätte sie am Ende auch ___________.

6 Ein schöner Tag. Formulieren Sie mit „jeder".

An manchen Tagen habe ich einfach Glück:

1. *In der U-Bahn lächelt mich jeder an.* | ~~In der U-Bahn, mich, anlächeln~~
2. ___________ | Im Büro, ich, mich gut verstehen mit
3. ___________ | Auf dem Heimweg, ich, umarmen können
4. Und auch meine Töchter sind brav – ___________ | deshalb, ein Geschenk mitgebracht

jemand, niemand

Ich suche **jemand(en)**, der mit mir musiziert.	*eine Person (ich weiß noch nicht, wer)*
Kann mir **jemand** sagen, wie das Verb *wollen* konjugiert wird?	
Ich kenne **niemand(en)**, dem ich vertrauen kann.	*keine Person*

	jemand	Abkürzung	niemand	
Nom.	jemand	jd.	niemand	
Akk.	jemand(en)	jdn.	niemand(en)	Akkusativ und Dativ:
Dat.	jemand(em)	jdm.	niemand(em)	Die Endungen sind nicht obligatorisch.
(Gen.)	(jemandes)	jds.	(niemandes)	

Man verwendet maskuline Relativ-Pronomen, um sich auf „jemand" zu beziehen:
Ich suche **jemanden, der** mit mir musiziert./ … , **dem** ich vertraue /… , **dessen** Name mit A beginnt.
Wenn man explizit Frauen meint, sagt man besser: Wir suchen **eine Frau, die** mit uns musiziert.

man, einen, einem

In Deutschland sagt **man** „Januar", in Österreich „Jänner".
- Ich bin gut versichert, **man** weiß ja nie, was **einem** passieren kann.
- Gestern war ich auf dem Ausländeramt – also da behandeln sie **einen** nicht besonders freundlich!

! Hinweis
Akkusativ, Dativ: „einen", „einem" statt „man"

etwas (was), nichts

Ich gehe einkaufen. Brauchst du noch (irgend) **etwas**?	*eine Sache (nicht genau definiert)*
● Du siehst aber deprimiert aus. Ist **etwas** (**was**) passiert?	
○ Nein, es ist **nichts** passiert, ich habe nur eine Grippe.	*keine Sache*
● Soll ich dir mal **was** (**etwas**) **Komisches** erzählen?	„etwas" / „nichts" + Adjektiv
○ Nein, bitte **nichts Komisches**, ich bin nicht in der richtigen Stimmung!	→ Substantiv (neutrum)

! Hinweis
„etwas" (mündlich oft „was") und „nichts" werden nicht dekliniert.

1 Träume. Setzen Sie „jemand" ein. Achten Sie auf den Kasus!

1. *Jemand*, der mir meine Träume erfüllt. 2. Sich jeden Tag über ______ freuen können. 3. Von ______ so richtig gemocht werden. 4. Mit ______ alles teilen können. 5. Sich bei ______ wohl fühlen. 6. ______ ganz und gar vertrauen können.

2 Großzügigkeit

einem • einen • man

1. *Man* bietet gerne seine Hilfe an.
2. ______ freut sich, wenn ______ etwas geschenkt wird, aber ______ erwartet es nicht.
3. ______ nimmt sich Zeit, wenn andere ______ brauchen.

3 Sehnsucht und Einsamkeit. Verwenden Sie „man-einen", „jemand", „niemand".

Man fühlt sich einsam, weil ______ ______ hat und weil ______ ______ versteht. So sucht ______ verzweifelt ______, der ______ endlich glücklich macht.

4 Ich mag Menschen, die .... Was für Menschen mögen Sie – was für Menschen mögen Sie nicht? Verwenden Sie „einen / einem".

1. halten zu 2. sehr direkt sein mit 3. schnell Vertrauen haben zu 4. auch mal kritisieren 5. sich interessieren für 6. ernst nehmen 7. zuhören 8. in die Augen schauen

1. *Ich mag Menschen, die zu einem halten.*

Fragen Sie auch Ihren Partner / Ihre Partnerin, was für Menschen er / sie mag.

5 Etwas Lustiges. Erzählen oder schreiben Sie.

~~etwas Lustiges~~ • etwas Peinliches • etwas Angenehmes • etwas Eigenartiges • etwas Tolles • etwas Dummes • ...

eine Gehaltserhöhung bekommen • eine private E-Mail an den Chef / die Chefin schicken • den Bus verpassen • zum Essen eingeladen werden • von einem Unbekannten / einer Unbekannten umarmt werden • ~~mit einem Filmstar verwechselt werden~~

1. Stell dir vor, gestern ist mir etwas Lustiges passiert: Ich bin mit einem Filmstar verwechselt worden. / Jemand hat mich mit einem Filmstar verwechselt.

6 Und dir / Und Ihnen? Fragen Sie Ihren Partner / Ihre Partnerin:

Ist dir (Ist Ihnen) in letzter Zeit etwas Komisches (Lustiges, ...) passiert? Erzähl mal! (Erzählen Sie mal!)

Der zweite Versuch war erfolgreich.
Sie war glücklich!

Ordinalzahlen, Datum

der erste Versuch	–	ein zweiter Versuch
das dritte Haus	–	ein vierter Mann
die fünfte Aufgabe	–	eine fünfte Aufgabe

Ordinalzahlen sind Adjektive.
Sie haben Adjektiv-Endungen.

Adjektiv-Endungen 86, 87

Form der Ordinalzahlen

Zahlen 9

	Zahl + -te	1. – 19.	Zahl + -ste	ab 20.
der, das, die	**erste** …	1.	zwanzig**ste** …	**20.**
	zweite …	2.	einundzwanzig**ste** …	**21.**
	dritte …	3.	zweiundzwanzig**ste** …	**22.**
	vierte …	4.	…	…
	fünfte …	5.	hundert**ste** …	**100.**
	sechste	6.	hundert**erste** …	**101.**
	…	…	hundertzweite …	**102.**
	zehnte …	10.	hundertdreißig**ste** …	**130.**
	…	…	…	…
	neunzehn**te**	19.	tausend**ste** …	**1000.**

! Hinweis
Als Ziffer schreibt man Ordinalzahlen mit einem Punkt:
1. 2. 3.

der, das, die vorletzte …
der, das, die letzte …

Man schreibt:

der erste Versuch, der zweite …, dritte …, … zwölfte Versuch der 13. Versuch, der 14. … , der 20. Versuch	von 1.– 12.: Ordinalzahl als Wort ab 13.: Ordinalzahl als Ziffer
1.10.2000 (erster Zehnter zweitausend) am 21.1.2000 (am einundzwanzigsten Ersten zweitausend) Berlin, 3.4.2000 (Berlin, den dritten Vierten zweitausend)	Datum: geschrieben meistens als Ziffer

Datum 10

Ordinalzahlen als Pronomen:
der Erst**e** / **e**in Erst**er**, der Zweite, der Dritte … der Letzte (Großschreibung!)
Zahl-Adverbien:
erstens, zweitens, drittens, viertens, fünftens, sechstens, siebtens, achtens, … (geschrieben: 1. 2. 3.)

Das sagt man oft:

Die Letzten werden die Ersten sein.

Ich versuche das jetzt schon **zum dritten Mal. Am ersten Januar** ist hier Feiertag.
Erstens habe ich keine Lust und **zweitens** haben wir zu wenig Zeit.
Das Gehalt wird an **jedem Ersten** (des Monats) überwiesen. (*immer am Ersten des Monats*)

1 Feste Feiertage

In Deutschland gibt es folgende feste Feiertage:

1. der 1. Januar (*der erste Januar*) = Neujahr
2. der 6. Januar (__________) = Heilige Drei Könige (Christlicher Feiertag)
3. der 1. Mai (__________) = Tag der Arbeit
4. der 3. Oktober (__________) = Tag der deutschen Einheit
5. der 25. Dezember (__________) = Erster Weihnachtsfeiertag
6. der 26. Dezember (__________) = Zweiter Weihnachtsfeiertag

2 Setzen Sie die Ordinalzahlen ein:

1. Sie haben drei Versuche. Einen *vierten* Versuch gibt es nicht.
2. Ich habe zwei von den drei Männern gesehen – was war mit dem __________?
3. Ich habe es dir doch schon drei Mal gesagt – muss ich es jetzt zum __________ Mal sagen?
4. Klaus geht schon in die __________ (11.) Klasse!
5. Neunzehn Mal war alles gut gegangen – beim __________ Mal wurden die Einbrecher erwischt.
6. Im __________ (19.) Jahrhundert begann in Deutschland die industrielle Revolution.

3 Terminsorgen. Sprechen Sie die Ordinalzahlen laut und schreiben Sie sie als Wort. Achten Sie auf die Endung!

● Also Frau Sikurek, das tut mir wirklich leid, aber am 15. 10. — *am fünfzehnten Zehnten*
geht es wirklich nicht – wie wäre es denn mit dem 15. 11., da — __________ 1
habe ich noch Zeit.

○ Nein, nein, Herr Berger, der 15. 11. passt mir leider nicht. — __________ 2
Was ist denn mit dem 23.? — __________ 3

● Nein, da bin ich den ganzen Tag in Bochum. Und wie ist es
eine Woche später, am 30.? — __________ 4

○ Ja, der 30.11. passt mir – na also, das war aber schwierig! — __________ 5

4 Ungeduldig. Schreiben Sie die Zahl-Adverbien.

Aber Herr Wolters, das habe ich Ihnen doch schon lang und breit erklärt: *Erstens* (1.) habe ich keine Zeit für das Projekt, __________ (2.) ist jetzt ein sehr ungünstiger Zeitpunkt dafür, __________ (3.) ist das nicht Ihr Aufgabenbereich, und __________ (4.) muss ich mich jetzt dringend um was anderes kümmern – bitte seien Sie nicht böse, aber es geht nun mal nicht!

5 Lauter Sieger! Setzen Sie die Ordinalzahlen als Pronomen ein. Achten Sie auf Kasus und Artikel!

1. Elias ist neulich beim Wettlauf *Erster* (1.) geworden – und Michael __________ (2.)!
2. Meine Tochter ist bei den Frauen auch __________ (1.) geworden.
3. Auch der __________ (3.) bekommt bei der Olympiade noch eine Medaille.
4. Bei den Leichtathletik-Europameisterschaften wurde die deutsche Meisterin leider nur __________ (10.).

96 Reichtum, Freundschaft oder Gesundheit?

Substantive mit Suffixen

die Freund**schaft** die Gesund**heit** der Reich**tum** der Lehr**er** das Häus**chen**

Viele Substantive bestehen aus einem Grundwort und einem Substantiv-Suffix.

! Tipp

Am Suffix erkennt man das Genus des ganzen Wortes.
Wenn man Suffix und Grundwort erkennt, versteht man neue Wörter leichter.

Feminine Suffixe

-ung	die Erfahr**ung** (erfahren)	die Hoffn**ung** (hoffen)	Verbstamm + „-ung“
-e	die Red**e** (reden) die Sprach**e** (sprechen)	die Such**e** (suchen) die Lieb**e** (lieben)	Verbstamm + „-e“ (auch Vokal-Änderung)
-t	die Fahr**t** (fahren)	die Sich**t** (sehen)	Verbstamm + „-t “
-in	die Italiener**in** (der Italiener) die Ärzt**in** (der Arzt)	die Lehrer**in** (der Lehrer) die Künstler**in** (der Künstler)	Substantiv + „-in“ (Personen)
-schaft	die Feind**schaft** (der Feind) die Lehrer**schaft** (der Lehrer)	die Freund**schaft** (der Freund) die Mann**schaft** (der Mann)	Substantiv + „-schaft“ (Beziehungen, Gruppen)
-heit / -keit	die Schön**heit** (schön) die Möglich**keit** (möglich)	die Dumm**heit** (dumm) die Menschlich**keit** (menschlich)	Adjektiv + „-heit / -keit“ (oft Eigenschaften)

Maskuline Suffixe

-er	der Lehr**er** (lehren) der Bohr**er** (bohren) der Musik**er** (die Musik)	der Fahr**er** (fahren) der Zähl**er** (zählen) der Engländ**er** (England)	Verbstamm + „-er“ (Personen, Instrumente) Substantiv + „-er “ (Personen)
-ler	der Künst**ler** (die Kunst)	der Sport**ler** (der Sport)	Substantiv + „-ler“ (Personen)

Neutrale Suffixe

-chen **-lein**	das Kind**chen** (das Kind) das Vög**lein** (der Vogel)	das Häus**chen** (das Haus) das Büch**lein** (das Buch)	Substantiv + „-chen“ / „-lein“ *ein kleines Haus / Buch / …*
-tum	das Beamten**tum** (der Beamte)	das Christen**tum** (der Christ)	(meist) Substantiv + „-tum“

Auch: das Mädchen (*weibliches Kind*); das Fräulein: als Anrede veraltet
Aber: **der** Reichtum, **der** Irrtum

1 Woraus bestehen die Substantive?

1. *eil(en) + -e* ______ die Eile
2. ______ die Freundin
3. ______ die Lösung
4. ______ die Klarheit
5. ______ das Bürgertum
6. ______ das Wäldchen
7. ______ die Wahrscheinlichkeit
8. ______ der Wähler
9. ______ die Macht
10. ______ die Pflegerin

2 Welches Genus?

~~Fremdheit~~ ● Maler ● Wählerschaft ● Renovierung ● Künstlertum ● Gesundheit ● Ausnahme ● Bächlein ● Chefin ● Schrift ● Höflichkeit ● Mixer ● Wissenschaftler ● Boxer ● Rede ● Flüsschen ● Bewegung

1. Feminine Substantive: *die Fremdheit,* ______
______
______
2. Maskuline Substantive: ______
______
3. Neutrale Substantive: ______
______

3 Was fehlt in der Reihe? Wenn Sie bestimmte Wörter nicht kennen, schauen Sie in einem Lexikon nach.

1. die Sprache	*der Sprecher*	sprechen
2. ______	der Lehrer	______
3. die Fahrt	______	______
4. die Schrift	______	schreiben
5. die Kunst	______	die Künstlerin
6. ______	der Sportler	______
7. die Wissenschaft	______	______
8. ______	der Italiener	______

4 Jemand, der ...

1. Jemand, der spricht → *ein Sprecher*
2. Jemand, der zuhört → ______
3. Jemand, der liest → ______
4. Jemand, der (jemanden) besucht → ______
5. Jemand, der dichtet → ______
6. Jemand, der berät → ______

5 Ein Gerät, mit dem man ...

1. Ein Gerät, mit dem man bohrt → *ein Bohrer*
2. Ein Gerät, mit dem man (etwas) schaltet → ______
3. Ein Gerät, mit dem man Geschirr spült → *ein Geschirr...*
4. Ein Gerät, mit dem man Schrauben zieht → *ein Schrauben...*

6 Bei den Zwergen. Schreiben Sie den Text neu und verwenden Sie „-chen" dort, wo es passt.

Schneewittchen wachte auf. Da war sie sehr überrascht: Alles war viel kleiner als sie es gewohnt war: Die Zwerge saßen auf kleinen Stühlen an kleinen Tischen, sie aßen von kleinen Tellern und benutzten kleine Messer und Löffel. In den Zimmern sah es ähnlich aus: Dort standen kleine Betten, man schaute in kleine Spiegel und setzte sich auf kleine Sessel. Wie sollte Schneewittchen in dieser Welt nur zurecht kommen?

Die Zwerge saßen auf kleinen Stühlchen ...

97 Arbeitszimmer, Wohnzimmer, Schlafzimmer.

Substantiv-Komposition

das Arbeits**zimmer** das Wohn**zimmer** das Schlaf**zimmer** das Kinder**zimmer**

Substantiv-Komposita bestehen aus zwei Teilen. Der zweite Teil ist immer ein Substantiv. Man schreibt Komposita meistens als ein Wort.

Erster Teil	Substantiv-Kompositum
Substantiv	**Dach**zimmer
Verb	**Bohr**maschine
Adjektiv	**Schnell**straße
Präposition	**Um**weg

! Hinweis
Im Deutschen werden ständig neue Komposita gebildet – vor allem in den Medien und in der Politik.

- Das Genus des Substantivs erkennt man am zweiten Teil:
  das Zimmer → **das** Arbeits**zimmer**
- Manche Komposita haben ein „Scharnier":
  Arbeit-**s**-zimmer, Prüfung-**s**-gespräch,
  Schwein-**e**-braten (süddeutsch / österreichisch: Schwein-**s**-braten)
- Bedeutung:
  Der zweite Teil legt die Grundbedeutung fest: ein Arbeits**zimmer** ist ein **Zimmer**
  Der erste Teil des Kompositums gibt genauere Angaben: Was für ein Zimmer?
  Arbeitszimmer → ein Zimmer **für die Arbeit** = ein Zimmer, in dem man normalerweise **arbeitet**

! Tipp
Achten Sie auf den Text, in dem das Kompositum vorkommt. Viele Komposita versteht man dann leicht.

Es gibt einige typische Bedeutungen von Komposita.

Sparmaßnahme; **Kinder**zimmer	*Maßnahme zum Sparen; Zimmer für Kinder* (**wofür? für wen?**)
Dachzimmer; **Mond**rakete	*Zimmer unter dem Dach* (**wo?**); *Rakete zum Mond* (**wohin?**)
Mittagsschlaf; **Sommer**urlaub	*Schlaf am Mittag; Urlaub im Sommer* (**wann?**)
Brechtgedicht; **Sturm**schaden	*Gedicht von Brecht; Schaden durch einen Sturm* (**von wem? wodurch?**)
Holzkiste; **Erdbeer**torte	*Kiste aus Holz; Torte mit Erdbeeren* (**woraus? womit?**)
Tierbuch; **Wetter**bericht	*Buch über Tiere; Bericht über das Wetter* (**worüber?**)
Ölheizung; **Wasser**kraftwerk	*Heizung, die mit Öl funktioniert; …* (**funktioniert womit?**)
Warmwasser; **Alt**papier	*warmes Wasser; altes Papier* (**wie?**)

1 Woraus bestehen die Substantive?

1. *das Haus + die Tür* die Haustür
2. ______ der Ledersessel
3. ______ die Fahrbahn
4. ______ das Passfoto
5. ______ der Fußballspieler
6. ______ die Augenärztin
7. ______ das Rotlicht
8. ______ die Küchenuhr
9. ______ der Hängeschrank
10. ______ die Jugendarbeitslosigkeit

2 Alle möglichen Geschichten. Was für Geschichten mögen Sie? Fragen Sie auch Ihren Partner / Ihre Partnerin.

~~Liebe(s)~~ ● Abenteuer ● Spionage ● Reise ● Katze(n) ● Urlaub(s) ● Pferd(e) ● Kriminal ● Internat(s)

Ich mag am liebsten Liebesgeschichten.
Lesen Sie auch gerne Liebesgeschichten?

Geschichte ● Roman ● Film ●

3 Dinge und Zeiten. Was passt zusammen? Es gibt meistens mehr als eine Möglichkeit.

Abend- ● Bade- ● Sommer- ● Schi- ● Mittag(s)- ● Schönheit(s)- ● Winter- ● kurz- ● Woche(n)-

die Abendnachrichten, ______

Schlaf ● Urlaub ● Nachrichten ● Gewitter ● Zeit ● Ende

4 Verb + Substantiv. Erklären Sie die Bedeutung.

1. Bohrmaschine = *eine Maschine, mit der man bohrt*
2. Wohnzimmer = *ein Zimmer, ...*
3. Waschbecken = ______
4. Schwimmstunde = ______
5. Esstisch = ______
6. Spielplatz = ______

5 Ordnen Sie nach der Bedeutung:

wofür / für wen?	wo / wohin?	wann?	von wem?	woraus?	worüber?	funktioniert mit?
				Holzhaus		

~~Holzhaus~~ ● Kohleofen ● Sportplatz ● Dichterlesung ● Abendspaziergang ● Bergtour ● Heizöl ● Wartezimmer ● Waldweg ● Vollkornbrot ● Umweltdiskussion ● Kanzlerrede ● Duschcreme

Adjektive mit Suffixen

winter**lich** sonn**ig** meister**haft** arbeits**los** stürm**isch**

Viele Adjektive bestehen aus einem Grundwort und einem Adjektiv-Suffix.

-lich

winterliches Wetter (der Winter)	ein **sprachliches** Problem (die Sprache)	Substantiv + „-lich"
persönlich anrufen (die Person)	**monatlich** zahlen (der Monat)	
ein **ängstlicher** Mensch (die Angst)	**freundlich** sein (der Freund)	
verständlich sprechen (verstehen)	das ist **erklärlich** (erklären)	Verbstamm + „-lich"

Manche Adjektive haben Umlaut: m**ä**nnlich (der Mann), pers**ö**nlich (die Person), m**ü**ndlich (der Mund)

-ig

sonniges Wetter (die Sonne)	ein **schattiger** Platz (der Schatten)	Substantiv + „-ig"
die **bergige** Landschaft (der Berg)	ein **farbiges** Bild (die Farbe)	
breitschultrige Männer (breite Schultern)	**langstielige** Rosen (langer Stiel)	
ein **wackeliger** Stuhl (wackeln)	ein **kratziger** Pulli (kratzen)	Verbstamm + „-ig"
das **dortige** Restaurant (dort)	das **heutige** Konzert (heute)	Adverb + „-ig"

-isch

die **amerikanische** Politik (Amerika)	**kindisches** Verhalten (das Kind)	Substantiv + „-isch"
regnerisches Wetter (regnen)	ein **wählerischer** Mensch (wählen)	Verbstamm + „-erisch"

! Hinweis
kindisch: „Sei nicht so **kindisch**!" (negativ)
kindlich: Nein-Sagen ist ein wichtiger Schritt in der **kindlichen** Entwicklung. (neutral)

-haft

die **meisterhafte** Vorstellung (der Meister)	ein **fehlerhafter** Text (der Fehler)	Substantiv + „-haft"
wohnhaft in Berlin (wohnen) (*der Wohnsitz ist in Berlin*)		Verb + „-haft"

-los

ein **emotionsloser** Mensch (die Emotion)	eine **schlaflose** Nacht (der Schlaf)	Substantiv + „-los"
jemand ist **arbeitslos** (die Arbeit)	etwas ist **hoffnungslos** (die Hoffnung)	

Das Suffix „-los" hat immer die Bedeutung *ohne*.

Adjektiv-Endung „-bar" 75

1 **Landschaft und Wetter. Bilden Sie Adjektive mit „-ig“ und „-los“. Benutzen Sie immer den Singular.**

1. *eine bergige Gegend* ______ eine Gegend mit vielen Bergen
2. ______ eine Landschaft ohne Bäume
3. ______ eine Gegend mit vielen Hügeln
4. ______ ein Tag mit viel Sonne
5. ______ eine Nacht ohne Sterne

2 **Zugehörigkeit**

1. *die amerikanische Politik* ______ ← die Politik von (den Vereinigten Staaten von) Amerika
2. die sozialistische Ideologie → *die Ideologie des* ______
3. das europäische Zeitalter → ______
4. ______ ← eine Theorie in der Philosophie
5. ______ ← Fragen der Theologie

3 **Woher kommen die Adjektive?**

1. *der Fels(en) + -ig* ______ felsig
2. ______ feindlich
3. ______ orientierungslos
4. ______ jetzig
5. ______ laienhaft
6. ______ fachmännisch
7. ______ morgig
8. ______ menschlich

4 **Was passt? Manchmal gibt es mehrere Möglichkeiten.**

freundlich • kindisch • sprachlos • verständlich • verantwortlich • heftig • fleißig • indisch

freundlich grüßen, ______
______
______
______

dastehen • kochen • grüßen • handeln • sich verhalten • schreiben • arbeiten • reagieren

5 **Hoffnungslos?**

ideenlos • rücksichtslos • ~~hoffnungslos~~ • skrupellos • mutlos

1. Das schaffen wir nie – das ist einfach *hoffnungslos* ______!
2. Manchen Menschen kann man nicht vertrauen – sie sind ______.
3. Diese Inszenierung war aber sehr blass – richtig ______!
4. Sei nicht immer so ______ – vielleicht gibt es ja doch noch eine Lösung!
5. Mein Chef ist wirklich sehr ______ – er macht nur, was er will.

6 **Wetterbericht. Beschreiben Sie, wie das Wetter zur Zeit bei Ihnen ist.**

sonnig, regnerisch, stürmisch, eisig, windig, heiß,
wolkig / bewölkt, sommerlich warm, herbstlich, frühlingshaft, …

Heute Morgen war es sonnig, aber jetzt ist es bewölkt und regnerisch. / … aber jetzt regnet es. ______

Adjektiv-Komposition

dunkelgrüne Augen **tiefschwarzes** Fell **fettarme** Milch

Adjektiv-Komposita bestehen aus zwei Teilen. Der zweite Teil ist immer ein Adjektiv.
Der erste Teil ergänzt den zweiten Teil des Kompositums:
dunkelgrün = ein dunkles Grün; fettarme Milch = Milch, die arm an Fett ist.

! Hinweis
Im Deutschen werden ständig neue Adjektiv-Komposita gebildet, besonders in der Werbung.

Die häufigsten Typen von Adjektiv-Komposita:

Farben

dunkelgrün – **hell**grün, **dunkel**blau – **hell**blau, … **tief**schwarz, **zart**rosa, **knall**rot	*dunkles / helles Grün, dunkles / helles Blau, …* *sehr schwarz, zartes Rosa, knalliges Rot*
grasgrün, **himmel**blau, **blut**rot, **zitronen**gelb **pech**schwarz, **schnee**weiß	*grün wie Gras, blau wie der Himmel, rot wie Blut, …* *schwarz wie Pech (sehr schwarz), …*

Vergleiche und Verstärkungen

etwas **blitz**schnell machen, eine **bild**schöne Vase etwas ist **glas**klar, jemand ist **bären**stark **stein**hartes Brot, ein **eis**kaltes Zimmer	*schnell wie der Blitz, schön wie ein Bild* *klar wie Glas (sehr klar), stark wie ein Bär* *hart wie ein Stein, kalt wie Eis*

Der erste Teil ergänzt den zweiten Teil des Kompositums

fettarme Milch, **kalorien**armer Käse **blei**freies Benzin, **salz**freies Essen	*arm an Fett, arm an Kalorien (wenig Fett / Kalorien)* *frei von Blei, frei von Salz (ohne Blei / Salz)*
liebevolle Eltern, **baum**reiche Gegend **umwelt**schonendes Auto, **verkehrs**beruhigte Zone	*mit viel Liebe, mit vielen Bäumen* *schont die umwelt, der Verkehr ist beruhigt*

Präfix *un-*

ein **un**freundlicher Mensch, ein **un**ordentliches Zimmer das ist **un**möglich, ein **un**lösbares Problem	*nicht freundlich, nicht ordentlich* *(gar) nicht möglich, nicht lösbar*

Das Präfix „un-" macht ein Adjektiv negativ: freundlich – **un**freundlich.

1 Was passt?

1. ~~blitz-~~	4. kern-	7. kinder-	a. -wach	d. -weiß	g. -traurig
2. glas-	5. eisen-	8. tod-	b. ~~-schnell~~	e. -gesund	h. -klar
3. hell-	6. schnee-		c. -hart	f. -leicht	

1.b: blitzschnell, ______________________________

2 Welche Farben kann man gut kombinieren? Schreiben Sie Ihre Lieblingskombinationen auf oder fragen Sie Ihren Partner / Ihre Partnerin.

dunkelgrün – hellgrün, dunkelrot – knallrot – hellrot, dunkelblau – königsblau – himmelblau – hellblau, zitronengelb, … (… -grau, … -rosa, … -braun, … -schwarz)

● *Ich finde, man kann dunkelgrün und hellrot gut kombinieren.*

○ *Das gefällt mir auch. / Ich finde, …*

3 Das Land der Superlative

schneeweiß ● blitzschnell ● blitzgescheit ● eiskalt ● ~~bärenstark~~ ● pechschwarz

Hoch im Norden liegt das Land der Superlative. Die Natur ist rau – aber die Menschen dort sind *bärenstark* und ________ 1. In den ________ 2 Wintern sind die Nächte ________ 3 und die Tage sind kurz. Wenn kurz vor Mittag die Sonne über der ________ 4 Berglandschaft aufgeht, gehen die Menschen auf Fischfang. Man muss ________ 5 sein, um in dem eisigen Wasser etwas zu fangen.

4 Bilden Sie Adjektive:

1. Dieser Saft ist reich an Vitaminen. *Dies ist ein vitaminreicher Saft.*
2. Dieser Käse enthält wenig Fett. ________
3. Dieser Text enthält keine Fehler. ________
4. Diese Dichterin ist voller Fantasie. ________
5. Dieser Patient hat keine Schmerzen mehr. ________

5 Umwelt und Gesundheit

schadstoffbelastet ● umweltschonend ● computergesteuert ● ~~verkehrsberuhigt~~ ● kalorienreduziert

In Deutschland machen sich viele Leute Sorgen um die Umwelt und ihre Gesundheit. Viele wollen nur noch in *verkehrsberuhigten* Gegenden wohnen, haben Angst vor ________ 1 Lebensmitteln und benutzen ________ 2 Verkehrsmittel. Man will schlank bleiben, darum gibt es ________ 3 Speisen, und viele Leute halten sich mit ________ 4 Fitnessgeräten in Form.

6 Schlechtes Zeugnis. Schreiben Sie das Gegenteil.

Herr Wieser ist ein sehr ordentlicher, höflicher und angenehmer Mensch. Er hat ein sicheres Auftreten und ist äußerst kooperativ. Mit allen technischen Dingen geht er sehr geschickt, aber vorsichtig um, dabei erledigt er alles selbstständig und auf unkomplizierte Art.

Herr Wieser ist ein sehr unordentlicher … ________

Unregelmäßige Verben

Die unregelmäßigen Verben sind nach ihren Vokaländerungen in drei Gruppen geordnet (siehe Kapitel 44). Wir geben die Infinitivformen und die dritte Person Singular im Präsens, Präteritum und Perfekt an.

A → B → A

f**a**hren	f**u**hr	gef**a**hren

Infinitiv	Präsens	Präteritum	Perfekt
abfahren	fährt ab	fuhr ab	ist abgefahren
abgeben	gibt ab	gab ab	hat abgegeben
abwaschen	wäscht ab	wusch ab	hat abgewaschen
anfangen	fängt an	fing an	hat angefangen
ankommen	kommt an	kam an	ist angekommen
anrufen	ruft an	rief an	hat angerufen
ansehen	sieht an	sah an	hat angesehen
aufgeben	gibt auf	gab auf	hat aufgegeben
ausgeben	gibt aus	gab aus	hat ausgegeben
aussehen	sieht aus	sah aus	hat ausgesehen
beraten	berät	beriet	hat beraten
betragen	beträgt	betrug	hat betragen
einfallen	fällt ein	fiel ein	ist eingefallen
einladen	lädt ein	lud ein	hat eingeladen
einschlafen	schläft ein	schlief ein	ist eingeschlafen
enthalten	enthält	enthielt	hat enthalten
entlassen	entlässt	entließ	hat entlassen
erfahren	erfährt	erfuhr	hat erfahren
erhalten	erhält	erhielt	hat erhalten
essen	isst	aß	hat gegessen
fahren	fährt	fuhr	ist gefahren
fallen	fällt	fiel	ist gefallen
fangen	fängt	fing	hat gefangen
festhalten	hält fest	hielt fest	hat festgehalten
fressen	frisst	fraß	hat gefressen
geben	gibt	gab	hat gegeben
gefallen	gefällt	gefiel	hat gefallen
geschehen	geschieht	geschah	ist geschehen
halten	hält	hielt	hat gehalten
heißen	heißt	hieß	hat geheißen
kommen	kommt	kam	ist gekommen
laufen	läuft	lief	ist gelaufen
lassen	lässt	ließ	hat gelassen
lesen	liest	las	hat gelesen
messen	misst	maß	hat gemessen
nachschlagen	schlägt nach	schlug nach	hat nachgeschlagen
raten	rät	riet	hat geraten
rufen	ruft	rief	hat gerufen
schlafen	schläft	schlief	hat geschlafen
schlagen	schlägt	schlug	hat geschlagen
tragen	trägt	trug	hat getragen

überfahren	überfährt	überfuhr	hat überfahren
sich unterhalten	unterhält sich	unterhielt sich	hat sich unterhalten
vergessen	vergisst	vergaß	hat vergessen
sich verhalten	verhält sich	verhielt sich	hat sich verhalten
verlassen	verlässt	verließ	hat verlassen
verraten	verrät	verriet	hat verraten
vertreten	vertritt	vertrat	hat vertreten
vorschlagen	schlägt vor	schlug vor	hat vorgeschlagen
wachsen	wächst	wuchs	ist gewachsen
waschen	wäscht	wusch	hat gewaschen

A → B → B

bl**ei**ben		bl**ie**b	gebl**ie**ben

Infinitiv	**Präsens**	**Präteritum**	**Perfekt**
abbiegen	biegt ab	bog ab	ist abgebogen
abfliegen	fliegt ab	flog ab	ist abgeflogen
abheben	hebt ab	hob ab	hat abgehoben
abschließen	schließt ab	schloss ab	hat abgeschlossen
anbieten	bietet an	bot an	hat angeboten
angreifen	greift an	griff an	hat angegriffen
anziehen	zieht an	zog an	hat angezogen
aufheben	hebt auf	hob auf	hat aufgehoben
aufstehen	steht auf	stand auf	ist aufgestanden
ausschließen	schließt aus	schloss aus	hat ausgeschlossen
aussteigen	steigt aus	stieg aus	ist ausgestiegen
anziehen	zieht an	zog an	hat angezogen
beißen	beißt	biss	hat gebissen
belügen	belügt	belog	hat belogen
beschließen	beschließt	beschloss	hat beschlossen
beschreiben	beschreibt	beschrieb	hat beschrieben
bestehen	besteht	bestand	hat bestanden
betrügen	betrügt	betrog	hat betrogen
beweisen	beweist	bewies	hat bewiesen
beziehen	bezieht	bezog	hat bezogen
biegen	biegt	bog	hat gebogen
bieten	bietet	bot	hat geboten
bleiben	bleibt	blieb	ist geblieben
bringen	bringt	brachte	hat gebracht
denken	denkt	dachte	hat gedacht
einsteigen	steigt ein	stieg ein	ist eingestiegen
einziehen	zieht ein	zog ein	ist eingezogen
entscheiden	entscheidet	entschied	hat entschieden
entstehen	entsteht	entstand	ist entstanden
erkennen	erkennt	erkannte	hat erkannt
erscheinen	erscheint	erschien	ist erschienen
erziehen	erzieht	erzog	hat erzogen
fliegen	fliegt	flog	ist geflogen
fließen	fließt	floss	ist geflossen

frieren	friert	fror	hat gefroren
genießen	genießt	genoss	hat genossen
gießen	gießt	goss	hat gegossen
greifen	greift	griff	hat gegriffen
heben	hebt	hob	hat gehoben
kennen	kennt	kannte	hat gekannt
leiden	leidet	litt	hat gelitten
leihen	leiht	lieh	hat geliehen
lügen	lügt	log	hat gelogen
missverstehen	missversteht	missverstand	hat missverstanden
nennen	nennt	nannte	hat genannt
pfeifen	pfeift	pfiff	hat gepfiffen
scheiden	scheidet	schied	hat geschieden
schieben	schiebt	schob	hat geschoben
schließen	schließt	schloss	hat geschlossen
schneiden	schneidet	schnitt	hat geschnitten
schreiben	schreibt	schrieb	hat geschrieben
schreien	schreit	schrie	hat geschrien
schweigen	schweigt	schwieg	hat geschwiegen
stehen	steht	stand	hat / ist gestanden
steigen	steigt	stieg	ist gestiegen
streichen	streicht	strich	hat gestrichen
streiten	streitet	stritt	hat gestritten
treiben	treibt	trieb	hat getrieben
tun	tut	tat	hat getan
überweisen	überweist	überwies	hat überwiesen
umsteigen	steigt um	stieg um	ist umgestiegen
umziehen	zieht um	zog um	ist umgezogen
unterscheiden	unterscheidet	unterschied	hat unterschieden
verbieten	verbietet	verbot	hat verboten
verbringen	verbringt	verbrachte	hat verbracht
vergleichen	vergleicht	verglich	hat verglichen
verlieren	verliert	verlor	hat verloren
verschreiben	verschreibt	verschrieb	hat verschrieben
verstehen	versteht	verstand	hat verstanden
verzeihen	verzeiht	verzieh	hat verziehen
vorziehen	zieht vor	zog vor	hat vorgezogen
wehtun	tut weh	tat weh	hat wehgetan
wiegen	wiegt	wog	hat gewogen
wissen	weiß	wusste	hat gewusst
ziehen	zieht	zog	hat gezogen

A → B → C

finden		fand	gefunden

Infinitiv	**Präsens**	**Präteritum**	**Perfekt**
abhängen	hängt ab	hing ab	hat abgehangen
angehen	geht an	ging an	ist angegangen
annehmen	nimmt an	nahm an	hat angenommen
aufnehmen	nimmt auf	nahm auf	hat aufgenommen
ausgehen	geht aus	ging aus	ist ausgegangen
aussprechen	spricht aus	sprach aus	hat ausgesprochen
befehlen	befiehlt	befahl	hat befohlen
beginnen	beginnt	begann	hat begonnen
besitzen	besitzt	besaß	hat besessen
binden	bindet	band	hat gebunden
bitten	bittet	bat	hat gebeten
blasen	bläst	blies	hat geblasen
brechen	bricht	brach	hat gebrochen
empfehlen	empfiehlt	empfahl	hat empfohlen
entsprechen	entspricht	entsprach	hat entsprochen
erfinden	erfindet	erfand	hat erfunden
erschrecken	erschrickt	erschrak	ist erschrocken
finden	findet	fand	hat gefunden
gehen	geht	ging	ist gegangen
gelingen	gelingt	gelang	ist gelungen
gelten	gilt	galt	hat gegolten
gewinnen	gewinnt	gewann	hat gewonnen
hängen	hängt	hing	hat gehangen
helfen	hilft	half	hat geholfen
liegen	liegt	lag	hat gelegen
nehmen	nimmt	nahm	hat genommen
schwimmen	schwimmt	schwamm	ist geschwommen
singen	singt	sang	hat gesungen
sinken	sinkt	sank	ist gesunken
sitzen	sitzt	saß	hat / ist gesessen
sprechen	spricht	sprach	hat gesprochen
springen	springt	sprang	ist gesprungen
stehlen	stiehlt	stahl	hat gestohlen
sterben	stirbt	starb	ist gestorben
stinken	stinkt	stank	hat gestunken
teilnehmen	nimmt teil	nahm teil	hat teilgenommen
treffen	trifft	traf	hat getroffen
trinken	trinkt	trank	hat getrunken
übernehmen	übernimmt	übernahm	hat übernommen
verbinden	verbindet	verband	hat verbunden
versprechen	verspricht	versprach	hat versprochen
werden	wird	wurde	ist geworden
werfen	wirft	warf	hat geworfen
widersprechen	widerspricht	widersprach	hat widersprochen
zunehmen	nimmt zu	nahm zu	hat zugenommen
zwingen	zwingt	zwang	hat gezwungen

Verben mit Dativ- und Akkusativ-Objekt

Verb	Beispiel	Objekt
abnehmen	Ich nehme ihr den Koffer ab.	Dativ + Akkusativ
abtrocknen	Kannst du bitte mal das Geschirr abtrocknen?	Akkusativ
anbieten	Sie bietet mir Tee und Gebäck an.	Dativ + Akkusativ
annehmen	Er nimmt das Geld sofort an.	Akkusativ
anrufen	Gestern hat mich meine Mutter im Büro angerufen.	Akkusativ
anschauen	Er schaute das Beispiel genau an.	Akkusativ
ansehen	Er sieht sie fragend an.	Akkusativ
anstrengen	Diese Arbeit strengt mich zu sehr an.	Akkusativ
antworten	Die Lehrerin antwortet dem Schüler.	Dativ
anzünden	Am Abend zünden wir oft eine Kerze an.	Akkusativ
auffallen	Das ist mir nicht aufgefallen.	Dativ
aufgeben	Hast du den verrückten Plan endlich aufgegeben?	Akkusativ
aufheben	Sie hebt das Papier vom Boden auf.	Akkusativ
aufmachen	Könnten Sie bitte das Fenster aufmachen?	Akkusativ
aufnehmen	Die Schule muss alle Kinder aufnehmen.	Akkusativ
auspacken	Sie packt das Paket schnell aus.	Akkusativ
ausschalten	Er schaltet den Fernseher sofort aus, wenn sie kommt.	Akkusativ
aussprechen	Wie spricht man dieses Wort aus?	Akkusativ
aussuchen	Sie sucht die Geschenke für ihre Eltern sorgfältig aus.	Akkusativ
ausweichen	Das rote Auto ist dem blauen Auto ausgewichen.	Dativ
ausziehen	Zieh bitte sofort die Schuhe aus, wenn du reinkommst!	Akkusativ
backen	Jeden Samstag backt der Vater einen Kuchen.	Akkusativ
bauen	Der Architekt baut ein Haus für seine Kunden.	Akkusativ
beachten	Hast du das Verfallsdatum auf dem Jogurt beachtet?	Akkusativ
beantragen	Er beantragt eine Aufenthaltserlaubnis.	Akkusativ
beantworten	Beantworte (mir) bitte die Frage!	(Dativ +) Akkusativ
bedienen	Der Ober bedient den Gast.	Akkusativ
begegnen	Wir sind ihm im Park begegnet.	Dativ
beginnen	Wann hast du den Klavierunterricht begonnen?	Akkusativ
begründen	Er konnte seine Entscheidung nicht begründen.	Akkusativ
begrüßen	Die Gastgeber begrüßen ihre Gäste an der Tür.	Akkusativ
behalten	Sie behält das Buch noch bis morgen.	Akkusativ
bemerken	Wir bemerkten den Fehler zuerst nicht.	Akkusativ
benachrichtigen	Bitte benachrichtigen Sie mich rechtzeitig.	Akkusativ
benutzen	Kann man diesen Topf noch benutzen?	Akkusativ
beraten	Der Experte berät den Händler.	Akkusativ
berücksichtigen	Bei ihren Plänen berücksichtigt sie ihn nur wenig.	Akkusativ
beruhigen	Die Mutter beruhigt ihr weinendes Kind.	Akkusativ
besichtigen	Die Touristen besichtigen zuerst den Dom.	Akkusativ
besitzen	Seit kurzem besitzt sie einen Sportwagen.	Akkusativ
bestimmen	Er bestimmt die Pläne für den nächsten Tag.	Akkusativ
besuchen	Die Studenten besuchen ihren kranken Kommilitonen.	Akkusativ
betrügen	Der Händler betrügt seinen Kunden nie.	Akkusativ
beweisen	Beweis (mir) deine Unschuld!	(Dativ +) Akkusativ
bezahlen	Der Gast bezahlt den Kaffee.	Akkusativ
bieten	Dieses Hotel bietet (uns) den größten Luxus.	(Dativ +) Akkusativ
brauchen	Ich brauche dringend den Wagen!	Akkusativ

bringen	Wir bringen unserem Freund viele Bücher ins Krankenhaus.	Dativ + Akkusativ
dienen	Dieser Keller dient der Jazz-Band als Proberaum.	Dativ
drehen	Diesen Knopf muss man nach rechts drehen.	Akkusativ
drücken	Drücken Sie bitte die Klingel!	Akkusativ
drucken	Der Verlag druckt das Buch noch in diesem Jahr.	Akkusativ
ehren	Der Präsident ehrt den Nobelpreisträger.	Akkusativ
einfallen	Die Idee ist mir gestern eingefallen.	Dativ
einkaufen	Den ganzen Nachmittag hat sie Kleidung eingekauft.	Akkusativ
einladen	Sie möchte auch gern ihren Klavierlehrer einladen.	Akkusativ
einpacken	Soll ich Ihnen den Anzug einpacken?	Akkusativ
empfehlen	Kann ich Ihnen etwas zum Essen empfehlen?	Dativ + Akkusativ
enthalten	Der Aufsatz enthält wichtige Informationen.	Akkusativ
entlassen	Das Krankenhaus hat ihn frühzeitig entlassen.	Akkusativ
erfahren	Ich habe das erst sehr spät erfahren.	Akkusativ
erfinden	Wer hat eigentlich den Computer erfunden?	Akkusativ
erfüllen	Diesen Wunsch kann ich (dir) leicht erfüllen.	(Dativ +) Akkusativ
erhalten	Haben Sie den Brief schon erhalten?	Akkusativ
erhöhen	Die Tankstellen haben den Benzinpreis erhöht.	Akkusativ
erkennen	Ich habe dich nicht gleich erkannt!	Akkusativ
erklären	Sie erklärte ihm immer wieder die Aufgabe.	Dativ + Akkusativ
erledigen	Sie erledigt wichtige Aufgaben immer sofort.	Akkusativ
eröffnen	Die Präsidentin eröffnet die Ausstellung.	Akkusativ
erreichen	Sie hat ihr Ziel endlich erreicht.	Akkusativ
erschrecken	Der Junge erschreckt gern seine Freunde.	Akkusativ
erwarten	Diesen Schluss des Romans habe ich nicht erwartet.	Akkusativ
erzählen	Habe ich Ihnen schon das Neueste erzählt?	Dativ + Akkusativ
erziehen	Die Eltern erziehen ihr Kind mit viel Liebe.	Akkusativ
fehlen	Du fehlst mir sehr!	Dativ
feiern	Er feiert seinen Geburtstag immer im Restaurant.	Akkusativ
finden	Endlich habe ich meinen Schlüssel gefunden!	Akkusativ
folgen	Folgen Sie mir!	Dativ
fordern	Die Gewerkschaften fordern mehr Lohn.	Akkusativ
fragen	Hast du mich gefragt oder ihn?	Akkusativ
fühlen	Ich habe die Kälte kaum gefühlt.	Akkusativ
führen	Führen Sie ihn bitte in das Zimmer!	Akkusativ
geben	Hat er dir den Schlüssel schon gegeben?	Dativ + Akkusativ
gefallen	Das Kleid gefällt mir.	Dativ
gehören	Der Ball gehört mir.	Dativ
gelingen	Dieser Kuchen gelingt mir nicht immer.	Dativ
gewinnen	Er hat den ersten Preis gewonnen.	Akkusativ
gratulieren	Ich gratuliere dir zum Geburtstag.	Dativ
gründen	1999 gründeten sie einen neuen Verein.	Akkusativ
grüßen	Sie grüßt ihn immer sehr höflich.	Akkusativ
hassen	Sie hasst ihre neue Arbeit.	Akkusativ
heben	Kannst du diesen Stein heben?	Akkusativ
heizen	Im Winter heizen wir nur einen Raum.	Akkusativ
helfen	Wir helfen unseren Freunden gern.	Dativ
herstellen	Die Fabrik stellt nur noch Klein-Fahrzeuge her.	Akkusativ
holen	Bitte hol (mir) doch ein Stück Kuchen beim Bäcker.	(Dativ +) Akkusativ
hören	Die Nachbarn können den Streit deutlich hören.	Akkusativ

kennen	Kennen Sie diesen Mann?	Akkusativ
klagen	Er klagt uns sein Leid.	Dativ + Akkusativ
kochen	Heute hat Franz das Essen gekocht.	Akkusativ
korrigieren	Den Grammatikfehler habe ich noch nicht korrigiert.	Akkusativ
kündigen	Die Firma kündigt dem Angestellten.	Dativ
küssen	Sie küsst ihn und er küsst sie.	Akkusativ
lassen	Lass mir doch den Spaß!	Dativ + Akkusativ
leihen	Leihst du mir dein Fahrrad?	Dativ + Akkusativ
leiten	Sie leitet die Abteilung seit drei Jahren.	Akkusativ
lernen	Heute lernen wir den Akkusativ.	Akkusativ
lesen	Hast du diesen Roman schon gelesen?	Akkusativ
lieben	Die Kinder lieben ihren Großvater sehr.	Akkusativ
liefern	Der Händler liefert uns die Möbel.	Dativ + Akkusativ
loben	Der Vater lobt das Kind: „Das hast du gut gemacht!"	Akkusativ
lösen	Wir können das Problem auch nicht lösen.	Akkusativ
machen	Hast du den Kuchen selbst gemacht?	Akkusativ
malen	Sie malt immer zuerst einen Entwurf.	Akkusativ
markieren	Bitte markieren Sie die Substantive!	Akkusativ
melden	Sie meldet der Polizei den Unfall.	Dativ + Akkusativ
merken	Er war nervös. Hast du das auch gemerkt?	Akkusativ
messen	Ich muss das Sofa erst messen, bevor ich es kaufe.	Akkusativ
mieten	Können wir den Wagen heute noch mieten?	Akkusativ
mitteilen	Ich habe ihm die Neuigkeiten mitgeteilt.	Dativ + Akkusativ
nehmen	Nehmen Sie den Tee mit Zitrone?	Akkusativ
nennen	Bitte nennen Sie ein Beispiel.	Akkusativ
nutzen	Er nutzt die Möglichkeiten des Computers.	Akkusativ
nützen	Deine Hilfe nützt mir sehr.	Dativ
passen	Die Schuhe passen mir.	Dativ
pflegen	Sie pflegt ihre Mutter, die krank im Bett liegt.	Akkusativ
prüfen	Prüf bitte mal die Schraube. Sitzt sie richtig?	Akkusativ
putzen	Am Samstag putzen wir die ganze Wohnung!	Akkusativ
reichen	Reich mir mal den Kuchen, bitte.	Dativ + Akkusativ
reparieren	Wir können den Wagen leider erst morgen reparieren.	Akkusativ
reservieren	Kann ich bitte für heute Abend einen Tisch reservieren?	Akkusativ
riechen	Riechst du den Rauch? Hoffentlich brennt nichts.	Akkusativ
sammeln	Er sammelt alles, was glitzert und glänzt.	Akkusativ
schaden	Diese Arbeit schadet dir.	Dativ
schenken	Er hat mir seinen alten Computer geschenkt.	Dativ + Akkusativ
schlagen	Er schlägt seinen Hund, wenn er nicht gehorcht.	Akkusativ
schließen	Schließen Sie bitte das Fenster!	Akkusativ
schmecken	Schmeckst du den Curry in der Soße?	Akkusativ
schmecken	Schmeckt dir der Salat?	Dativ
schneiden	Tante Else schneidet den Kuchen in 12 Teile.	Akkusativ
schreiben	Sie schreibt (ihm) immer sehr lange Briefe.	(Dativ +) Akkusativ
schreiben	Jeden Sonntag schreibt sie ihrer Mutter (einen Brief).	Dativ (+ Akkusativ)
sehen	Siehst du den Abendstern?	Akkusativ
senden	Sende ihm bitte herzliche Grüße von mir!	Dativ + Akkusativ
sparen	Konrad spart jede Woche mindestens eine Mark.	Akkusativ
spielen	Heute Abend spielen wir mal ein Kartenspiel.	Akkusativ
spülen	Wer spült heute das Geschirr?	Akkusativ

starten	Im Winter ist es schwer, den Wagen zu starten.	Akkusativ
stehlen	Die Diebe haben der Frau alle ihre CDs gestohlen.	Dativ + Akkusativ
stoppen	Bitte stoppt diesen Unsinn!	Akkusativ
stören	Stör ihn bitte nicht! Er muss sich konzentrieren.	Akkusativ
studieren	Sie studiert Politische Wissenschaften.	Akkusativ
suchen	Er sucht schon den ganzen Tag seinen Autoschlüssel.	Akkusativ
teilen	Die Mutter versucht das Dessert gerecht zu teilen.	Akkusativ
tippen	Bitte tippen Sie diesen Brief heute noch!	Akkusativ
töten	Penicillin tötet Bakterien.	Akkusativ
tragen	So einen kurzen Mantel könnte ich nicht tragen!	Akkusativ
transportieren	Das Blut transportiert den Sauerstoff im Körper.	Akkusativ
treffen	Ich habe ihn gestern im Kino getroffen.	Akkusativ
trinken	Jetzt möchte ich erst mal einen Kaffee trinken!	Akkusativ
trocknen	Die Sonne trocknet die Wäsche.	Akkusativ
überfahren	Das Auto hätte mich beinahe überfahren.	Akkusativ
überholen	Er hat den Wagen rechts überholt.	Akkusativ
übernehmen	Welche Aufgabe können Sie übernehmen?	Akkusativ
überqueren	Schau nach beiden Seiten, bevor du die Straße überquerst!	Akkusativ
überraschen	Sie hat ihn mit der Geburtstagsparty sehr überrascht.	Akkusativ
überreden	Er versucht sie zu überreden, doch noch mitzukommen.	Akkusativ
übersetzen	Es ist sehr schwer, einen Haiku zu übersetzen.	Akkusativ
überweisen	Ich habe (dir) das Geld schon letzte Woche überwiesen.	(Dativ +) Akkusativ
überzeugen	Die Idee ist toll! Du hast mich überzeugt.	Akkusativ
umtauschen	Kann ich hier kanadische Dollar in Euro umtauschen?	Akkusativ
unterrichten	Frau Bartmann unterrichtet hier Deutsch.	Akkusativ
unterschreiben	Wir haben den Vertrag sofort unterschrieben.	Akkusativ
unterstützen	Diesen Plan können wir voll und ganz unterstützen.	Akkusativ
untersuchen	Der Arzt untersuchte den Patienten sehr genau.	Akkusativ
verändern	Bitte verändern Sie keinen einzigen Satz in dem Text.	Akkusativ
verbieten	Du kannst mir das Tanzen nicht verbieten.	Dativ + Akkusativ
verbrauchen	Wie viel Benzin verbraucht der Wagen?	Akkusativ
verdächtigen	Der Detektiv verdächtigte sofort den Gärtner.	Akkusativ
vergessen	Er hatte sie nach all den Jahren noch nicht vergessen.	Akkusativ
vergleichen	Vor dem Einkauf sollte man die Preise vergleichen.	Akkusativ
vergrößern	Dieses Foto ist sehr gut. Wir sollten es vergrößern lassen.	Akkusativ
verhaften	Die Polizei verhaftete den Einbrecher auf der Stelle.	Akkusativ
verheimlichen	Verheimlichst du (mir) etwas?	(Dativ +) Akkusativ
verhindern	Er konnte den Unfall nicht mehr verhindern.	Akkusativ
verkaufen	Wann hat er sein Auto verkauft?	Akkusativ
verlängern	Ich wünschte, wir könnten das Wochenende verlängern!	Akkusativ
verlassen	Sie hat ihren Mann nach 30 Jahren Ehe verlassen.	Akkusativ
verlieren	Ich habe beim Spielen meinen Ring verloren.	Akkusativ
vermieten	Schulzes vermieten ihr Haus und machen eine Weltreise.	Akkusativ
verpassen	Das ist die letzte Chance. Verpasse sie nicht!	Akkusativ
verraten	Kannst du mir dein Geheimnis verraten?	Dativ + Akkusativ
verschreiben	Der Arzt hat mir ein Medikament verschrieben.	Dativ + Akkusativ

versichern	Der Angeklagte versicherte (dem Richter) seine Unschuld.	(Dativ +) Akkusativ
versprechen	Er hat mir ein Geschenk versprochen.	Dativ + Akkusativ
verstecken	Der Hund versteckt seinen Knochen.	Akkusativ
verstehen	Jetzt verstehe ich den Text endlich!	Akkusativ
verteilen	Nach dem Unglück hat die Regierung Lebensmittel verteilt.	Akkusativ
vertrauen	Vertrau mir! Ich werde das schon schaffen!	Dativ
vertreten	Der Lehrer ist krank, ein Kollege vertritt ihn.	Akkusativ
verursachen	Alkohol am Steuer verursacht viele Unfälle.	Akkusativ
verwenden	Kann man diese alten Werkzeuge noch verwenden?	Akkusativ
verzeihen	Bitte verzeih mir meine Ungeduld.	Dativ + Akkusativ
vorbereiten	Sie hat das Geburtstagsfest tagelang vorbereitet.	Akkusativ
vorlesen	Liest du mir ein Märchen vor?	Dativ + Akkusativ
vorschlagen	Ich schlage dir eine andere Strategie vor.	Dativ + Akkusativ
vorstellen	Wir haben unseren Eltern den neuen Kollegen vorgestellt.	Dativ + Akkusativ
warnen	Ich habe dich gewarnt! Er fährt immer zu schnell.	Akkusativ
waschen	Hast du den Pullover schon gewaschen?	Akkusativ
wechseln	Nach 45 Minuten wechseln die Fußball-Teams die Seite.	Akkusativ
wecken	Kannst du mich bitte um 6 Uhr wecken?	Akkusativ
werfen	Wirf den Ball nicht so weit!	Akkusativ
widersprechen	Der Junge widerspricht seinen Eltern ständig.	Dativ
wiederholen	Wiederholen Sie den Satz bitte noch einmal!	Akkusativ
wiegen	Die junge Mutter wiegt ihr Baby jeden Tag.	Akkusativ
winken	Er winkt ihr noch einmal, bevor der Zug verschwindet.	Dativ
wissen	Ob sie morgen kommt? – Das weiß ich nicht genau.	Akkusativ
wünschen	Wir wünschen dir einen guten Anfang im neuen Beruf!	Dativ + Akkusativ
zählen	Er zählte sein Geld: Er hatte nur noch 7 Euro 50.	Akkusativ
zahlen	Er hat mir sogar den Kaffee gezahlt!	Dativ + Akkusativ
zeichnen	Der Architekt zeichnet zuerst einen Plan vom Haus.	Akkusativ
zeigen	Elke zeigt der Freundin ihren neuen Mantel.	Dativ + Akkusativ
zerstören	Das Kind baut einen Turm und zerstört ihn wieder.	Akkusativ
zuhören	Hörst du mir überhaupt zu? Was habe ich gerade gesagt?	Dativ
zumachen	Es zieht! Mach bitte die Tür zu!	Akkusativ
zusammenfassen	Wir wollen alle Ideen noch einmal zusammenfassen.	Akkusativ
zuschauen	Sie schaute ihm immer gern zu.	Dativ
zusehen	Sie sah ihm immer gern zu.	Dativ

Reflexive Verben	**Beispiel**	**Objekt**
sich begrüßen	Wir begrüßen uns voller Freude.	Akkusativ
sich duschen	Ich dusche mich jeden Morgen.	Akkusativ
sich leisten	Ich kann mir diesen Luxus wirklich nicht leisten!	Dativ + Akkusativ
sich merken	Hast du dir die Adresse gemerkt?	Dativ + Akkusativ
sich trocknen	Trocknest du dir die Haare immer mit dem Föhn?	Dativ + Akkusativ
sich verletzen	Ich habe mich beim Sport verletzt.	Akkusativ
	Ich habe mir aber nur den Finger leicht verletzt.	Dativ + Akkusativ
sich waschen	Du wäschst dich immer sehr gründlich.	Akkusativ
	Ich wasche mir am Samstag die Haare.	Dativ + Akkusati

Verben mit festen Präpositionen

Verb	Präposition + Kasus	Beispiel
abhängen	von + Dativ	„Geht ihr mit ins Kino?"– „Das hängt ganz vom Film ab!"
achten	auf + Akkusativ	Sie achtet sehr auf eine gesunde Ernährung.
anfangen	mit + Dativ	Komm bitte, wir wollen mit dem Essen anfangen!
ankommen	auf + Akkusativ	Es kommt besonders auf Ihre Hilfe an!
antworten	auf + Akkusativ	Ich kann doch nicht auf jede Frage antworten!
sich ärgern	über + Akkusativ	Man ärgert sich zu oft über Dinge, die man nicht ändern kann!
aufhören	mit + Dativ	Ich bin so müde – ich höre jetzt mit dieser Arbeit auf!
aufpassen	auf + Akkusativ	Können Sie bitte kurz auf meine Tasche aufpassen?
sich aufregen	über + Akkusativ	Manche Leute regen sich über jede Kleinigkeit auf.
ausgeben	für + Akkusativ	Für teure Kleidung gebe ich kein Geld aus.
sich bedanken	bei + Dativ für + Akkusativ	Hast du dich schon bei Simone und Mario für das tolle Geschenk bedankt?
sich bemühen	um + Akkusativ	Ich bemühe mich um einen Termin bei Herrn Malz.
berichten	über + Akkusativ	Danach berichtete Frau Maier über die Konferenz in Köln.
sich beschäftigen	mit + Dativ	Mit finanziellen Dingen beschäftige ich mich nicht gern.
sich beschweren	bei + Dativ über + Akkusativ	Beschweren Sie sich doch beim Direktor über die ungerechte Behandlung!
bestehen	aus + Dativ	Das „Zertifikat Deutsch" besteht aus einer mündlichen und einer schriftlichen Prüfung.
sich beteiligen	an + Dativ	Frau Liedke beteiligt sich immer sehr aktiv am Unterricht.
sich bewerben	um + Akkusativ	Bewerben Sie sich doch um ein Stipendium!
sich beziehen	auf + Akkusativ	Wir beziehen uns auf unser Gespräch von letzter Woche.
bitten	um + Akkusativ	Herr Lauterbach bat mich um meine Meinung.
denken	an + Akkusativ	Ich denke schon immerzu an den nächsten Urlaub.
diskutieren	über + Akkusativ	Ich diskutiere gerne über Politik.
einladen	zu + Dativ	Ich würde Sie gerne zu meinem Fest am Samstag einladen.
sich entscheiden	für + Akkusativ	Haben Sie sich schon für ein bestimmtes Kleid entschieden?
sich entschließen	zu + Dativ	Wir haben uns zur Heirat entschlossen.
sich entschuldigen	bei + Dativ für + Akkusativ	Der Direktor wird sich bei mir nicht für die ungerechte Behandlung entschuldigen, da bin ich mir sicher.
erfahren	von + Dativ	Warum erfahre ich erst jetzt von dieser Sache?
sich erholen	von + Dativ	Hier im Urlaub erhole ich mich von dem ganzen Stress!
sich erinnern	an + Akkusativ	Erinnern Sie sich noch an mich? Es ist lange her …
erkennen	an + Dativ	Norddeutsche erkennt man an der Intonation.
sich erkundigen	nach + Dativ	Ich erkundige mich mal nach meiner alten Freundin.
erschrecken	über + Akkusativ	Erschrick bitte nicht über meine neue Frisur.
erzählen	über + Akkusativ	Erzählen Sie uns doch mal etwas über Ihr Land.
	von + Dativ	Habe ich Ihnen schon von meinem Pech gestern erzählt?
fragen	nach + Dativ	Auf dem Amt fragen Sie am besten nach Herrn Fröhlich.
sich freuen	auf + Akkusativ	Ich freue mich schon so auf den nächsten Urlaub.
	über + Akkusativ	Ich habe mich sehr über Ihren Besuch gefreut.

gehen	um	+ Akkusativ	Darf ich kurz stören – es geht um eine wichtige Sache.
gehören	zu	+ Dativ	Bulgarien gehört seit 2007 zur Europäischen Union.
gewöhnen	an	+ Akkusativ	An das Essen hier habe ich mich schnell gewöhnt.
glauben	an	+ Akkusativ	Ich glaube an ein Leben nach dem Tod.
gratulieren	zu	+ Dativ	Ich gratuliere dir herzlich zu deinem Geburtstag!
halten	für	+ Akkusativ	Ich halte ihn für einen kompetenten Mitarbeiter.
sich handeln	um	+ Akkusativ	Es handelt sich um eine vertrauliche Angelegenheit.
handeln	von	+ Dativ	Dieser Roman handelt von einem rätselhaften Mord.
helfen	bei	+ Dativ	Simon hilft mir immer beim Vokabellernen.
hindern	an	+ Dativ	Der Lärm hindert mich an der Arbeit.
hoffen	auf	+ Akkusativ	Hoffe nicht auf bessere Zeiten – unternimm lieber was!
hören	von	+ Dativ	Ich habe schon lange nichts mehr von dir gehört.
sich informieren	über	+ Akkusativ	Informieren Sie sich genau über die Details!
sich interessieren	für	+ Akkusativ	Sie interessiert sich sehr für klassische Musik.
interessiert sein	an	+ Dativ	Wären Sie an einer kostenlosen Beratung interessiert?
klagen	über	+ Akkusativ	Sie klagt immer über die schlechte Zugverbindung.
kämpfen	für	+ Akkusativ	Die Minderheit kämpft für gleiche Rechte.
kommen	zu	+ Dativ	Ich bin nicht zur Bearbeitung Ihrer Akte gekommen.
sich kümmern	um	+ Akkusativ	Bitte kümmern Sie sich auch um die Akte meiner Frau!
lachen	über	+ Akkusativ	Ich lache gerne über lustige Geschichten.
leiden	an	+ Dativ	Er leidet an einer seltenen Krankheit.
	unter	+ Dativ	Ich leide sehr unter dem feuchten Klima.
nachdenken	über	+ Akkusativ	Denken Sie noch einmal über unser Angebot nach!
protestieren	gegen	+ Akkusativ	Die Arbeiter protestieren gegen die Schließung der Fabrik.
rechnen	mit	+ Dativ	Wir rechnen mit einer Fahrzeit von drei Stunden.
reden	über	+ Akkusativ	Reden wir doch nicht immer über die Arbeit!
	von	+ Dativ	Er redet die ganze Zeit von einer unbekannten Frau.
riechen	nach	+ Dativ	Ich glaube, hier riecht es nach Gas. Das ist gefährlich!
sagen	über	+ Akkusativ	Hat er etwas über mich gesagt? Findet er mich nett?
	zu	+ Dativ	Tut mir Leid, zu diesem Thema sage ich nichts.
schicken	an	+ Akkusativ	Schicken Sie das doch an meine Münchner Adresse!
	zu	+ Dativ	Schick deine Kinder doch zu uns – da können sie spielen!
schimpfen	über	+ Akkusativ	Schimpf nicht immer über andere Autofahrer!
schmecken	nach	+ Dativ	Die Schokolade schmeckt nach Erdbeeren!
schreiben	an	+ Akkusativ	Ich schreibe gerade einen Brief an meine Eltern.
sehen	von	+ Dativ	Sieht man noch etwas von dem Kaffeefleck?
sein	für	+ Akkusativ	Die Regierung ist für die europäische Integration,
	gegen	+ Akkusativ	aber gegen die Einführung des Euro.
sorgen	für	+ Akkusativ	Seit er so krank ist, sorge ich für meinen alten Vater.
sprechen	mit	+ Dativ	Ich möchte gerne mit Ihnen über Ihr neuestes Buch sprechen.
	über	+ Akkusativ	
sterben	an	+ Dativ	Er starb an einem Gehirntumor.
streiten	mit	+ Dativ	Streitest du auch immer mit deinen Eltern über Politik?
	über	+ Akkusativ	

teilnehmen	an	+ Dativ	Nehmen Sie auch an der Konferenz nächste Woche teil?
telefonieren	mit	+ Dativ	Haben Sie schon mit Frau Özdemir telefoniert?
sich treffen	mit	+ Dativ	Ich treffe mich heute Abend mit meiner Freundin.
	zu	+ Dativ	Nachher treffen wir uns zu einem kurzen Gespräch.
sich trennen	von	+ Dativ	Sie hat sich letztes Jahr von ihrem Mann getrennt.
sich überzeugen	von	+ Dativ	Überzeugen Sie sich selbst von der Qualität des Produkts!
sich unterhalten	mit	+ Dativ	Mit dir unterhalte ich mich gerne über Kunst.
	über	+ Akkusativ	
sich unterscheiden	von	+ Dativ	Das Leben auf dem Land unterscheidet sich sehr vom Leben in der Stadt.
sich verabreden	mit	+ Dativ	Heute Abend bin ich mit einem Kollegen verabredet.
sich verabschieden	von	+ Dativ	Wir müssen uns jetzt von Ihnen verabschieden, es ist schon spät!
vergessen	auf	+ Akkusativ	Ich habe auf seinen Geburtstag vergessen. (österreich. Standard)
vergleichen	mit	+ Dativ	Vergleichen wir einmal den Akkusativ mit dem Dativ.
sich verlassen	auf	+ Akkusativ	Ich verlasse mich auf Ihren Rat!
sich verlieben	in	+ Akkusativ	Der Frosch verliebte sich in eine Prinzessin.
sich verstehen	mit	+ Dativ	Ich verstehe mich gut mit meinen Kollegen.
verstehen	von	+ Dativ	Er ist Computerexperte, aber er versteht auch viel von Kunst.
sich etwas vorstellen	unter	+ Dativ	Kannst du dir etwas unter dem Begriff „Dekonstruktion" vorstellen?
sich vorbereiten	auf	+ Akkusativ	Bereiten wir uns gemeinsam auf die Prüfung vor?
warnen	vor	+ Dativ	Er hat mich vor dieser gefährlichen Gegend gewarnt.
warten	auf	+ Akkusativ	Wartet bitte auf mich, ich komme gleich!
werden	zu	+ Dativ	Er ist zu einem richtigen Computerexperten geworden.
wissen	von	+ Dativ	„Ich weiß nichts von einer Krise", sagte der Präsident.
sich wundern	über	+ Akkusativ	Sie wundern sich über das gute U-Bahnsystem in Hamburg.
zuschauen	bei	+ Dativ	Sie schaut ihm beim Zeichnen zu.
zusehen	bei	+ Dativ	Er sieht ihr beim Fußballspielen zu.
zweifeln	an	+ Dativ	Ehrlich gesagt, zweifle ich an ihrer Version der Geschichte.

Adjektive und Substantive mit festen Präpositionen

Hinweis: Oft gibt es entsprechende Substantive und Adjektive mit Präposition. Oft gibt es auch entsprechende Verben, zum Beispiel: *die Antwort auf – antworten auf* (siehe Liste von „Verben mit festen Präpositionen"). Die entsprechenden Adjektive, Substantive und Verben können aber verschiedene Präpositionen bei sich haben. Manchmal gibt es auch nur das Adjektiv oder nur das Substantiv.

Adjektive			**Substantive**		
abhängig von	+	Dativ	die Abhängigkeit von	+	Dativ
			die Angst vor	+	Dativ
			die Antwort auf	+	Akkusativ
ärgerlich über	+	Akkusativ	der Ärger über	+	Akkusativ
arm an	+	Dativ	die Armut an	+	Dativ
aufmerksam auf	+	Akkusativ			
befreundet mit	+	Dativ	die Freundschaft mit	+	Dativ
begeistert von	+	Dativ	die Begeisterung für	+	Akkusativ
begeistert über	+	Akkusativ	die Begeisterung über	+	Akkusativ
behilflich bei	+	Dativ	die Hilfe bei	+	Dativ
bekannt mit	+	Dativ	die Bekanntschaft mit	+	Dativ
beliebt bei	+	Dativ	die Beliebtheit bei	+	Dativ
bereit zu	+	Dativ	die Bereitschaft zu	+	Dativ
berühmt für	+	Akkusativ			
besorgt um	+	Akkusativ	die Sorge um	+	Akkusativ
blass vor	+	Dativ			
böse zu	+	Dativ			
dankbar für	+	Akkusativ	die Dankbarkeit für	+	Akkusativ
eifersüchtig auf	+	Akkusativ	die Eifersucht auf	+	Akkusativ
einverstanden mit	+	Dativ	das Einverständnis mit	+	Dativ
entschlossen zu	+	Dativ	die Entschlossenheit zu	+	Dativ
fähig zu	+	Dativ	die Fähigkeit zu	+	Dativ
fertig mit	+	Dativ			
frei von	+	Dativ	die Freiheit von	+	Dativ
			die Freude an	+	Dativ
			die Freude auf	+	Akkusativ
			die Freude über	+	Akkusativ
freundlich zu	+	Dativ	die Freundlichkeit gegenüber	+	Dativ
froh über	+	Akkusativ			
geeignet für	+	Akkusativ	die Eignung für	+	Akkusativ
geeignet zu	+	Dativ	die Eignung zu	+	Dativ
genug für	+	Akkusativ			
gespannt auf	+	Akkusativ			
gleichgültig gegenüber	+	Dativ	die Gleichgültigkeit gegenüber	+	Dativ
glücklich über	+	Akkusativ			
			die Hoffnung auf	+	Akkusativ
höflich zu	+	Dativ	die Höflichkeit zu	+	Dativ
leicht für	+	Akkusativ			

lieb zu	+	Dativ	die Liebe zu	+	Dativ
			die Lust auf	+	Akkusativ
misstrauisch gegenüber	+	Dativ	das Misstrauen gegenüber	+	Dativ
neidisch auf	+	Akkusativ	der Neid auf	+	Akkusativ
nett zu	+	Dativ	die Nettigkeit gegenüber	+	Dativ
neugierig auf	+	Akkusativ	die Neugier auf	+	Akkusativ
nützlich für	+	Akkusativ	der Nutzen für	+	Akkusativ
reich an	+	Dativ	der Reichtum an	+	Dativ
schädlich für	+	Akkusativ	die Schädlichkeit für	+	Akkusativ
schuld an	+	Dativ	die Schuld an	+	Dativ
schwierig für	+	Akkusativ	die Schwierigkeit für	+	Akkusativ
sicher vor	+	Dativ	die Sicherheit vor	+	Dativ
stolz auf	+	Akkusativ	der Stolz auf	+	Akkusativ
traurig über	+	Akkusativ	die Trauer über	+	Akkusativ
typisch für	+	Akkusativ			
überzeugt von	+	Dativ			
			der Unterschied zwischen	+	Dativ
verheiratet mit	+	Dativ	die Heirat mit	+	Dativ
verlobt mit	+	Dativ	die Verlobung mit	+	Dativ
verschieden von	+	Dativ			
verwandt mit	+	Dativ	die Verwandtschaft mit	+	Dativ
voll von	+	Dativ			
wütend auf	+	Akkusativ	die Wut auf	+	Akkusativ
wütend über	+	Akkusativ	die Wut über	+	Akkusativ
zufrieden mit	+	Dativ	die Zufriedenheit mit	+	Dativ
zuständig für	+	Akkusativ	die Zuständigkeit für	+	Akkusativ

Verben mit „zu" + Infinitiv

Hinweis: Vor die Infinitiv-Konstruktion kann man ein Komma setzen. Manchmal wird der Sinn dadurch deutlicher: *Klara bot ihm an(,) ihn nach Hause zu bringen.*

Gruppe 1: Subjekt = Handelnder in der Infinitiv-Konstruktion:
Er bietet mir an: Er will mir helfen. → Er bietet mir an, mir zu helfen.

anbieten	Er bietet mir an, mir bei der Arbeit zu helfen.
anfangen	Fangen Sie bitte an zu lesen!
aufhören	Es hört auf zu regnen.
beabsichtigen	Die Regierung beabsichtigt die Steuern zu erhöhen.
beginnen	Er beginnt zu arbeiten.
sich bemühen	Bemüht euch bitte leise zu sein – meine Mutter schläft!
beschließen	Lukas beschloss sie gleich anzurufen.
denken an	Denk daran, die Kassette mitzubringen.
sich entschließen	Paul hat sich entschlossen den Beruf zu wechseln.
sich freuen (auf)	Wir freuen uns (darauf), Sie bald wiederzusehen.
fürchten	Viele Menschen fürchten arbeitslos zu werden.
sich gewöhnen an	Ich habe mich daran gewöhnt, immer einen Regenschirm mitzunehmen.
gelingen	Hoffentlich gelingt es der Polizei, die Einbrecher zu verhaften.
glauben	Der Forscher glaubt das Problem bald lösen zu können.
hoffen	Wir hoffen Sie bald wiederzusehen.
meinen	Er meint immer im Recht zu sein.
planen	Jakob und Anna planen im Mai zu heiraten.
scheinen	Ich rede und rede – aber er scheint nichts zu verstehen.
vergessen	Ich habe vergessen mein Fahrrad abzuschließen.
sich verlassen auf	Ich verlasse mich darauf, das Geld zurückzubekommen.
versprechen	Herr Deckert hat versprochen das morgen zu machen.
versuchen	Ich versuche Sie morgen anzurufen.
vorhaben	Marion und Peter haben vor, im nächsten Monat umzuziehen.
sich weigern	Der Angeklagte weigert sich die Namen seiner Komplizen zu nennen.

Gruppe 2: Objekt = Handelnder in der Infinitivkonstruktion:
Die Opposition fordert die Regierung auf: Die Regierung soll zurücktreten. → Die Opposition fordert die Regierung auf zurückzutreten.

anbieten	Er bot mir an, bei ihm mitzuarbeiten.
auffordern (zu)	Die Opposition forderte die Regierung (dazu) auf zurückzutreten.
befehlen	Mein Chef kann mir nicht befehlen noch länger hierzubleiben.
bitten	Darf ich Sie bitten mir kurz zu helfen?
bringen zu	Meine Freundin hat mich dazu gebracht, nicht mehr zu rauchen.
einladen	Wir würden Sie gerne einladen, Weihnachten bei uns zu verbringen.
empfehlen	Die Lehrerin empfahl ihren Schülern mit Musik zu lernen.
erinnern (an)	Bitte erinnere mich (daran), die Tabletten zu nehmen!
erlauben	Seine Eltern erlauben ihm nicht, viel fernzusehen.
ermöglichen	Sein Vater ermöglichte ihm, ein Jahr in den USA zu studieren.
helfen	Vielleicht kann ich dir helfen einen Job zu finden.
hindern an	Ich konnte ihn gerade noch daran hindern, ihr alles zu erzählen.
leicht fallen	Es fällt ihm leicht, schwierige mathematische Aufgaben zu lösen.
raten	Mein Arzt hat mir geraten mehr Sport zu treiben.
schwer fallen	Heute fällt es mir sehr schwer, mich zu konzentrieren.
überreden (zu)	Meine Kinder haben mich (dazu) überredet, ihnen ein Eis zu kaufen.
verbieten	Niemand kann mir verbieten dich zu treffen!
warnen vor	Ich warne dich davor, ihr alles zu glauben.

Adjektive und Partizipien mit „*zu*" + Infinitiv

bereit (zu)	Sind Sie (dazu) bereit, jetzt mit der Aufgabe anzufangen?
entschlossen (zu)	Ich bin fest (dazu) entschlossen, das heute noch fertig zu machen.
erlaubt / verboten	Es ist hier erlaubt / verboten, Fußball zu spielen.
erfreut (über)	Moritz war sehr erfreut (darüber), sie zu treffen.
erstaunt	Ich bin erstaunt Sie hier zu sehen!
gesund / ungesund	Es ist gesund / ungesund, ins Fitness-Studio zu gehen.
gewohnt	Ich bin es gewohnt, viel zu arbeiten.
gut / schlecht	Sie findet es gut / schlecht, sich über private Dinge zu unterhalten.
höflich / unhöflich	Es ist höflich / unhöflich, 15 Minuten zu früh zu kommen.
interessant / uninteressant	Es ist interessant / uninteressant, sich Reise-Dias anzuschauen.
leicht / schwer	Ich finde es leicht / schwer, diesen Text zu verstehen.
nötig / unnötig	Ich finde es nötig / unnötig, hier mal aufzuräumen.
praktisch / unpraktisch	Anna findet es praktisch / unpraktisch, mit dem Fahrrad einzukaufen.
stolz (auf)	Sie ist stolz (darauf), so eine gute Note bekommen zu haben.
richtig / falsch	Wir finden es richtig / falsch, sehr kritisch zu sein.
überzeugt (von)	Die Firma ist überzeugt (davon), den besten Service zu bieten.
wichtig / unwichtig	Es ist wichtig / unwichtig für sie, eine gute Note zu bekommen.

Substantive mit „*zu*" + Infinitiv

die Absicht	Herr Gammel hat die Absicht, für längere Zeit zu verreisen.
die Angst (vor)	Wir haben Angst (davor), die Geduld zu verlieren.
die Freude	Es ist mir eine große Freude, Sie bei uns begrüßen zu können.
die Gelegenheit	Gibt es eine Gelegenheit, kurz mit Ihnen zu sprechen?
der Grund (für)	Es gibt keinen Grund (dafür), jetzt schon aufzuhören.
die Lust	Ich habe Lust etwas spazieren zu gehen.
die Möglichkeit	Auf dem Rückflug haben Sie die Möglichkeit zollfrei einzukaufen.
die Mühe	Es macht mir große Mühe, alles unter Kontrolle zu behalten.
das Problem	Ich hatte kein Problem, mich mit allem zurechtzufinden.
die Schwierigkeiten (Plural)	Haben Sie Schwierigkeiten, den Text zu verstehen?
der Spaß	Es macht mir Spaß, darüber nachzudenken.
die Zeit	Es ist jetzt Zeit, nach Hause zu gehen.

Präpositionen und Kasus

ab	+ Dativ	Ab nächster Woche soll das Wetter besser werden.
an	+ Akkusativ	Er hat einen Brief an seine Mutter geschrieben.
	+ Dativ	Jeden Morgen warten viele Menschen an der Bushaltestelle.
(an)statt	+ Genitiv	Kauf doch einen Strauß Blumen statt der Süßigkeiten!
auf	+ Akkusativ	Leg die Schlüssel einfach auf den Tisch!
	+ Dativ	Auf dem Bett sitzt eine Katze.
aufgrund	+ Genitiv	Aufgrund des Fußballspiels kommt es überall zu Verkehrsstaus.
aus	+ Dativ	Ich hole schnell den Käse aus dem Kühlschrank.
außer	+ Dativ	Außer deiner Kreditkarte musst du nichts mitnehmen.
außerhalb	+ Genitiv	Unsere Wohnung liegt außerhalb des Dorfes.
bei	+ Dativ	Ich bin bei einer Freundin gewesen.
bis	+ Akkusativ	Wir bleiben bis nächsten Montag in Frankfurt.
bis	+ andere Präposition	Ich fahre bis zum Zentrum. Der Weg geht bis an den See.
durch	+ Akkusativ	Wir mussten sehr lange durch den Wald laufen.
entlang	+ Akkusativ	Er geht die Straße entlang. (Position nach dem Substantiv)
	+ Genitiv	Entlang des Baches stehen hohe Bäume. (Position vor dem Substantiv)
für	+ Akkusativ	Ich habe eine Überraschung für dich.
gegen	+ Akkusativ	Wir sind gegen diesen Beschluss.
gegenüber	+ Dativ	Das Postamt befindet sich gegenüber der Kirche. Der Mann stand genau mir gegenüber. (nach dem Personalpronomen)
hinter	+ Akkusativ	Die Maus lief hinter den Schrank.
	+ Dativ	Hinter dem Haus ist der Garten.
in	+ Akkusativ	Ich lege meine Kleider in den Koffer.
	+ Dativ	In unserem Haus wohnen mehrere Familien.
innerhalb	+ Genitiv	Innerhalb weniger Tage wirst du wieder gesund sein.
mit	+ Dativ	Ich gehe heute mit meiner Kollegin ins Kino.
nach	+ Dativ	Nach dem Mittagessen wollen wir einen Ausflug machen.
neben	+ Akkusativ	Im Zug setzte sich ein unsympathischer Mann neben mich.
	+ Dativ	Unser Klavier steht neben dem Fenster.
ohne	+ Akkusativ	Ohne deine Hilfe hätte ich das nie geschafft.
seit	+ Dativ	Seit meinem Urlaub bin ich erkältet.
trotz	+ Genitiv	Trotz meiner Erkältung bin ich heute zur Arbeit gegangen.
	+ Dativ	Trotz meinem Husten gehe ich in die Arbeit.
über	+ Akkusativ	Geh bitte vorsichtig über die Straße!
	+ Dativ	Die neue Lampe hängt über dem Sofa.
um	+ Akkusativ	Du musst dir keine Sorgen um uns machen.
unter	+ Akkusativ	Komm doch zu mir unter den Regenschirm!
	+ Dativ	Ich lag unter dem Baum und schaute in den Himmel.
von	+ Dativ	Dieses Buch habe ich von einem Freund geliehen.
vor	+ Akkusativ	Er hat ihr einen Blumenstrauß vor die Tür gelegt.
	+ Dativ	Wir treffen uns heute Abend vor dem Theater.
während	+ Genitiv	Während meines Studiums habe ich viele Leute kennen gelernt.
wegen	+ Genitiv	Wegen ihrer Krankheit musste sie heute zu Hause bleiben.
	+ Dativ	Wegen dir konnte ich nicht ins Kino gehen! (*vor allem bei Personalpronomen*)
zu	+ Dativ	Er fährt morgen zu seinem Bruder nach Berlin.
zwischen	+ Akkusativ	Hängen wir das Bild zwischen den Schrank und das Regal?
	+ Dativ	Siehst du das kleine Haus zwischen den beiden Geschäften?

1.

1) Machen Sie das?
2. Ja, ich arbeite viel. 3. Ja, ich lese gern. 4. Ja klar, ich komme heute. 5. Ja, wir hören gerne Musik.

2) Im Zug München – Hamburg
2. Fahren Sie 3. Wohnen Sie 4. Arbeiten Sie

3) Sophie fragt und fragt
2. Papa, lesen wir jetzt? 3. Papa, kochen wir Spagetti? 4. Papa, essen wir jetzt? 5. Papa, fahren wir gleich?

4) Hobbys am Wochenende
1. träume 2. spiele 3. lese 4. höre 5. male 6. esse

5) Fragen Sie und antworten Sie frei:
Beispiele: Kochen Sie gerne? - Ja, ich koche gerne.
Kochen Sie oft? - Nein, ich koche nie!
Lesen Sie manchmal? - Ja, ich lese heute.

2.

1) Wer ...? Wo ...? Was ...?
2. e, 3. f, 4. b, 5. d, 6. a

2) Ein Dialog im Zug
1. nach 2. woher 3. Aus 4. in 5. in 6. was 7. in

3) Fragen Sie:
1. Was machst du? 2. Wann fahren Sie? 3. Fahrt ihr nach Hamburg? 4. Wer kommt mit? 6. Wo wohnen Sie?

4) Bürokratie
Beispiele: 1. Wie heißen Sie? – Ich heiße Matthias.
2. Woher kommen Sie? – Ich komme aus Göppingen.
3. Wo wohnen Sie? – Ich wohne in Kassel. 4. Was studieren Sie? – Ich studiere Kunst. 5. Wohin fahren Sie? – Ich fahre nach Paris.

3.

1) Kombinieren Sie:
Beispiele: du spielst, du gehst, er macht, er wohnt, ihr macht, ihr wohnt, sie macht, es wohnt, es macht, wir fahren, wir machen, sie fahren, sie machen, Sie fahren, sie machen, ich komme

2) Wir gehen los – und ihr?
1. gehe 2. Arbeiten – sehen 3. macht – spielen 4. kommt – wohnt 5. fahren, kommt

3) Einladung zum Essen
1. Wir fahren nach Hause. 2. Was macht ihr denn da? 3. Wir kochen und dann essen wir. 4. Wir kommen gleich. Klaus, kochst du? Oder kocht Maria? 5. Klaus kocht. Was trinkt ihr? 6. Wir trinken gerne Saft.

4) Fragen Sie Freunde:
2. Wann stehst du normalerweise auf? 3. Was macht ihr morgens? 4. Was spielt ihr gerne? 5. Wo wohnst du zur Zeit?

5) „er", „sie" oder „es"?
2. er 3. sie 4. Sie 5. Er

6) „Sie" oder „sie"?
2. Was machen sie? 3. Kommen Sie mit? 4. ..., sie kommt nicht mit. 5. ..., fahren Sie ins Zentrum? – ..., steigen Sie ein!

4.

1) Kombinieren Sie:
1. *Beispiele*: du siehst, du läufst, du liest, ihr sprecht, ihr wisst, ihr schlaft, ihr lauft, ...

2) Ich lächle nie
2. klingle 3. sammle 4. heißt – weiß

3) Fragen Sie einen Freund oder eine Freundin:
2. Reist du gern? 3. Wartest du schon lange? 4. Nimmst du Zucker? 5. Was liest du gerade? 6. Sprichst du Russisch?

4) Im Flugzeug
1. startet 2. fährt 3. sieht 4. liest 5. kommt 6. spricht 7. isst 8. schläft 9. essen 10. fragt 11. antwortet 12. weiß 13. schläfst 14. liest 15. schläft

5) Finden Sie Reime:
1. er schlägt 2. du liest 3. du beißt, du weißt 4. ihr steht, ihr dreht

5.

1) Wie ist ...?
Mögliche Lösungen: 2. Wir sind aus München. München ist schick. 3. Was, ihr seid aus Mexiko? Mexiko ist exotisch. 4. Aha, Sie sind aus London. London ist kosmopolitisch. 5. Marta und Eva sind aus Rom. Rom ist sonnig.

2) Müde oder fit?
1. bin, bin 2. Sind – sind 3. Ist – ist 4. Ist – ist 5. Seid – sind

3) Berufe
2. Sind Sie Direktor? – Nein, ich bin Vize-Direktor 3. Bist du Franzose? – Nein, ich bin Argentinier. 4. Sind Klaus und Karl Lehrer? – Nein, sie sind Künstler.

4) haben
1. habe 2. Hast – habe, habe 3. Habt, hat, hat

5) Schlechte Laune: „haben" oder „sein"
1. ist 2. ist 3. habe 4. habe 5. habe 6. Ist 7. ist 8. Ist

6) Ist das ...?
b) Das ist der Eiffelturm. Er ist in Paris. c) Das ist der Big Ben. Er ist in London. d) Das ist das Brandenburger Tor. Es ist in Berlin. e) Das ist das Empire State Building. Es ist in New York. f) Das ist der Stephansdom. Er ist in Wien.

6.

1) Reisetipps für Ihren Freund / Ihre Freundin
1. Achte 2. Mach 3. Iss 4. trink 5. Hab 6. sei

2) Bitten Sie einen Fremden / eine Fremde:
2. Wiederholen Sie das bitte! 3. Erklären Sie das bitte!
4. Hören Sie bitte genau zu!

3) Liebe Kinder …
1. Trinkt 2. spielt 3. streitet 4. Geht 5. putzt 6. Schlaft 7. träumt

4) Delegieren Sie!
2. Frau Maier, telefonieren Sie bitte mit der Firma in Jena! 3. Lukas und Klaus, bringt das in Ordnung! 4. Frau Blau, fahren Sie bitte nach Wien!

5) Bitten Sie höflich!
2. Arbeite bitte nicht so lange, … 3. Sei bitte pünktlich, … 4. Habt bitte etwas Geduld, …

6) Der Chef ist krank
1. berichten Sie 2. Warten Sie 3. reagieren Sie 4. Kaufen Sie 5. Telefonieren Sie 6. Seien Sie 7. Haben Sie 8. erklären Sie

7.

1) Unterstreichen Sie die trennbaren Verben:
Heute räume ich mal auf. Die Wohnung sieht chaotisch aus! Wie fange ich nur an? Vielleicht wasche ich zuerst das Geschirr ab. Dann putze ich die Fenster. Da klingelt das Telefon. Wer ruft denn jetzt an? Da hört das Klingeln wieder auf. Zu dumm! Ich sauge, wische, trockne ab, poliere… Am Schluss bin ich sehr müde!

2) Ein Albtraum
1. fliegen … los 2. schauen her 3. macht … auf 4. fliegen los 5. komme … mit 6. fliegen … zurück 7. hören … zu 8. wache … auf

3) Karla und Paul bereiten eine Reise vor
1. räum … auf 2. wasch … ab 3. steck … ein 4. kaufe Proviant ein 5. packe alles ein 6. schließe … ab 7. fahren … los

4) „hin" oder „her"?
2. her 3. hin 4. hin 5. her

5) Vergnügungen
2. Frühstückst du auch gerne so lang? 3. Gehst du auch so gerne spazieren? 4. Kaufst du auch so gerne ein? 5. Rufst du auch so gerne Freunde an? 6. Siehst du auch so gerne fern? 7. Hörst du auch so gerne Musik? 8. Schläfst du auch so gerne früh ein?

8.

1) Identifizieren Sie die Pluralsignale:
2. ¨ (Brüder) 3. -n (Tanten) 4. – (Onkel) 5. ¨e (Söhne) 6. ¨ (Töchter) 7. ¨er (Bücher) 8. -nen (Freundinnen) 9. -s (Büros) 10. -en (Wohnungen) 11. ¨e (Wände) 12. -en (Menschen) 13. ¨e (Züge) 14. -n (Regeln) 15. -er (Bilder)

2) Beim Einkaufen
1. Äpfel 2. Pflaumen 3. Nudeln 4. Eier 5. Oliven 6. Taschentücher 7. Süßigkeiten

3) Das Urlaubsparadies
1. Wälder 2. Ebenen 3. Strände 4. Hotels 5. Fische 6. Vögel 7. Kinder 8. Großväter 9. Großmütter

4) Bilden Sie Reime:
1. die Räume 2. die Äste, die Reste 3. die Hände 4. die Flüge 5. die Ränder, die Länder 6. die Dosen, die Hosen

6) Sprachvergleich
Substantive ohne Plural (Beispiele): der Käse, die Marmelade, der Honig, das Bier, der Wein, …
Substantive ohne Singular (Beispiele): die Ferien, die Leute, …

9.

1) Schreiben Sie die Zahlen:
2. siebenunddreißig 3. achtundneunzig 4. sechsundsechzig 5. fünfzehn 6. vierundzwanzig 7. elf 8. einundneunzig 9. dreiundsiebzig

2) Rechnen und schreiben Sie:
2. drei plus vierzehn ist siebzehn 3. zweihundertvier minus drei ist zweihunderteins 4. zwölf mal drei ist sechsunddreißig 5. sechzehn durch zwei ist acht

3) Vergleichen Sie die Preise:
2. In der Schweiz kostet er vierhundertundneunzig Franken. 3. In Österreich kostet der Kühlschrank einhundertneunundsechzig Euro sechsundfünfzig. 4. Das sind zweihundertzweiundsechzig Franken und dreiundfünfzig Rappen.

10.

1) Wie viel Uhr ist es?
2. Es ist halb vier. 3. Es ist zehn (Minuten) vor halb vier. 4. Es ist zehn (Minuten) vor zehn. 5. Es ist Viertel vor zwölf. 6. Es ist fünf (Minuten) vor acht.

2) Im Reisebüro: Ein Flug nach Südafrika
1. wann 2. Um achtzehn Uhr zwanzig. 3. wann 4. Um einundzwanzig Uhr fünfunddreißig 5. Wie viel Uhr ist es jetzt?

3) Wichtige Daten
1291: zwölfhunderteinundneunzig 1871: achtzehnhunderteinundsiebzig 1914-1918: neunzehnhundertvierzehn bis neunzehnhundertachtzehn 1918: neunzehnhundertachtzehn 1933: neunzehnhundertdreiunddreißig 1939-1945: neunzehnhundertneununddreißig bis neunzehnhundertfünfundvierzig 1949: neunzehnhundertneunundvierzig 1955: neunzehnhundertfünfundfünfzig 1989: neunzehnhundertneunundachtzig 1990: neunzehnhundertneunzig

4) Die neue Wohnung
1. siebzehn Quadratmeter 2. zwölf Quadratmeter 3. achthundertdreißig Euro

5) Die Einkaufsliste
1 1/2 Pfd. Karotten, 2 l Milch, 1 Pfd. Butter, 300 g Käse, 50 g Oliven, 1 l Salatöl

11.

1) Die Sonne scheint!

Heute ist Herr Maier froh. Der Chef ist nicht da, die Arbeit ist leicht, und die Sonne scheint. Er überlegt: „Was mache ich heute Abend? Fahre ich nach Hause oder gehe ich spazieren?" Da ruft Anna an und fragt: „Gehen wir heute Abend essen?" Aber der Chef kommt früh zurück. Er hat schlechte Laune: „Was machen Sie da, Herr Maier? Rufen Sie bitte sofort in Stuttgart an! Es ist dringend! Wir warten und warten und der Katalog ist immer noch nicht da. Ach ja: Die Kunden aus Hamburg kommen gleich. Heute Abend gehen wir alle essen – Sie kommen bitte mit!"

2) Maiers warten nicht gerne!

1. Bist du fertig? Es ist schon spät! – d. Was? Müssen wir schon los? – 2. Ja, du weißt doch, Maiers warten nicht so gerne! Mach bitte schnell! – c. Ja ja, ich komme ja schon. Wo ist das Geld? – 3. Ich habe es. Was nehmen wir mit? Wein? Blumen? Schokolade? – a. Wein und Blumen. Schokolade finde ich kindisch. – 4. Okay, dann gehen wir jetzt los. – b. Ja. Aber ich habe gar keine Lust!

3) Formulieren Sie die Bitten als Fragen:

2. Hörst du jetzt bitte auf? 3. Rufst du mich bitte nachher an? 4. Kochst du bitte heute Abend?

4) Was für Fragen passen?

2. Schläfst du? – Nein, ich lese. 3. Wer ist das? – Das ist Frau Lohse, die Lehrerin. 4. Was machst du? – Ich lese gerade ein Buch.

5) Kombinieren Sie Sätze:

Mögliche Kombinationen: 2. Ich gehe gerne spazieren, aber (denn) ich schwimme nicht gern. 3. Endlich ist Urlaub! Was meinst du? Fahren wir nach Italien oder (fahren wir) nach Frankreich? 4. Nein, ich komme nicht, denn ich habe viel Arbeit und schlechte Laune. 5. Es regnet, aber (und) Herr Maier ist immer noch glücklich, denn Anna kommt heute Abend.

12.

1) Was passt hier zusammen?

Mögliche Lösungen: 1. Karl hat heute gute Ideen.
2. Angelika macht oft (einen) Fehler. 3. Dort drüben ist ein Taxi / ein Frisör. 4. Hoffentlich findest du bald ein Taxi / eine Wohnung / einen Frisör / (einen) Fehler. 5. Wir suchen eine Wohnung / (einen) Fehler / einen Frisör. / 6. Sabine isst gern Birnen.

2) Im Geschäft

1. ein 2. (einen) 3. einen 4. ein 5. einen 6. eine 7. Ein 8. eine 9. einen

3) Gibt es hier ...?

eine Schule, ein Rathaus, einen Eissalon, eine Bank, einen Bahnhof, ein Einkaufszentrum, ein Kino

4) Zeitausdrücke

2. Einen 3. eine

5) Peter ist reich

ein, einen, ein

6) Ein Ehepaar macht einen Ausflug

1. eine 2. eine 3. eine 4. Ein 5. ein 6. einen 7. ein

7) Im Restaurant

2. ein 3. ein, einen 4. eine, eine

13.

1) Wer? Wen? Was?

2. Der Vater. 3. Den Bruder. 4. Das Buch. 5. Die Briefe

2) Wie bitte? Wen siehst du?

1. Was 2. Wen 3. Was liest du? 4. Was machen wir?

3) Deutschunterricht

1. den 2. die 3. die 4. den

4) Schule

2. die Wörter 3. den Text 4. die Überschrift 5. die Fragen 6. die Übungen

5) Subjekt oder Objekt?

2. Der Mann = S 3. Den Dieb = O 4. Die Ampel = O

6) Wo ist der Akkusativ?

2. Die Brüder begrüßt das Kind, nicht den Onkel. 3. Den Mann sieht die Frau nicht. 4. Die Frau liebt der Mann sehr. 5. Das Land in Afrika kennt die Frau gut. 6. Der Junge kennt die Frau gut.

14.

1) Stadt – Land – Fluss

2. ein Land 3. eine Stadt 4. eine Stadt 5. ein Schloss

2) Geografie

2. das 3. Der 4. Das

3) Marias Familie

1. einen 2. einen 3. Die 4. der 5. Eine 6. Der 7. einen 8. einen 9. ein 10. Das 11. ein

4) Indefinit-Artikel, Definit-Artikel oder kein Artikel?

1. eine 2. der 3. der 4. eine, die 5. Eine – Eine, eine 6. ein 7. eine 8. die 9. einen, Der 10. – , –

5) Was sind sie von Beruf?

1. Lehrerin 2. Student 3. Professor (in Österreich: Universitäts-Professor) 4. Sekretärin

15.

1) Wo ist der Dativ?

2. Der Freundin schreibt sie nie einen Brief. 3. Heute schickt sie der Mutter ein Paket zum Muttertag.
4. Dorothea Schlegel begegnet Goethe zum ersten Mal 1799. 5. Der Fisch ist nicht gut: Das Mädchen ist krank und den Frauen ist schlecht. 6. Gern zeigen die Leute den Touristen den Weg.

2) Besitz

2. der – dem 3. dem – dem

3) Was stiehlt der Dieb wem?

1. das 2. Dem 3. die 4. den 5. die 6. der 7. die

4) Ferien in einem fernen Land

1. der 2. dem 3. der

5) Was passt hier?

2. Gefällt 3. Helfen 4. schmeckt 5. antwortet

6) Geschenke zu Weihnachten

Mögliche Lösungen: ... und dem Vater eine Krawatte. Er schenkt den Großeltern eine Kamera. Dem Onkel schenkt er ein Buch. Außerdem schenkt er der Schwester eine Tasche und dem Bruder einen Rucksack. Und was bekommt er? Eine Armbanduhr!

16.

1) Was sagen Sie?

2. b, 3. d, 4. a

2) Auf einer Party

2. Magst du sie? 3. Siehst du ihn? 4. Verstehst du sie?

3) Wo ist denn bloß mein Schlüssel?

2. Hol es mir bitte! 3. Gib sie mir bitte! 4. Hol sie mir bitte!

4) Besitz

2. mir 3. Wem 4. Dem

5) Wie geht es dir?

1. euch 2. mir

6) Was passt hier?

2. ihn 3. sie, Wer 4. Sie uns 5. ihn

7) Beim Mittagessen

Beispiele: Gibst du mir bitte das Salz? – Ja bitte, hier hast du es. Geben Sie mir bitte den Zucker? – Ja bitte, hier ist er. Geben Sie mir bitte die Milch? – Ja bitte, hier ist sie.

17.

1) Formulieren Sie negativ:

2. Das ist nicht nett von Ihnen! 3. Ich bleibe nicht hier. 4. Ich kenne sie nicht.

2) Fragen und Antworten

2. Doch, ich komme heute. 3. Doch, ich fahre gern Auto. 4. Kommen Sie mit? 5. Gibt es noch etwas zu trinken?

3) Was ist das Gegenteil?

noch – nicht mehr, sehr – gar nicht, schon – noch nicht, immer – nie, alles – nichts

4) Was ist denn mit Karin los?

1. nicht mehr 2. leider nicht 3. nichts 4. auch nicht

5) Etwas stimmt nicht!

2. Ali schenkt ihr nicht das Buch 3. Franz gibt das Buch nicht ihm 4. Angelika fährt nicht heute (nach Hause)

6) Erklären Sie:

2. Sie ist nicht reich. 3. Ich verstehe nichts. 4. Er schreibt nicht gern.

18.

1) „kein" oder „nicht"?

2. kein 3. keinen 4. kein 5. nicht 6. keinen

2) Wie ist das in Ihrem Land?

Mögliche Lösungen: 2. In ... spricht man nur (eine / zwei / drei) Sprachen / sogar (fünf) Sprachen / viele Sprachen. 3. In ... gibt es nur (1000-) Meter-Berge / sogar (5000-) Meter-Berge / auch 3000-Meter-Berge. 4. ... hat nur (2) Hafenstädte / keine Hafenstadt. 5. ... hat keine Meeresküsten / (3) Meeresküsten.

3) Ein Gespräch

2. Meine Familie sieht nie fern. 3. Wir haben keinen Videorekorder. 4. Ich sehe Fernsehkomödien nicht gern. 5. Wir spielen keine Kartenspiele.

4) Sagen Sie das Gegenteil:

2. Er schreibt den Brief nicht. 3. Sie hat keine Zeit. 4. Sie hat nicht viel Zeit. 5. Das Zimmer hat kein Telefon.

5) Wo steckt die Wahrheit?

Beispiel: ... er ist kein Informatiker, sondern Student. Er arbeitet nicht bei Siemens. Er hat kein Auto, und er raucht. Er isst nicht gerne Fisch. Er steht morgens immer sehr spät auf und geht erst spät in die Uni. Er ist arm und fährt immer mit dem Fahrrad.

19.

1) Wohin kommen die Sachen?

Frau K: ihr Buch, ihr Föhn, ihre Zeitschrift, ihre Strumpfhose, ihr Kostüm, ihre Lockenwickler, ihre Handtasche; *Herr K*: sein Anzug, sein Buch, sein Regenschirm, sein Rasierapparat, seine Zeitschrift, seine Shorts

2) Was passt zusammen?

2. e, 3. c, 4. a, 5. d, 6. c, 7. d, 8. a, 9. b

3) Wessen ...? Wem ...?

2. meine 3. sein 4. ihre 5. Unsere 6. Wessen, wem 7. Ihren 8. Ihrer 9. eure

4) Partyfloskeln

2. Ihrem 3. Ihren 4. meinen

5) Das ist meine Familie

1. meine 2. meine 3. meiner 4. seine 5. meines 6. Richards

20.

1) Ergänzen Sie die richtige Form des Substantivs:

1. Ehefrau 2. Freunde 3. Parks 4. Kindern 5. Vater

2) Endung -(e)n oder nicht?

2. Ihren Vor- und Nachnamen 3. den Jungen 4. den Praktikanten 5. der Löwe, der Tiere 6. Herrn Oculi 7. Optimisten, Pessimisten

3) Was passt hier?

1. der Anfang des Films / der Liebe 2. das Ende des Films / der Liebe 3. das Büro des Chefs 4. das Gehalt des Kollegen / des Chefs 5. die Abfahrt des Zuges 6. die Dame des Hauses 7. die Meinung des Chefs / der Kollegen / der Leute 8. die Stimme des Herzens

4) Nachbarschaft

1. Herrn 2. Franzose 3. Affen 4. Affe 5. Menschen

21.

1) Ergänzen Sie das Reflexiv-Pronomen:
1. dir 2. euch 3. sich 4. uns 5. dich 6. dir 7. dir

2) Wo fehlt etwas?
2. Jedes Jahr zu Silvester verletzen sich viele Menschen beim Feuerwerk. 3. Sie gehen ins Kabarett und amüsieren sich köstlich. 4. Wir erkundigen uns nach den Preisen für einen Flug nach Stuttgart. 5. Morgen wasche ich mir die Haare.

3) Hermann und Annette
2. Sie sehen sich jeden Tag an der Bushaltestelle. 3. Sie begrüßen sich jedes Mal freundlich. 4. Sie setzen sich im Bus immer nebeneinander. 5. Während der Fahrt unterhalten sie sich gut. 6. Am Ende der Busfahrt verabschieden sie sich. 7. Sie finden sich sehr sympathisch. 8. Aber: Sie treffen sich nie am Abend und besuchen sich nie zu Hause.

4) Hermann erzählt
3. Wir begrüßen uns jedes Mal freundlich. 4. Wir setzen uns im Bus immer nebeneinander. 5. Während der Fahrt unterhalten wir uns gut. 6. Am Ende der Busfahrt verabschieden wir uns. 7. Wir finden uns sehr sympathisch. 8. Aber: Wir treffen uns nie am Abend und besuchen uns nie zu Hause.

5) Eine andere Geschichte
Mögliche Lösung: ... Nach dem Unterricht treffen sie sich oft. Sie verstehen sich gut, sie verlieben sich, sie streiten sich und sie vertragen sich wieder. Dann verloben sie sich und heiraten. Ist das ein Happyend?

22.

1) Schreiben Sie den Komparativ und den Superlativ:
2. jung, jünger, am jüngsten 3. groß, größer, am größten 4. hoch, höher, am höchsten 6. teuer, teurer, am teuersten 7. gut, besser, am besten 8. gern, lieber, am liebsten

2) Etwas Geografie
2. als 3. wie 4. als

3) Vergleichen Sie:
2. Alex ist nicht so klug wie er glaubt. 3. Dein Stuhl sieht bequemer aus als mein Stuhl. 4. Thomas arbeitet viel mehr als sein Nachbar. 5. Ich interessiere mich sehr für Malerei, aber noch mehr für Theater. 6. Sind die Menschen heute höflicher als (klüger als) früher?

4) Meine Freundin und ich
2. Sie geht gern Schilaufen, aber ich schwimme lieber 3. Sie ist 5cm größer, aber sie wiegt genauso viel wie ich. 4. Ihre Haare sind schwarz und etwas länger (kürzer) als meine. 5. Ich gehe oft ins Kino, aber sie ist eine Filmfanatikerin, sie geht noch öfter.
Mögliche Lösungen: 6. Ich kenne viele Leute, aber sie kennt noch mehr Leute. 7. Ich lebe schon zwei Jahre hier, sie lebt schon viel länger hier. 8. Ich sehe viel fern, aber sie sieht (noch) viel mehr fern.

5) Hobbys
Mögliche Lösungen: Ich schwimme gern, aber lieber tauche ich. Ich spiele gern Tennis, aber ich spiele lieber Golf.

6) Eine Super-Familie
Mögliche Lösungen: 1. Wer in Ihrer Familie ist am jüngsten? 2. Mein Neffe ist am jüngsten. 1. Wer in Ihrer Familie ist am fleißigsten? 2. Meine Tante ist am fleißigsten.

23.

1) Am Bahnhof
Peter Schulz steigt aus. Er hat Hunger und sucht ein Restaurant. Da sieht er am Zeitungskiosk eine Kollegin. Sie lächelt ihn an. Er vergisst seinen Hunger sofort. Schnell geht er hin und begrüßt sie: „Guten Tag, Frau Korte. Was machen Sie denn hier? Darf ich Sie zu einem Kaffee einladen?“ Frau Korte nimmt die Einladung an. In der Cafeteria holt er ihr eine Tasse Kaffee und sie bietet ihm Schokolade an. Fast eine Stunde unterhalten sie sich. Dann fährt ihr Zug ab und Peter ist wieder allein.

2) Wohin gehören Dativ und Akkusativ?
2. Nächste Woche besuche ich dich in London. 3. Er sagt es ihr noch nicht. 4. Wir schenken unseren Nachbarn einen Rasenmäher.

3) Formulieren Sie anders:
2. Jeden Abend sieht Volker die Nachrichten im Fernsehen. 3. Zwei Stunden regnet es nun schon! 4. Herr und Frau Stolz kommen heute leider nicht mit. 5. Immer wieder erzählt uns der Flüchtling die Geschichte seiner Familie.

4) Warten am Flughafen
2. Bayern kenne ich gut, Schloss Neuschwanstein nicht. 3. Den Witz von der Ameise und dem Elefanten kenne ich noch nicht. (Den Witz kenne ich nicht.)

5) Was macht der Koch / der Lehrer / der Arzt?
2. Der Lehrer korrigiert am Mittwoch Abend 45 Tests. Am Donnerstag Morgen erklärt er seinen Schülern noch einmal die Regel. 3. Der Arzt verschreibt dem Mann sofort ein Antibiotikum, denn er hat eine Lungenentzündung.

24.

1) Was passt hier zusammen?
2. Das Foto liegt unter der Zeitung. 3. Der Schreibtisch steht am Fenster. 4. Das Bild hängt über dem Kamin. 5. Die Katze liegt im Korb. 6. Der Koffer liegt auf dem Schrank.

2) Was für ein Chaos!
1. auf dem Boden 2. im Regal 3. unter dem Tisch 4. auf dem Sofa 5. unter den Stühlen 6. an der Wand 7. über dem Kamin

3) Was passt?

2. Der Hut hängt an der Garderobe. 3. Such doch mal in der Schublade! 4. Ich sitze gerne im Schatten unter dem / unter einem Baum. 5. Bitte, Kinder, spielt im Garten, nicht auf der Straße. 6. Nur unter Freunden fühle ich mich richtig wohl! 7. Haben Sie auch eine Satellitenschüssel auf dem Dach? 8. Über den Wolken scheint immer die Sonne.

4) Lieber Klaus

1. liegen in der Schublade 2. stehen unter dem Regal 3. ist im Kühlschrank 4. hängt im Schrank 5. Auf dem Küchentisch liegt 6. liegt in der Schublade 7. steckt 8. im Fahrradschloss

25.

2) Wer wohnt wo?

Mögliche Lösungen: 2. Das Ehepaar Staudinger wohnt ganz rechts. 3. Frau Schröder und ihr Freund wohnen zwischen Familie Curic und dem Ehepaar Staudinger. 4. Familie Curic wohnt rechts neben Familie Winkler. / ... links neben Frau Schröder und ihrem Freund.

3) Das neue Haus

1. Unten 2. oben 3. zwischen unserem 4. dem 5. Unter dem 6. vor dem

4) Sitten

2. Auf den Dächern gibt es viele Satellitenschüsseln. 3. In vielen Städten gibt es Radwege neben den Gehsteigen.

5) liegen – stehen – hängen ...?

2. Das Foto steht auf dem Schreibtisch. 3. Das Foto hängt an der Wand.

6) Ein Traum

1. auf dem 2. steht neben 3. liegt auf dem 4. sitzt auf dem

26.

1) Was passt hier zusammen?

2. Stell bitte den Tisch ans Fenster! 3. Ich lege die Zeitungen ins Regal / zwischen die Lexika. 4. Setz dich bitte hinter deine Mutter! 5. Ich stelle das Buch zwischen die Lexika / ins Regal. 6. Hängen Sie Ihren Mantel dort an den Haken!

2) Fototermin

1. hinter deine 2. auf den 3. vor die 4. unter den

3) „Wo ist das?" – „Wohin gehört das?"

1. im 2. in die 3. in den 4. ans 5. auf dem 6. ans

4) Jetzt räumen wir auf!

1. legt ... in den Korb 2. stellt ... auf den Tisch 3. legt ... in die Kiste 4. stellt ... ins Regal 5. Hängt ... an die Garderobe 6. Stellt ... in die Garage 7. in den Garten

5) Wohin mit den Möbeln?

1. ihn ... in die Mitte des Raumes 2. unter die Lampe 3. ans Fenster

27.

1) Dativ oder Akkusativ?

1. ins. 2. Im. 3. im. 4. zu meinem. 5. bei deinem. 6. zu Hause.

2) Ein perfekter Ausflug

1. nach 2. in einem 3. nach 4. ins 5. auf die 6. am 7. zum 8. am 9. nach

3) Geografie

Graz liegt in Österreich. – Genf liegt in der Schweiz. – Malmö liegt in Schweden. – Istanbul liegt in der Türkei. – Rom liegt in Italien. – Kiew liegt in der Ukraine. – Prag liegt in Tschechien. – Mailand liegt in Italien. – Seattle liegt in den USA. – Krakau liegt in Polen.

4) Hobbys und Interessen

1. an die See, am Ufer, ins Wasser 2. in die Schule, ans Meer, auf eine Insel, am Strand, im Meer 3. auf einen Berg, im Wald, in die Stadt 4. zu Freunden, Bei Freunden, im Hotel, bei uns, ins Museum, in die Oper

28.

1) Was passt?

2.a: Kommt ihr aus Düsseldorf? 3.f: Fahren wir zu Kerstin und Eva! 4.g: Der Regen trommelt gegen das Fenster. 5.h: Geh endlich aus der Sonne! 6.d: Das Kind läuft über die Wiese. 7.e: Ich geh' jetzt ins Büro. 8.b: Ich trinke aus der Tasse.

2) Woher?

2. aus dem 3. vom 4. vom 5. zur 6. aus dem

3) Wie komme ich zur Uni?

1. bis zum Park 2. durch den Park 3. um die Baustelle herum 4. bis an die Schnellstraße 5. gegenüber dem Hochhaus 6. aus den USA

4) Wegbeschreibung von Passau nach München

1. durch 2. über 3. nach 4. entlang 5. ins 6. über 7. zu

29.

1) Gegensätze

2. da 3. nirgends / nirgendwo 4. drüben 5. draußen

2) Drehbuch für einen Krimi

1. nirgends 2. dort oben 3. da drin 4. weg 5. da

3) Thomas ist krank

2. Bringst du mir auch den Stift von da hinten? 3. Er liegt da draußen im Garten. 4. Es ist hier drinnen sehr heiß.

4) Die Berge sind wunderschön!

1. Dort oben 2. da / dort 3. hier 4. Überall 5. draußen 6. überall 7. nirgends / nirgendwo

5) Ein Mietshaus

Mögliche Lösungen: Familie Waczek wohnt vorne oben in der Mitte. Unter ihr wohnt Familie Eichinger. / Vorne unter Familie Eichinger wohnt Herr Klein. Familie Wiese wohnt rechts hinten.

30.

1) Ergänzen Sie Adverbien mit „her"- und „hin"-:
1. herein 2. hinauf 3. hinunter 4. hinauf 5. herunter

2) Eine Bergtour
1. herein 2. nach oben 3. Oben 4. aufwärts 5. nach links 6. nach rechts 7. geradeaus 8. hinunter 9. hinaufschauen 10. von oben 11. oben 12. herunter

3) In der Geisterbahn
2. Von links fasst mich eine kalte Hand an. 3. Ein Skelett lacht zu uns herunter. 4. Jetzt fahren wir nicht mehr vorwärts. 5. Er klettert zu uns herauf. 6. Wann fahren wir wieder aus der Geisterbahn hinaus?

4) Antworten Sie mit einem Direktional- oder Lokal-Adverb:
2. Ja, aber wir gehen nicht rein, wir haben keine Zeit.
3. Ich sitze lieber draußen, drinnen ist es rauchig. 4. Aber Mami, von oben habe ich so eine schöne Sicht!

31.

1) Was passt? Was passt nicht?
2.a: Ich freue mich nicht auf Montag. 3.e: Seit Tagen leide ich unter der Hitze. 4.f: Ich spreche nicht gerne über Politik. 5.c: Sie interessiert sich gar nicht für Fußball. 6.b: Ich denke immer nur an ihn.

2) Lebensberatung
1. auf 2. über 3. für 4. an 5. über 6. mit

3) Gesprächspartner
1. über 2. Mit dem / Mit meinem 3. über den 4. Mit der / Mit meiner 5. über den 6. mit 7. über

4) Sei vorsichtig!
2. Erzähl Herbert nicht von dem Unfall! 3. Erinnere Frau Kreuzer nicht an die Scheidung! 4. Träum in der Schule nicht vom Wochenende! 5. Vergiss den Geburtstag deiner Mutter nicht! / Vergiss nicht auf den Geburtstag deiner Mutter! (österreichisch)

5) Persönliche Vorlieben
Beispiele: Ärgern Sie sich über Unpünktlichkeit? Freuen Sie sich auf den Urlaub? Denken Sie oft an die Zukunft? Hoffen Sie auf Frieden? Leiden Sie unter dem Wetter? Unterhalten Sie sich gerne über Politik? Sind Sie neugierig auf die Arbeit? Protestieren Sie gegen Unhöflichkeit? Sind Sie fertig mit dem Kochen?

32.

1) Ratschläge
2. e, 3. b, 4. a, 5. c

2) Fragen
2. Mit wem telefonierst du gerade? 3. Woran erinnerst du dich gerne? 4. Wovon träumst du oft?

3) Ergänzen Sie:
2. Darüber, dafür 3. an sie 4. Dazu 5. dazu 6. darüber 7. Damit 8. daran 9. auf ihn

4) Eine glückliche Ehe
1. für Musik, Theater, Kunst 2. in ihn 3. zu ihm 4. zu mir 5. mit ihm 6. mit ihm 7. über 8. dagegen 9. für den Feminismus 10. darüber 11. darüber

5) Fragen Sie Ihren Partner / Ihre Partnerin:
Beispiele: Wovor haben Sie Angst? – Ich habe Angst vor meinem Chef. Worüber ärgerst du dich? – Ich ärgere mich über meinen Freund. Wovon träumst du? – Ich träume von der Arbeit. Worüber sprechen Sie? – Ich spreche über Geld. Worüber diskutierst du immer? – Ich diskutiere über Politik. Woran denken Sie oft? – Ich denke oft an meine Freundin. Woran glauben Sie? – Ich glaube an Gott. Wofür interessieren Sie sich? – Ich interessiere mich für Fußball.

33.

1) „müssen" oder „können"?
2. kann 3. muss 4. kann

2) Was passt?
2. a, 3. b, 4. c

3) Hallo! – Eine Nachricht auf dem Anrufbeantworter
1. Willst / Kannst 2. können / wollen 3. muss 4. können 5. will

4) Was fehlt hier?
2. Er <u>kann</u> nicht allein aufstehen. 3. Am Sonntag kommt seine Freundin zu Besuch, aber sie <u>muss</u> schon bald gehen. 4. Sie will noch ihre Großeltern <u>besuchen</u>. 5. Herr Schmidt liest ein Buch, es ist sehr spannend; er <u>kann</u> / <u>möchte</u> / <u>will</u> es gar nicht mehr aus der Hand legen.
6. Um acht Uhr <u>will</u> er fernsehen, aber es gibt keinen guten Film.

5) Was muss man da machen?
2. Sie muss zuerst ein Formular ausfüllen. 3. Er muss zuerst seinen Führerschein machen.

6) Fragen Sie bitte höflich!
2. Können Sie bitte Ihren Namen buchstabieren?
3. Können Sie (mir) bitte Geld wechseln? / Können Sie mir bitte Kleingeld geben? / Können Sie mir bitte einen Euro / Cent (einen Euro / 50 Cent) geben (leihen)?

7) Was sagen Sie in dieser Situation?
1. Können Sie Briefe mit dem Computer schreiben? Können Sie Englisch? Können Sie Kaffee kochen? Können Sie abends länger bleiben? 2. Ich möchte zum Kaufhaus Karstadt. Wo muss ich da aussteigen?

34.

1) Verkehrs-Quiz
1.a: darf 4.b: müssen 5.c: darf 2.d: müssen

2) Erziehung
2. Ich möchte (bitte) jetzt nach Hause gehen. 3. Ich möchte (bitte) heute schwimmen gehen.

3) Situationen: Muss ich? Darf ich? Kann ich?
2. kann 3. muss
4) Was schreibt Klaus?
1. soll ihn nicht vergessen 2. soll dir (euch) schöne Grüße
5) „Sollen" oder „müssen"
2. soll 3. müssen 4. sollen
6) Kinder haben's schwer: „sollen" und „dürfen"
2. Susanne darf Reitstunden nehmen. Sie soll aber auch für die Schule lernen. 3. Wolfgang darf zur Party gehen. Er soll aber pünktlich um 22 Uhr wieder zu Hause sein.

35.

1) Was passt?
2.a, 3.d, 4.b.
2) Das Leben eines kleinen Jungen
1. darf 2. musst 3. will 4. darfst 5. darfst 6. darf 7. muss
3) Was Eltern aus der Sicht der Kinder dürfen / (nicht) müssen / sollen
2. dürfen 3. sollen 4. müssen 5. müssen 6. dürfen
4) Nichts ist ihr recht!
Beispiele: *Mutter*: Möchtest du vielleicht fernsehen? *Tochter*: Nein, ich möchte nicht fernsehen. *Mutter*: Wir können einen Kuchen zusammen backen. *Tochter*: Nein, ich möchte keinen Kuchen backen. *Mutter*: Vielleicht möchtest du spazieren gehen oder deine Freundinnen einladen oder ein Buch lesen ... *Tochter*: Nein, ich möchte nicht spazieren gehen. Ich möchte auch meine Freundinnen nicht einladen und ich möchte kein Buch lesen. *Mutter*: Was willst du denn? *Tochter*: Ich will meine Ruhe!
5) Kinder haben's schwer
2. Susanne darf ihr neues Kleid nicht in die Schule anziehen. Sie soll es nicht schmutzig machen! 3. Wolfgang darf nicht zur Party gehen, sondern er soll für seine Prüfung lernen.

36.

1) Steckbriefe
1. Sie ist Sekretärin. 2. Er ist Tierpfleger. 3. Sie ist Schauspielerin.
2) Wer macht was wie?
2. Der Vater schlägt vorsichtig einen Nagel in die Wand, der Sohn sieht neugierig zu. 3. Der Sohn spielt fantastisch Theater, der Vater schaut stolz zu.
3) Harry hat es eilig
2. Er wäscht sich nicht sorgfältig die Hände. 3. Er stellt die Teller nicht vorsichtig in den Schrank.
4) Der neue Chef
1. weniger 2. genau 3. pünktlich 4. anders 5. irgendwie 6. lieber / am liebsten

5) Was ziehen Sie vor?
2. Ins Kino gehe ich lieber am Nachmittag, da ist es nicht so teuer. 3. Im Urlaub fahre ich lieber (am liebsten) in den Süden, da scheint die Sonne! 4. In der Klasse sitze ich lieber (am liebsten) hinten, da sieht mich die Lehrerin nicht. / da kann ich ungestört schlafen (unter der Bank lesen) ...
6) Was machen Sie gern in Ihrer Freizeit? Was nicht?
Beispiele: Ich treibe gern Sport und ich spiele besonders gern Fußball. / ... aber ich spiele nicht gern Fußball. Ich höre gern Musik, aber ich höre nicht gern Jazz. ...

37.

1) Was passt zusammen?
1. f, a; 2. b; 3. g, a; 4. d, c; 5. c, a; 6. e, f; 7. a, b, c
2) Leider, zum Glück oder ...?
2. leider 3. Hoffentlich 4. Zum Glück 5. Vielleicht
3) Hoffnungen
2. Hoffentlich lerne ich einen netten Mann kennen!
3. Hoffentlich lerne ich Annegrets Freundin Veronika besser kennen! 4. Hoffentlich gibt es nicht wieder so viel schmutziges Geschirr wie letztes Mal! 5. Hoffentlich wird das Wetter schön! Da können wir draußen grillen.
4) Vermutungen
Mögliche Lösungen: 2. Wahrscheinlich ist er sehr schüchtern. / ist er verheiratet. / hat er schon eine Freundin. 3. Wahrscheinlich findet sie die Party langweilig. / muss sie Annegret helfen. / findet sie mich uninteressant. 4. Wahrscheinlich ist sie wieder zu süß. / müssen die Leute mit dem Auto nach Hause fahren.
5. Wahrscheinlich langweilen sie sich. / fühlen sie sich nicht wohl. / sind sie schon zu alt für eine Party.

38.

1) Überrascht Sie das?
Mögliche Lösungen: 2. Das Essen ist aber lecker! 3. Der neue Lehrer ist aber nett! 4. Der Kellner ist aber schnell!
5. Die Verkäuferin ist aber höflich!
2) Noch mehr Überraschungen
2. Ich verstehe aber schon viel! 3. Ihr Name ist aber kompliziert! 4. Das ist aber noch weit!
3) Partikeln verstehen
2.a: Ich weiß es doch nicht! 3.d: Der Stoff ist aber fein!
4.c: Ich komme ja schon!
4) Welche Partikel passt?
2. doch 3. mal 4. mal 5. doch 6. ja
5) Mach doch mal!
Kai, räum doch mal dein Zimmer auf! Hol doch mal die Post aus dem Briefkasten! Räum doch mal den Tisch ab! Schreib doch mal einen Brief an Tante Ulla!
6) Das mache ich ja!
Karin: Ich ziehe mich ja schon um! – Ich nehme ja genug Geld mit! – Wir sind ja pünktlich da!

39.

1) In der Pause

2. Woher kommt denn Ihre Familie? 3. Wo wohnen Sie denn hier?

2) Kommst du mit in die Kneipe?

2. Eigentlich habe ich schon etwas anderes vor.
3. Eigentlich spiele ich nicht gern Ballspiele.

3) Was passt hier?

2. denn 3. eben / halt 4. eigentlich

4) Dann nehme ich eben einen Kaffee!

2. Dann warte ich eben. 3. Dann gehe ich eben / halt in die Bücherei. 4. Dann gehe ich eben / halt zu Fuß.

5) Am Telefon

2. denn 4. eigentlich 5. doch 6. eigentlich 7. doch

6) Gespräche am Frühstückstisch

2. Was hast du denn vor? 3. Wie heißt er denn eigentlich? 4. Ist er denn nett?

40.

1) Wie heißt der Infinitiv?

2. schneiden 3. lesen 4. wissen 5. denken 6. bringen

2) Wie heißt das Partizip?

2. gelegen 3. gebrochen 4. genannt 5. gesprochen 6. gebeten

3) Welches Verb passt? Und in welcher Form?

2. geschrieben 3. gesagt 4. geschlossen 5. gefunden

4) Konsequenzen

2. gesehen 3. gegessen 4. gekocht 5. gestohlen 6. getrunken 7. gewaschen

5) Wie hast du das Omelett gemacht?

2. gegeben 3. gemischt 4. geschüttet 5. gebraten

6) Hast du schon deine Hausaufgaben gemacht?

2. gelernt 3. gemacht 4. gemalt

41.

1) Welches Verb passt? In welcher Form?

2. gekommen 3. gestorben 4. geworden

2) „haben" oder „sein"?

1.B: habe 2.A: hast 2.B. bin 3.A: habt 3.B: sind 4.A: Seid 4.B: sind 5.B: bin 6.A: Seid 6.B: haben 7.B: habe / bin (vor allem süddeutsch / österreichisch)

3) Eine Ansichtskarte aus Italien

1. geblieben 2. haben … gefunden 3. haben / sind … gelegen 4. hat … verloren 5. Hast … gegeben … gegossen

4) Eine Ansichtskarte aus Norwegen

Mögliche Lösung: Am ersten Tag haben wir lange geschlafen. Dann haben wir gefrühstückt. Es hat den ganzen Tag geregnet. Deshalb sind wir in die Sauna gegangen und sind danach drei Stunden im Schwimmbad geblieben. Am Abend haben wir im Restaurant gegessen. Dann sind wir zur Disko gefahren.

42.

1) Wie heißt das Partizip?

ge   *t*: gebracht, geregnet, geantwortet, geplatzt
ge   *en*: geschehen, gestanden, geblieben, gesessen, gewesen, gelaufen, geliehen, geschmolzen, gelegen
     en: verstanden, verboten, vergessen
     t: probiert, entschuldigt, erzählt, übersetzt
  ge *t*: zurückgebracht, hingesetzt
  ge *en*: mitgenommen, eingeschlafen, mitgekommen, aufgestanden, angefangen

2) Perfekt mit „haben" oder „sein"?

Perfekt mit „haben": ich habe verziehen, ich habe bezahlt, ich habe eingekauft, ich habe gebracht, ich habe geantwortet, es hat geregnet, ich habe gegessen, ich habe geliehen, ich habe gelegen, ich habe verstanden, ich habe verboten, ich habe vergessen, ich habe probiert, ich habe entschuldigt, ich habe erzählt, ich habe übersetzt, ich habe zurückgebracht, ich habe mich hingesetzt, ich habe mitgenommen, ich habe angefangen

Perfekt mit „sein": er ist geplatzt, es ist geschehen, ich bin gewesen, ich bin gelaufen, (die Schokolade) ist geschmolzen, ich bin gelegen, ich bin eingeschlafen, ich bin aufgestanden

3) Welches Verb passt? In welcher Form?

2. empfohlen 3. eingestiegen 4. weggenommen 5. verglichen 6. überwiesen 7. angerufen, gewartet

4) Was hat er gefragt?

2. Hast du das Buch schon zu Ende gelesen? 3. Ist er umgezogen? 4. Haben sie sich versöhnt? / Hat sie ihm verziehen?

5) Was haben Sie letzten Sonntag gemacht?

Mögliche Lösung: Dann habe ich geduscht, mich angezogen, lange gefrühstückt und die Zeitung gelesen. Dann haben wir zusammen Mittag gegessen. Am Nachmittag sind wir zum See gefahren und dort spazieren gegangen. Am Abend habe ich den Kindern ein Buch vorgelesen und wir haben Fernsehen geguckt. Um 10 Uhr sind wir ins Bett gegangen.

43.

1) Wie heißt das Präteritum?

2. er dachte nach 3. ich fror 4. es regnete 5. sie kamen an 6. sie nahm

2) Mein Onkel – ein Bericht

1. stellten … her 2. war 3. verdienten 4. saßen 5. diskutierten 6. lud … ein 7. war 8. suchte 9. gefiel

3) Perfekt oder Präteritum?

2. Ich war im Theater 3. Wir sind zu den Nachbarn auf ein Fest gegangen.

4) Ein Lebenslauf

1. blieb 2. wechselte 3. machte 4. gewann 5. schloss … ab 6. begann

6) Ein Treffen
1. gingen 2. spazieren 3. erzählte 4. berichtete 5. saßen 6. schwieg 7. redeten 8. erinnerten 9. war 10. fuhr

44.

2) ABA, ABB oder ABC?
ABA: lassen, ließ, gelassen – vergessen, vergaß, vergessen; ABB: biegen, bog, gebogen – ziehen, zog, gezogen; ABC: helfen, half, geholfen – finden, fand, gefunden

3) Ergänzen Sie die Formen:
ABB: bleiben, blieb, geblieben – leihen, lieh, geliehen; ABC: sprechen, sprach, gesprochen; ABA: tragen, trug, getragen – fallen, fiel, gefallen; ABC: nehmen, nahm, genommen; ABB: heben, hob, gehoben; ABC: treffen, traf, getroffen

45.

1) Wie sagt man meistens?
2. Die Kinder durften nicht länger aufbleiben, es war schon nach 22 Uhr. 3. Nach meiner Operation sollte ich besonders viel spazieren gehen. 4. Gestern Abend war ich zu müde, ich konnte den Film nicht mehr zu Ende sehen. 5. Zum Glück musste sie das gestern nicht mehr machen.

2) Fähigkeiten und Wünsche
2. gewollt 3. gekonnt (gemocht)

3) Schwierigkeiten beim Filmfestival
1. hatte 2. wollten 3. konnten 4. mussten

4) Wie man es macht, ist es verkehrt!
2. hat ihn nicht trinken wollen 3. hat es nicht lesen wollen 4. hat es nicht ansehen wollen

5) dürfen, müssen, können?
1. mussten 2. mussten 3. Konntet 4. konnten

46.

1) Was ist vorher passiert?
2. Er hatte im Lotto gewonnen. 3. Wir hatten es schnell gelesen. 4. Jemand hatte sie gegossen. 5. Tante Eva hatte ihn gebacken. 6. Sie war vor einer Stunde angekommen.

2) Peinliche Befragung
2. Ich hatte es meinem Bruder geliehen. 3. Frau Bohle hatte mich darum gebeten. 4. Ihr Mann war nach Hause gekommen. 5. Ich hatte mich verfahren.

3) Eine Einladung: Die Gäste kommen gleich
2. die hatte er passend zur Tischdecke gekauft. 3. das hatte er mit einem Silbertuch geputzt. 4. beides hatte er nachgefüllt. 5. die hatte er schon am Morgen vorbereitet. 6. den hatte er erst im letzten Moment gemischt. 7. die hatte er kurz vorher warm gemacht.

4) Ein Geburtstag
Wir wohnten damals in Mexiko. Unser Sohn war noch sehr klein. Am 16. Oktober feierten wir seinen dritten Geburtstag. Die Nacht vorher war es recht kalt und wir mussten die Heizung anstellen. Gleich zum Frühstück gab es einen Kuchen mit drei Kerzen darauf; den Kuchen hatte ich noch in der Nacht vorher gebacken. Johannes freute sich sehr über alles: die Dekoration, die Lampions, die Girlanden – mein Mann und ich hatten alles um Mitternacht aufgehängt. Die beiden Pakete von den Großeltern durfte er nun endlich aufmachen – sie waren schon eine Woche früher angekommen und hatten die ganze Zeit oben auf dem Schrank gelegen. Was war nur drin? Johannes machte das Papier schnell auf – tatsächlich ein Auto mit Fernbedienung: Das hatte er sich schon lange gewünscht. Die Omi hatte mal wieder den Kinderwunsch erraten und genau das Richtige geschickt.

47.

1) Nein, jetzt nicht!
2. gleich 3. nachher 4. morgen 5. jetzt, gerade

2) Die Karriere
2. in drei Jahren 3. in fünf Jahren

3) Du hast ja keine Ahnung!
1. Um ein Uhr / In einer Stunde 2. Heute Abend 3. Dienstagmorgen 4. gerade

4) Morgen leider nicht!
2. Fahrt ihr nächste Woche nach Nürnberg zurück? 3. Sie fahren nächstes Jahr nach Italien in Urlaub.

48.

1) Versprechen
1. werde … schimpfen 2. werde … werfen 3. werde … loben 4. aufräumen 5. waschen 6. werde … lieben 7. wird … sein 8. Wirst … verzeihen

2) Vermutung oder Realität?
2. Vermutung / Prognose 3. Fester Plan / Realität 4. Vermutung 5. Fester Plan / Realität

3) Sonst … !
2. … werde ich hundemüde 3. … werde ich zu dick 4. … ist die Fahrt zu anstrengend

4) Eine Wahlrede
Beispiele: … ich werde die Renten erhöhen, die Eisenbahn ausbauen, den Entwicklungsländern helfen, mehr Gleichberechtigung schaffen, die Wirtschaft ankurbeln, die Benzinpreise senken, …

5) Berufswünsche
Beispiele: 2. Iris wollte Filmstar werden, aber sie ist Beamtin geworden. 3. Katherina wollte Verkäuferin werden, aber sie ist Politikerin geworden. 4. Markus wollte Fußballer werden, aber er ist Arzt geworden.

49.

1) Was passt?
2. a, 3. b, 4. c

2) Der Verehrer
1. gestern 2. Eben 3. da 4. heute Abend 5. nun

3) Mach bitte schnell!
2. lange 3. immer 4. immer wieder 5. selten

4) Klagen
1. nie 2. dauernd / immer wieder 3. ewig 4. kurz 5. selten 6. nie 7. meistens 8. immer wieder 9. selten

50.

1) Schulsorgen
1. Während des Unterrichts 2. nach der Schule 3. am Nachmittag 4. Beim Abendessen 5. in der Nacht 6. Am Morgen

2) Erinnerungen
1. Beim 2. Am 3. vor dem 4. Zwischen 5. am 6. in der

3) Vergangenheit
2. Vor 40 Jahren benutzte noch niemand das Internet. 3. Vor 50 Jahren gab es noch keine Supermärkte. 4. Vor 50 Jahren reisten nur wenige Menschen mit dem Flugzeug.

4) Schöne neue Welt?
Mögliche Lösungen: 2. In zehn Jahren wird der Autoverkehr noch chaotischer sein. 3. In zehn Jahren werden die USA die Weltpolitik noch mehr (immer noch) dominieren. 4. In zehn Jahren werden die Leute immer noch Bücher lesen. / In zehn Jahren wird niemand mehr Bücher lesen.

5) Sitten und Gebräuche
2. In Deutschland ist am Samstag und am Sonntag keine Schule. 3. In Deutschland haben die meisten Kinder am Nachmittag frei. 4. In Deutschland ist es im Winter kalt und es liegt Schnee. 6. In Deutschland haben die meisten Leute im Sommer Urlaub.

51.

1) Was passt?
2.c: Ab nächster Woche soll das Wetter besser werden. 3.d: Bis jetzt habe ich nichts davon gehört. 4.a: Bis zu den Ferien sind es noch 10 Tage.

2) Drei Tage
2.b: Ich bleibe noch drei Tage. 3.c: Seit drei Tagen bin ich richtig im Stress. 4.a: Vor drei Tagen habe ich angerufen.

3) Beim Psychologen
1. zuerst 2. dann 3. Bis 4. noch 5. schon 6. Seit 7. ab

4) Antworten Sie:
2. Seit drei Jahren. 3. Von 8 (Uhr) bis 17 (Uhr). 4. Nein, sie hat immer noch nicht angerufen.

5) „bis" oder „bis zu"?
2. bis 3. bis 4. bis zu den

6) Immer der Chef
• Ah, Herr Koch, gut dass ich Sie sehe. Sie wollen doch nicht schon gehen?
• Nein, nein, Herr Direktor. Ich gehe immer erst um 6 Uhr nach Hause.
• Sehr gut. Wie steht es denn mit dem Vertrag mit der Firma Zettel? Haben Sie den schon entworfen?
• Nein, das tut mir Leid, das habe ich noch nicht geschafft.
• Haben Sie schon mit Frau Kummer gesprochen?
• Nein, das Treffen mit Frau Kummer ist erst morgen.
• Na gut, dann arbeiten Sie ein bisschen, ich gehe jetzt schon nach Hause.

52.

1) Kein guter Tag
Schon vor dem Frühstück hatte Berta Koller sich sehr ärgern müssen. Die Zeitung war wieder einmal nicht vor der Tür gelegen, sie hatte die Kinder kaum aufwecken können und dann war auch noch die Milch übergekocht. Kaum hatte sich Frau Koller an den Frühstückstisch gesetzt, da rief ihr Chef an. „Sie müssen heute dringend nach Gießen fahren, Frau Koller! So kann es nicht weitergehen, die Filiale dort ist einfach nicht effizient genug. Die werden noch die ganze Firma ruinieren!" Frau Koller konnte nicht „nein" sagen, es war schließlich ihr Chef. Aber nun musste sie jemanden für die Kinder finden, ihrer Freundin absagen, und zum Frisör konnte sie auch nicht gehen. Kein guter Tag!

2) Was passt?
2.e: Sie wollte gestern kommen. 3.a: Ich werde mich darum kümmern. 4.f: Ich wollte das so gerne fertig machen. 5.d: Wo ist nur die Zeit geblieben? 6.b: Das hatte niemand vorhersehen können. 6.h: Das hatte niemand verhindern können. 7.b: Kriege wird man nicht verhindern können. 8.g: Bist du hier auch immer spazieren gegangen?

3) 1989 und danach
2. Plötzlich konnten die DDR-Bürger in den Westen fahren. 3. Die wirtschaftlichen Probleme im Osten Deutschlands wird man aber nur langsam lösen können. 4. Viele Menschen im Osten müssen eher in Rente gehen.

4) Ergänzen Sie die Adverbien:
2. Das hast du wirklich sehr gut gemacht! *Mögliche Lösungen*: 3. Das Spiel findet heute bestimmt nicht statt. / Heute findet das Spiel bestimmt nicht statt. / Bestimmt findet das Spiel heute nicht statt. *Mögliche Lösungen*: 4. Er gibt das Buch wahrscheinlich heute Nachmittag dort zurück. / Wahrscheinlich gibt er das Buch heute Nachmittag dort zurück. / Heute Nachmittag gibt er das Buch wahrscheinlich dort zurück. / Das Buch gibt er wahrscheinlich heute Nachmittag dort zurück. / Dort gibt er das Buch wahrscheinlich heute Nachmittag zurück.

5) Kommst du auf das Fest morgen Abend?
Gehst du auf das Konzert am Dienstag? – Hast du den Unfall gestern Vormittag gesehen? – Siehst du dir die Fernsehsendung heute Abend um 20 Uhr an? – Hast du den Streit zwischen Petra und Angela miterlebt?

53.

1) Gründe:
2.c: Fausto hat mich aus Mitleid umarmt. / 2.d: … vor Freude … 3.a: Die Durchfahrt ist wegen Bauarbeiten gesperrt. 4.a: Alles hat sich wegen Bauarbeiten verzögert. / 4.b: … wegen meiner Erkältung … 4.e: … durch den langen Streik … 5.c: Sie hat ihm aus Mitleid geholfen.
2) Schlechte Aussichten?
2.d: Das Klima erwärmt sich wegen der Abgase. / 2.a: … wegen unseres Energiekonsums. 3.e: Der Verkehr in den Städten nimmt trotz der vielen Staus zu. / 3.c: … trotz der Umweltkonferenzen 4.a: Wegen unseres Energiekonsums werden die Rohstoffe knapp. / Die Rohstoffe werden wegen unseres Energiekonsums knapp. 5.c: Trotz der Umweltkonferenzen sterben die Regenwälder. / Die Regenwälder sterben trotz der Umweltkonferenzen.
3) „für" oder „zu"?
2. für mich 3. Für wen – für meinen Freund, zum Geburtstag. 4. für Ihren Abschied, für Sie, für Ihre Arbeit, Für Ihre Zukunft 5. zu Weihnachten, für euch
4) Eine Reise mit Hindernissen
1. Wegen eines Sturms 2. Wegen der Verzögerung 3. trotz seiner Verspätung 4. Vor Freude 5. vor Müdigkeit

54.

1) „mit" oder „ohne"?
1. Mit ihrem Auto 2. mit dem Bus und der Bahn 3. mit dem Fahrrad 4. mit dem Auto 5. Ohne 6. ohne den Kampf
2) Ergänzen Sie:
2. in Ruhe 3. nach Anleitung 4. Statt eines Geschenks
5. Ihrer Meinung nach
3) Sprachprobleme: mit oder ohne „auf"
1. auf Spanisch 2. Spanisch 3. auf Deutsch 4. Deutsch
5. Englisch
4) Sagen Sie das anders:
2. Meiner Meinung nach haben Sie vollkommen Recht.
3. Der Lift ist zur Zeit außer Betrieb. 4. Er war immer pünktlich, außer am Montag. 5. Ohne Führerschein darfst du nicht fahren.
5) Altersunterschiede
Fragen: Wann ist man in Ihrem Land (in deinem Land) mit der Schule fertig? – Wann dürfen junge Mädchen alleine Reisen? – Wann darf man wählen? – Wann dürfen junge Leute normalerweise heiraten? – Wann kommen die Kinder in die Schule?

55.

1) Was passt?
2.e, 3.b, 4.a, 5.c
2) Das müssen wir vermeiden!
2. Geh bitte jetzt einkaufen. Sonst sind die Läden schon zu. 3. Schreib bitte den Brief gleich. Sonst kommt er zu Weihnachten nicht an. 4. Bleib nicht so lange in der Sonne liegen. Sonst bekommst du einen Sonnenbrand.
3) „nämlich", „trotzdem", „sonst", oder „also"?
2. Der Zug war schon abgefahren. Ich konnte also nicht kommen. / Also konnte ich nicht kommen. 3. Wir müssen heute ins Kino gehen. Sonst sehen wir den Film nicht mehr. / Wir sehen sonst den Film nicht mehr. 4. Ich hole dich gern ab – ich bin sowieso in der Gegend. Es ist also kein Problem. 5. Ich habe einen schrecklichen Schnupfen. Trotzdem gehe ich zur Arbeit, denn es gibt so viel tun.
6. Bitte schau genau auf die Karte. Sonst verfahren wir uns. / Wir verfahren uns sonst. 7. Dieses Rezept ist sehr kompliziert. Ich probiere es trotzdem aus (Trotzdem probiere ich es aus), es sieht sehr interessant aus.
8. Ich bin nicht baden gegangen. Das Schwimmbad war nämlich total überfüllt.
4) Endlich fertig mit der Schule!
Liebe Carmen,
seit einigen Wochen bin ich endlich mit der Schule fertig. Trotzdem bin ich nicht so richtig glücklich, ich muss mich nämlich für ein Studienfach entscheiden. Deshalb lese ich (Also lese ich) seit Tagen alle möglichen Informationshefte. Es hilft trotzdem nichts: Ich kann mich nicht entscheiden! Vielleicht studiere ich deshalb (deswegen) auch gar nicht. Die Universitäten sind nämlich so anonym. Außerdem gibt es viel zu viele Studierende – man findet nämlich nach dem Studium sehr schwer einen Arbeitsplatz. Trotzdem gehen alle meine Freunde an die Universität. Hast du nicht einen Rat?
Alles Liebe, dein Philip

56.

1) Worauf bezieht sich „es"?
1. Aus welchem Jahr stammt es denn?
Bezug: das Gebäude dort drüben / das Gebäude von Schinkel
Ich weiß es nicht genau.
Bezug: aus welchem Jahr das Gebäude stammt
2. Hast du dir gemerkt, wie es aussah?
Bezug: das Auto
Nein, ich weiß es nicht mehr …
Bezug: wie das Auto aussah
2) Es fährt keine U-Bahn mehr
2. Ich glaube, wir machen das Restaurant zu. Heute kommen keine Gäste mehr. 3. Dieser Vortrag war schrecklich. Niemand hat etwas verstanden. 4. Wir sind

fast fertig. Die Kerzen fehlen nur noch. 5. Gehen wir morgen ins Konzert? Die Wiener Philharmoniker spielen.

3) Märchen ohne Ende

1. T, 2. T, 3. T, 4. T, 5. F, 6. F, 7. P, 8. P

4) Obligatorisch oder nicht?

2. Fuhr kein Zug nach Salzburg? 3. Gibt es in dieser Gegend keine Läden? 4. Wie geht es dir heute? 5. Kommen auch mal wieder bessere Zeiten?

5) Was gibt es?

– In Deutschland gibt es lange Sommerferien. Wie ist das bei Ihnen?
– In Deutschland gibt es viele Staus. Wie ...
– In Deutschland gibt es viele Radwege. Wie ...
– In Deutschland gibt es viele Volksfeste. Wie ...
– In Deutschland gibt es wenig Bodenschätze. Wie ...

57.

1) Wer macht was?

2. Ich gehe einkaufen. 3. Sie lacht. 4. Peter lernt Schi fahren. 5. Er wäscht die Wäsche 6. Sie bleiben sitzen.

2) Lernprozesse

2. Susi lernt gerade laufen. 3. Daniel lernt gerade Schi fahren. 4. Papa lernt gerade mit dem Computer arbeiten. 5. Mutti lernt gerade Motorrad fahren.

3) Gemütlich sitzen bleiben!

1. fahre ... abholen 2. sitzen bleiben 4. helfe ... aufräumen

4) Bieten Sie Ihre Hilfe an!

2. Ich helfe dir gerne das Fahrrad reparieren. 3. Ich helfe euch gerne umziehen. 4. Ich helfe dir gerne die Wohnung streichen.

5) Luxus

2. ... ich lasse die Wohnung putzen. 3. ... ich lasse die Lebensmittel bringen. 4. ... ich lasse die Hemden bügeln.

6) Perfekt

2. Ja, ich habe sie reparieren lassen 3. Wir sind in ein türkisches Restaurant essen gegangen. 4. Das habe ich kommen sehen. 5. Da sind wir etwas länger sitzen geblieben.

58.

1) Was passt zusammen?

2.c, 3.a

2) Wählen Sie die richtige Satz-Verbindung:

1. denn 2. und 3. oder 4. aber 5. weder – noch 6. weder – noch 7. entweder – oder, und 8. doch

3) Ein Brief aus dem Urlaub

Beispiel: ... Leider gab es nicht genug Schnee. Sollen wir hier bleiben oder nach Hause fahren? Am dritten Tag hat es endlich geschneit, wir konnten sowohl Schi fahren als auch Snowboard fahren. Am nächsten Tag wollten wir Schlitten fahren, doch es regnete. Also konnten wir nicht rausgehen, sondern mussten im Hotel bleiben. Zum Glück gibt es auch ein Schwimmbad. Es gibt auch einen Supermarkt und eine Bäckerei in der Nähe, aber keine Bücherei und kein Kino.

59.

1) Formulieren Sie anders:

2. Er meint, dass wir das falsch machen. 3. Frau Docht behauptet, dass sie die Zukunft sehen kann. 4. Er vermutet, dass seine Freundin allein in Urlaub gefahren ist.

2) Was meinen Sie?

2. Ich weiß, dass Rauchen ungesund ist. 3. Ich habe keine Ahnung, ob das noch klappt. / Ich frage mich, ob das noch klappt. 4. Ich frage mich, ob wir das wirklich tun sollen.

3) Was steht heute in der Zeitung?

Mögliche Lösungen:

2. Die „Bild-Zeitung" fragt, ob auch Frauen zur Bundeswehr gehen sollen. 3. „Die Zeit" meldet, dass der Bundestag über die Steuerreform debattierte. 4. „Die Welt" berichtet, dass in Osteuropa viele Menschen Deutsch lernen.

4) „dass" oder „ob"?

1. dass 2. ob 3. dass 4. ob 5. Dass 6. ob

5) Das ist aber schade!

Mögliche Lösungen:

2. Zu dumm, dass er den Termin verpasst hat. 3. Tut mir leid, dass deine Schwester doch nicht kommen kann. 4. Komisch, dass ich meinen Freund gestern in der Mensa nicht gesehen habe. / ... meinen Freund gestern nicht in der Mensa gesehen habe.

6) Bist du sicher, dass du das gemacht hast?

2. Bist du sicher, dass du Ute am Morgen angerufen hast? – Ich weiß nicht genau, ob ich sie angerufen haben.
3. Bist du sicher, dass du der Sekretärin die Briefe auf den Schreibtisch gelegt hast? – Ich weiß nicht genau, ob ich ihr die Briefe auf den Schreibtisch gelegt habe.
4. Bist du sicher, dass du die Blumen gegossen hast? – Ich weiß nicht genau, ob ich sie gegossen habe.

7) Überlegungen

Mögliche Lösung:

Ich weiß aber nicht, ob es ein Fundbüro an der Universität gibt. Ich schaue mal nach, ob im Portmonee eine Adresse ist. Ich glaube, dass der Finder eine Belohnung bekommt. Ich bin sicher, dass der Pförtner Bescheid weiß. Ich denke, dass ich den Pförtner jetzt gleich mal frage. ...

60.

1) Ein Theateragent stellt Fragen:

2. Sie fragt, wie viele Lieder sie singen muss. 3. Außerdem ist es für sie wichtig, wer ihr Partner ist. 4. Sagen Sie

uns bitte, wann die Proben beginnen. 5. Und schließlich möchte sie auch wissen, wie hoch die Gage ist.

2) Der Gaststudent

Mögliche Lösungen:

2. Sag mir doch noch einmal, wie der höchste Berg heißt.
3. Kannst du mir sagen, welches der längste Tunnel ist?
4. Weißt du auch (Weißt du eigentlich), ob Wilhelm Tell wirklich gelebt hat? 5. Sag mal, seit wann gibt es eigentlich das Frauenwahlrecht bei euch? 6. Weißt du, ob die Schweiz schon der Europäischen Union beigetreten ist?

3) Warum wollen die das wissen?

2. ..., wo ich in den letzten 5 Jahren gewohnt habe?
3. ..., ob ich verheiratet bin? 4. Warum wollen sie wissen, wie viele Kinder ich habe? 5. Was geht die das an, ob ich schwanger bin?

4) Liebevolle Fragen

2. ..., wann du mich deinen Eltern vorstellst. 3. ..., ob du mir treu sein wirst. 4. ..., wie viel Geld du verdienst.
5. ... , ob wir zusammen in Urlaub fahren.

5) Nachfragen

Mutter: Wo hast du eigentlich Marion kennen gelernt?
Dietmar: Wo ich Marion kennen gelernt habe?
Mutter: Hast du schon eine neue Arbeit gefunden?
Dietmar: Ob ich schon eine neue Arbeit gefunden habe?
Mutter: Wann bringst du die Anzüge zur Reinigung?
Dietmar: Wann ich die Anzüge zur Reinigung bringe?
Mutter: Kannst du bitte mal den Rasen mähen?
Dietmar: Ob ich mal den Rasen mähen kann?
Mutter: Ist der Müll schon draußen?
Dietmar: Ob der Müll schon draußen ist?
Mutter: Warum erzählst du mir nie etwas?
Dietmar: Warum ich dir nie etwas erzähle?

61.

1) Drücken Sie den Relativsatz als Hauptsatz aus:

2. Der Aufstieg auf den Vulkan ist eine Herausforderung. Die muss man akzeptieren. 3. Mir gefallen die großen Fenster. Aus denen hat man eine schöne Aussicht.
4. Gehen Sie doch zu der Ärztin. Ihre Praxis ist hier ganz in der Nähe.

2) Ergänzen Sie das Relativpronomen:

1. die 2. was 3. die 4. der, mit dem

3) Definitionen

Mögliche Lösungen:

2. Ein Stuhl ist ein Möbelstück, auf dem man sitzt.
3. Ein Projektor ist ein Gerät, mit dem man Dias zeigt.
4. Eine U-Bahn ist ein Transportmittel, mit dem man zur Arbeit fährt. 5. Ein Bett ist ein Möbelstück, in dem man schläft / träumt / ... 6. Ein Bad ist ein Zimmer, in dem man sich wäscht / sich duscht, ein Bad nimmt ...

4) Schau mal, meine alte Schule!

1. der 2. in die 3. bei der 4. den 5. durch das

5) Das ist das beste Buch, das ich je gelesen habe!

2. Das ist der spannendste Film, den ich je gesehen habe!
3. Das ist die weiteste Reise, die ich je gemacht habe!
4. Das ist der tollste Job, den ich je bekommen habe!

6) Wo ist die Frau, die ich lieben kann?

..., die auch Sinn für Humor hat, mit der man schöne Reisen machen kann, von der man etwas lernen kann.
..., der auch Sinn für Humor hat, mit dem man schöne Reisen machen kann, von dem man etwas lernen kann.

62.

1) Was passt zusammen?

2. a, 3. b, e, 4. f, 5. c, 6. d, b

2) So viele Fragen! So viele Antworten!

2. Weil auch die Bremsen kaputt sind. 3. Weil ich kein Geld für eine eigene Wohnung habe. 4. Weil ich nicht gern telefoniere. 5. Weil ich meine Arbeit verloren habe.

3) Warum ist das so?

2. Da sein Blinddarm entzündet ist, muss der Arzt ihn operieren. 3. Da Fred gern Wiener Schnitzel isst, freut er sich schon auf das Essen. 4. Da Annette nicht genügend Obst isst, hat sie sich erkältet.

4) Drücken Sie das anders aus:

2. Heinz hat oft Fernweh, weil er sich zu Hause langweilt.
3. Renate fährt dieses Jahr nach Marokko, weil die Landschaft dort sie fasziniert. 4. Mariana ist gegen Tourismus, weil zu viele Touristen die Landschaft kaputtmachen.

5) Vorlieben

Mögliche Antworten:

1. Ich liebe den Frühling, weil die Tage wieder länger werden. / ... weil die ersten Blumen wieder blühen.
2. Ich liebe den Sommer, weil ich da Urlaub habe. /... weil man da wieder draußen essen kann. 3. Ich liebe den Herbst, weil die Bäume bunt werden. / ... weil man Drachen steigen lassen kann. 4. Ich liebe den Winter, weil es schneit. / ... weil ich gerne Schi fahre.

63.

1) Was passt zusammen?

2. c, d, 3. e, 4. a, 5.c, d

2) Aus zwei mach eins

2. Annette fährt im Urlaub ins Ausland, um fremde Kulturen kennen zu lernen. 3. Hartmut fährt um 17 Uhr zum Flughafen, um seine Kusine abzuholen. 4. Wir gehen einmal pro Woche schwimmen, um fit zu bleiben.
5. Frau Hansemann fährt in die Stadt, um Geburtstagsgeschenke einzukaufen. 6. Herr Schwarz spricht mit seinem Chef, um ihn und seine Frau zum Essen einzuladen.

3) Wozu machen die Leute das?

Mögliche Lösungen:

2. Natalia arbeitet in den Ferien, um eine Reise zu machen. – ..., damit ihre Eltern ihr nicht so viel Geld

geben müssen. 3. Alfonso geht ins Theater, um das neue Stück von Handke zu sehen. – …, damit seine Frau in Ruhe mit ihren Freundinnen plaudern kann. 4. Dieter legt die Wäsche in die Waschmaschine, um heute Abend ein frisches Hemd anzuziehen. – …, damit die Wäsche heute noch trocken wird. 5. Helga nimmt ein Wörterbuch mit in den Urlaub, um mit den Bewohnern des fremden Landes zu sprechen. – …, damit ihr die Speisekarten kein Problem bereiten.

64.

1) Was passt zusammen?
2. a, 3. b, 4. f, 5. d, 6. e

2) Das ist immer so!
2. Wenn ich es eilig habe, nehme ich das Auto. 3. Wenn meine Mutter müde ist, trinkt sie einen Mate-Tee. 4. Das wörtliche Übersetzen ist schwierig, wenn es sich um sehr verschiedene Sprachen handelt.

3) Wie kann man das auch anders sagen?
2. Als Heinz 2006 eine Geschäftsreise nach Japan machte, lernte er ein wenig Japanisch. 3. Als sie ihren Job verlor, musste sie wieder ganztags arbeiten.

4) „als", „wenn" oder „wann"?
2. Wann – Wenn 3. Wann – als 4. Wann – als 5. wann
6. Wann – Wenn

5) Ergänzen Sie die richtige Konjunktion:
2. bis 3. seit 4. Als 5. wenn

6) Was machen Sie, wenn …
Mögliche Antworten:
Wenn ich traurig bin, mache ich einen Spaziergang. Wenn ich glücklich bin, schreibe ich ein Gedicht. Wenn meine Familie plötzlich vor der Tür steht, hole ich eine Pizza vom Pizza-Service zum Essen. Wenn der Chef mich stark kritisiert, nehme ich das (nicht) sehr ernst.

65.

1) Was passiert zuerst? Was passiert danach?
2. sobald 3. als 4. bevor / ehe 5. nachdem

2) Karin Bechers Morgenrituale
Mögliche Lösungen:
2. Nachdem sie Morgengymnastik gemacht hat, duscht sie. 3. Wenn sie im Badezimmer fertig ist, geht sie in die Küche. 4. Während sie frühstückt, liest sie die Zeitung.
5. Wenn die Nachrichten zu Ende sind, verlässt sie um 8 Uhr 5 das Haus. 6. Als sie heute das Haus verließ, war es 8 Uhr 30.

3) Morgenrituale bei Familie Koch
Mögliche Lösungen:
2. Wenn Linda mit Duschen fertig ist, steht Harry auf.
3. Wenn Harry geduscht hat, steht Sonia auf. 4. Während Harry sich anzieht, macht Linda das Frühstück.
5. Während sie frühstücken, besprechen sie den Tag.
6. Bevor alle aus dem Haus gehen, macht Harry Schulbrote.

4) Was machen Sie zuerst, was danach?
2. Bevor ich jemanden besuche, rufe ich ihn an. 3. Bevor ich hineingehe, klopfe ich an. / Nachdem ich angeklopft habe, gehe ich hinein. 4. Bevor ich das Obst esse, wasche ich es. / Nachdem ich das Obst gewaschen habe, esse ich es. 5. Bevor ich einen Vortrag halte, sehe ich die Notizen noch einmal an. 6. Bevor ich rede, denke ich nach.

5) Gleichzeitig oder nacheinander?
2. Während ich Radio höre, mache ich Hausaufgaben.
3. Bevor ich eine Reise mache, wechsle ich Geld.
4. Nachdem ich das Kleingedruckte gelesen habe, unterschreibe ich den Vertrag.

6) Kein guter Tag
1. als 2. dass 3. ob 4. dass 5. nachdem 6. dass

66.

1) Wann machen Sie das?
Mögliche Lösungen:
2.d, 3.a, b, c, 4.f, 5.a, b, c, 6.e

2) Wie ist es logisch?
Mögliche Lösungen:
2. Wenn ich nicht schlafen kann, nehme ich ein heißes Bad / trinke ich ein Glas Milch / mache ich Entspannungsübungen. 3. Wenn die Haare zu lang sind, gehe ich zum Frisör. 4. Wenn ich müde bin, dusche ich kalt / mache ich Entspannungsübungen / trinke ich ein Glas Milch. 5. Wenn ich viel am Computer arbeite, mache ich Entspannungsübungen. 6. Wenn ich reise, nehme ich die Reiseapotheke mit.

3) Bedingungen und Konsequenzen
2. Aber wenn Imke nicht krank ist, geht sie immer ins Schwimmbad. 3. Aber wenn ich meine Schwester sehe, bestelle ich ihr deine Grüße.

4) Ergänzen Sie:
2. wenn / falls 3. da 4. Da 5. ob 6. Falls / Wenn

5) Bedingung oder Konsequenz?
2. Wenn sie ein Auto haben, brauchen sie bei Regen nicht mit dem Bus zu fahren. / Sie brauchen bei Regen nicht mit dem Bus zu fahren, wenn sie ein Auto haben.
3. Wenn Herr Norden im nächsten Jahr aufhört zu arbeiten, kann er sich seinen Hobbys widmen.

67.

1) „weil" oder „obwohl"?
Mögliche Lösungen:
2. Sie wird häufig krank, obwohl sie glücklich verheiratet ist. 3. Sie wird häufig krank, weil sie viel raucht. 4. Sie wird häufig krank, obwohl sie nicht arbeitet. 5. Sie wird häufig krank, weil sie viel arbeitet.

2) „weil" oder „obwohl"?
2. Theo will einen Dauerlauf am Strand machen, obwohl ein starker Wind weht. 3. Renate will Lehrerin werden, weil sie Kinder gern hat. 4. Erich will Diplomat werden, obwohl er keine Fremdsprachen spricht.

3) Sagen Sie das anders:
2. Obwohl Frau Nieden seit zwei Wochen eine Obst-Diät macht, hat sie noch nicht viel abgenommen. 3. Weil sie gern mit Menschen arbeitet, möchte Anita eine eigene Praxis als Psychologin aufmachen. 4. Da / Weil Onkel Alfred vergessen hat, die Heizung herunterzustellen, ist es nun im Zimmer zu warm. 5. Obwohl die Luft in den Städten immer schlechter wird, ziehen immer mehr Menschen dorthin.

4) Sagen Sie das anders:
2. Der Zug kommt erst in einer halben Stunde. Trotzdem steht Maria schon ungeduldig auf dem Bahnsteig. 3. Die Eltern akzeptierten ihren Berufswunsch nicht. Trotzdem ist Monika Malerin geworden. 4. Als Malerin verdient sie nicht viel Geld. Trotzdem ist sie glücklich in ihrem Beruf.

5) Ergänzen Sie die richtige Konjunktion: „obwohl", „sobald", „dass":
1. sobald 2. obwohl 3. dass 4. obwohl 5. dass

6) Beenden Sie die Sätze:
1. Ich möchte in den Ferien lieber wandern, statt am Strand zu liegen. 2. Ich fahre lieber mit dem Zug in Urlaub, statt im Auto im Stau zu stehen. 3. Wenn ich eine Sprache lerne, höre ich lieber zuerst zu, statt gleich zu sprechen.

68.

1) Wie macht man das am besten?
2. a, 3. d, 4. b

2) Welches Adjektiv passt hier?
2. leise 3. sehr / stark 4. kalt

3) Es geht nicht „ohne dass" und „ohne ... zu"
2. Er reist nie, ohne eine Versicherung abzuschließen.
3. Ich hoffe, der Camping-Urlaub geht vorüber, ohne dass jemand krank wird. 4. Er besuchte den Deutschkurs, ohne ein einziges Mal zu fehlen.

4) Konsequenzen
2. Sie hatte die wichtigsten Daten auswendig gelernt, so dass sie bei der Vorstellung einen guten Eindruck machte. 3. Es regnete tagelang, so dass die Pflanzen sich endlich wieder erholten. 4. Wir wollten gestern Schlittschuh laufen, aber das Eis taute, so dass wir nicht mehr auf den See gehen konnten.

5) Formulieren Sie anders:
2. Silke ist nach Hause gegangen, ohne sich zu verabschieden. 3. Horst ist weggegangen, ohne sein Buch mitzunehmen. 4. Ein Mann in der Straßenbahn hat mir auf den Fuß getreten, ohne sich zu entschuldigen.

6) Wie kann man das auch sagen?
2. Am besten pflegt man seine Blumen, indem man sie regelmäßig gießt. 3. Wir lernen viel über die Welt, indem wir ständig fragen.

7) Diskutieren Sie:
Mögliche Antworten:
Man lernt am besten eine Sprache, indem man viel liest / indem man einen Sprachkurs besucht / indem man in das Land reist / indem man mit Muttersprachlern spricht / ...

69.

1) Was passt?
2. c, 3. a, 4. b

2) Wie kann man das besser ausdrücken?
2. Je weiter die Arbeitslosigkeit steigt, desto verzweifelter sind die Menschen. 3. Je größer die Jugendarbeitslosigkeit ist, desto mehr soziale Programme braucht man. 4. Je mehr Geld die Regierung für die Rüstung ausgibt, desto weniger Geld ist für Bildung übrig.

3) Formulieren Sie:
2. Je kälter es draußen ist, desto gemütlicher ist es drinnen. 3. Je mehr der Junge fernsieht, desto nervöser wird er. 4. Je höher man steigt, desto dünner wird die Luft.

4) Genau so wie erwartet oder anders?
2. schwerer, als 3. früher, als 4. schön, wie
5. anstrengender, als

5) „wie" oder „als"? Ordnen Sie die Sätze zu:
2.e: ... wie du mir gesagt hast. 3.a: ... wie du mir versprochen hast 4.b: ... als wir es uns je vorgestellt haben. 5.d: ..., als wir zuerst befürchtet hatten.

6) Vermutungen
2. ..., als ob er nicht gut hört. 3. ..., als ob das Band schon ausgeleiert ist. 4. ..., als ob du nicht sehr zufrieden bist.

70.

1) Drücken Sie das anders aus:
2. Manche Männer sind es gewohnt, bedient zu werden.
3. Der Lehrer empfiehlt den Studenten, die Vokabeln in ein Extra-Heft zu schreiben.

2) Ergänzen Sie die passenden Ausdrücke:
1.c: barfuß durch das Gras zu laufen. 2.a: hier Platz zu nehmen. 3.b: mit mir in den Speisewagen zu gehen.

3) „zu" + Infinitiv, „dass" oder „ob"?
2. Die Oppositionspartei hat kritisiert, dass die Steuern zu hoch sind. 3. Die Liberalen und die Konservativen haben vorgeschlagen, eine Koalition zu bilden. 4. Der Parteivorsitzende ist nicht sicher, ob er zurücktreten soll.

4) Fehlt hier ein „zu"?
2. Ihre Freundin Renate geht immer ins Hallenbad schwimmen. 3. Der Arzt hat mir verboten, schwere Sachen zu heben. 4. Es hat aufgehört zu regnen.
5) Hast du das schon gemacht?
2. …, die Flugzeiten aufzuschreiben. 3. … sie einzuladen 4. … sie zu füttern.

71.

1) Kombinieren Sie:
2. d, b; 3. e, 4. b, 5. a
2) Ergänzen Sie diese Sätze:
2. …, dass alles klappt? 3. …, dass wir früh aufstehen müssen. 4. …, wie ein Automotor funktioniert. 5. …, dass alle Mitarbeiter die Information erhalten. 6. …, dass er sie vor drei Wochen im Schwimmbad gesehen hat.
3) Bitte antworten Sie:
2. … habe Angst davor, einen Fehler zu machen.
3. … darauf achten, die richtige Präposition zu benutzen.
4. … hör damit auf, mir Vorschriften zu machen.
5. … ärgere mich darüber, dass er mir nie zuhört.
6. … mich dafür bedanken, dass ihr (du) so verständnisvoll seid (bist). 7. … darum bitten, in Zukunft pünktlich zu sein? 8. … diskutieren darüber, ob wir in eine andere Stadt ziehen. 9. … streiten darüber, wer zuerst auf die Schaukel darf.
4) Wie kann man das auch sagen?
2. Sie erzählen, dass sie ihre Freundin besucht haben.
3. Im letzten Moment erinnert Erich sich daran, dass Renate morgen Geburtstag hat. 4. Ich wundere mich immer wieder darüber, dass er schweigt.

72.

1) Lauter Nebensätze? – Ergänzen Sie das fehlende Wort.
2. Während 3. Wenn 4. was 5. deren 6. oder 7. denn 8. damit 9. obwohl
2) Lieber mit der U-Bahn?
1. ob 2. Weil 3. wenn
3) Drücken Sie das anders aus:
2. Vor allem Kinder mit Schwächen im Sprach- und Sozialverhalten werden hier von Theaterpädagogen und Experten gezielt gefördert. / Theaterpädagogen und Experten fördern hier vor allem gezielt Kinder mit Schwächen im Sprach- und Sozialverhalten. 3. Man hat wohltätigen Organisationen Geld gespendet. Das Geld kann man von der Steuer abziehen.
4) Seminar für weibliche Führungskräfte
1. aber 2. zu 3. um 4. zu 5. als 6. was 7. davor 8. zu 9. wenn 10. davor 11. zu 12. was 13. dass 14. dass 15. Wenn 16. zu

73.

1) Ergänzen Sie „werden":
2. worden 3. wurde 4. werdet 5. werden
2) „worden" oder „geworden"?
2. worden 3. geworden 4. worden 5. geworden
3) Formulieren Sie im Passiv:
2. Bei uns wird der Computer nicht viel benutzt. 3. In dem Zeitungsartikel werden viele Einzelheiten verschwiegen. 4. Nach meinem Umzug werden meine Briefe von der Post nachgeschickt. / Meine Briefe werden nach meinem Umzug von der Post nachgeschickt. 5. Einige Werke des Schriftstellers wurden erst nach seinem Tod veröffentlicht.
4) Fragen über Fragen im Passiv
2. Welche Sprachen werden in der Schweiz gesprochen? 3. Wann wurde der Kölner Dom gebaut? 4. Wird in Deutschland viel Baseball gespielt?
5) Was kann oder muss geschehen?
2. Er muss von allen korrigiert werden. 3. Bis wann muss sie bezahlt werden? 4. Kann es überhaupt noch repariert werden? 5. Sie müssen unbedingt noch mitgeteilt werden.
6) Wie wird ein Rührkuchen gemacht?
… dann werden Eier und Zucker dazugegeben, das Ganze wird auf höchster Stufe gemixt. Danach wird eine Prise Salz in die Masse gemischt, Milch wird dazugegeben, das Mehl wird esslöffelweise untergehoben. Zum Schluss wird der Teig in die Form gefüllt und bei heißer Temperatur gebacken. Am besten wird er am nächsten Tag gegessen. / Der Kuchen wird am besten am nächsten Tag gegessen.

74.

1) Endlich mal faulenzen dürfen! Endlich nicht arbeiten müssen!
2. In den Ferien darf endlich mal so richtig gefeiert werden! 3. In den Ferien muss nicht gearbeitet werden! 4. In den Ferien muss nicht so viel organisiert werden!
2) Ich habe dir doch gesagt, dass …
2. Ich habe dir doch gesagt, dass der neue Präsident schon längst gewählt worden ist. 3. Ich habe dir doch gesagt, dass die Einladungen schon längst geschrieben worden sind.
3) Woher soll ich das wissen?
2. Einmal hat er mich gefragt, wohin der Sondermüll gebracht wird. 3. Er wollte auch wissen, warum das Internet so wenig genutzt wird. 4. Er konnte auch überhaupt nicht verstehen, warum auf Autobahnen keine Höchstgeschwindigkeit eingeführt wird.
4) Was ist hier passiert?
2. Die Einbrecher sind von der Polizei auf frischer Tat ertappt worden. 3. Die Schuldigen konnten am Tatort

durch den Mut eines Polizisten festgenommen werden. / Durch den Mut eines Polizisten konnten die Schuldigen am Tatort … 4. Heute wird der Polizist mit einer Medaille für seine mutige Tat ausgezeichnet. / Der Polizist wird heute mit …

5) Wer macht was mit wem?

Mögliche Lösungen:

Der Leser wird von der Autorin manipuliert. – Der Universitätspräsident wird von den Professoren gewählt. – Der Gast wird vom Hoteldetektiv um Unterstützung gebeten. Der Gast wird vom Hoteldetektiv verdächtigt …

75.

1) Sitten und Gebräuche

2. In Deutschland bringt man der Gastgeberin Blumen mit. 3. In den USA lässt man die Bürotüren offen. 4. In Japan fährt man auf der linken Straßenseite. 5. In den Niederlanden fährt man viel mit dem Fahrrad. 6. In Österreich isst man viele Mehlspeisen (= Kuchen, Süßspeisen).

2) Kaum bewohnbar

1. sehen 2. verschließen 3. renovieren 4. machen

3) Das kann man doch (nicht) machen!

2. (Auf dem Foto) ist kaum etwas erkennbar. 3. Diese Partei ist nicht wählbar. 4. Viele gefährliche Krankheiten sind heutzutage heilbar. 5. (Ihre Fortschritte) sind messbar. 6. Ist die Reise denn auch bezahlbar?

4) Auf dem Amt ist nicht alles Passiv

Mögliche Lösungen:

1. An der Pforte hat man mir gesagt, … 2. …, jemand hat mir gesagt, … 3. Nach einer Stunde wurde meine Nummer endlich aufgerufen. 4. …, der Beamte hat mich nicht gerade freundlich behandelt. 5. Am Ende hat man mich dann wieder nach Hause geschickt, … 6. …, dass die Regierung bei uns zu Hause nicht daran denkt, …

76.

1) Ergänzen Sie „sich lassen":

2. lässt sich 3. lässt sich 4. lassen sich

2) Praktisch!

2. Das Auto lässt sich mit einer Fernbedienung abschließen. 3. Die Sitze lassen sich ganz einfach herausnehmen. 4. (Ein Sitz) lässt sich in einen Tisch verwandeln.

3) Strenge Hausordnung

2. (Die Fahrräder) sind in den Keller zu stellen. 3. (Die Treppe) ist einmal in der Woche zu putzen. 4. (Die Haustür) ist immer abzuschließen. 5. (Die Gehwege) sind im Winter von Schnee zu reinigen.

4) Gefühle und Gedanken

2. Manche Gedanken lassen sich nicht leicht aussprechen. / Manche Gedanken sind nicht leicht auszusprechen. 3. Manche Hoffnung lässt sich nicht leicht erfüllen. / Manche Hoffnung ist nicht leicht zu erfüllen. 4. Manche Erfahrung lässt sich nicht leicht vergessen. / Manche Erfahrung ist nicht leicht zu vergessen. 5. Manche Enttäuschungen lassen sich nicht leicht verzeihen. / Manche Enttäuschungen sind nicht leicht zu verzeihen.

5) Was kann man oder muss man tun?

2. Man kann die Bedienungsanleitung nur schwer verstehen. 3. Man muss die Sitzplätze älteren Personen und Behinderten überlassen. 4. Man muss Hunde an der Leine führen. 5. Bei Feueralarm muss man das Gebäude sofort verlassen. 6. Das Gebäude kann man von zwei Seiten betreten.

77.

1) Haben Sie das auch gehört?

2. d, 3. e, 4. c, 5. a

2) Modalverben: „objektiv" oder „subjektiv"?

2. objektiv 3. objektiv 4. subjektiv 5. subjektiv 6. objektiv 7. subjektiv

3) können, müssen, sollen, werden, wollen, mögen

2. soll 3. wirst 4. muss 5. will 6. kann 7. mag / kann 8. soll

4) Drücken Sie die Aussagen mit Modalverben aus:

2. Die beste Reisezeit für Mexiko soll der Frühling sein. 3. Er will meine Warnung nicht gehört haben. 4. Das kann kein Grund für unhöfliches Benehmen sein.

5) Nichts als Vermutungen

2. Sie wird ganz fit sein. 3. Sie werden sich wieder vertragen haben. 4. Es wird (wohl) bald regnen. 5. Es wird hier in der Nähe sein.

78.

1) Was wäre, wenn …?

2. c, 3. a, c, 4. b, c, d

2) Wie würden Sie das sehen?

Mögliche Lösungen: 1.d: Ich hätte nichts dagegen, wenn ich berühmt wäre. 2.b: Es wäre o.k., wenn die Gäste noch eine Weile bei uns blieben. 3.a: Ich würde mich freuen, wenn die ganze Familie mit in den Urlaub fahren würde. 3.b: Ich würde mich freuen, wenn die Gäste noch eine Weile bei uns blieben. 4.c: Ich fände es nicht so gut (Ich würde es nicht so gut finden), wenn ich die ganze Hausarbeit allein machen müsste.

3) Konjunktiv oder nicht?

1. leben würde 2. wäre 3. könnten 4. habe 5. wohnen würde 6. aushelfen würde 7. wüsste 8. sollte 9. habe 10. ginge 11. könnte 12. hätten 13. heiraten würde 14. wäre 15. wüsste

4) Leider ist es nicht immer ideal

2. Wenn wir weniger Müll produzieren würden, würde die Umwelt weniger belastet werden. 3. Wenn ich die Sprache des Urlaubslandes sprechen würde, könnte ich mich mit den Bewohnern besser verständigen.

4. Wenn die Ballettgruppe aus Indonesien in unsere Stadt kommen würde, würde ich hingehen. / ... in unsere Stadt käme, ginge ich hin.

5) Was würden Sie tun, wenn Sie Filmregisseur / Filmregisseurin wären?

Beispiel: Wenn ich Filmregisseurin wäre, würde ich meine Eltern und Geschwister auftreten lassen; ... würde ich auch selbst mitspielen; ... würde ich von meiner ersten großen Liebe erzählen; ... müsste der Darsteller schwarze Haare haben; ... würde ich nur an authentischen Drehorten filmen; ... dürfte der Film nicht länger als 90 Minuten dauern; ... müsste er spannend sein; ... hätte er ein glückliches Ende; ...

79.

1) Zwei Freunde – verschiedene Ansichten

2. Das hätte ich meiner Freundin nie erzählt. 3. Ich an deiner Stelle hätte keine Wohnung in dem neuen Hochhaus gekauft. 4. Tatsächlich? Den Job hätte ich nie angenommen.

2) Autobiografie

2. Am liebsten hätten wir auch mal auf dem Land gelebt. 3. Am liebsten wären wir für ein paar Jahre nach Italien gezogen. 4. Natürlich wären wir auch gern reich gewesen.

3) Was wäre gewesen, wenn ...

2. Wenn sie vor vielen Jahren nicht für ihre Firma im Ausland gewesen wäre, hätte sie Juan nicht kennen gelernt. 3. Wenn der See zugefroren gewesen wäre, hätten wir Schlittschuh laufen können. 4. Wenn die Prinzessin den Frosch nicht geküsst hätte, hätte er sich nicht in einen Prinzen verwandelt.

4) Das wäre gemacht worden

2. Wenn sie besser getanzt hätten, wären sie noch einmal engagiert worden. 3. Wenn die Bürger sich beim Bürgermeister beschwert hätten, wären die Straßen repariert worden. 4. Wenn die Kranke zu Hause geblieben wäre, wäre sie von den Familienangehörigen gepflegt worden.

5) Er tut, als wäre nichts geschehen

2. ... das nicht gewusst hätte. 3. ... er der Chef wäre.
4. ... als hätte er kein Geld.

6) Kennen Sie das?

2. ... (als) hätte man kein Interesse. *Mögliche Lösungen*: 3. ... man tut so, als wäre man sehr mutig. / ... als hätte man keine Angst. 4. ... man tut so, als wäre man zufrieden / glücklich.

80.

1) Sagen Sie das höflicher:

Mögliche Lösungen: 2. Könnten Sie mir bitte helfen? 3. Dürfte ich Sie bitten, einen Moment zu warten? / Wäre es möglich, einen Moment zu warten? 4. Könnten Sie mir sagen, wann der Zug aus Köln ankommt?

2) Höfliche Fragen und Bitten an einen Freund

Beispiele: Könntest du mir vielleicht mal dein Auto leihen? – Würdest du bitte mal das Handy ausschalten? – Könntest du bitte mal das Radio leiser machen.

3) Im Restaurant – Geht es auch höflicher?

2. Was können Sie empfehlen? 3. Ich würde Steak mit Salat empfehlen. 4. Gut. Könnten Sie mir bitte ein Mineralwasser bringen?

4) Einladung bei einer Kollegin

2. Dürfte ich mal das Telefon benutzen? 3. Könnten Sie die Frage wiederholen? 4. Könnten Sie mir erklären, wie ich zur Autobahn komme?

5) Ratschläge für eine Reise nach Lateinamerika

Beispiele: 1. Zuerst würde ich einen Spanischkurs machen. / ... einen guten Reiseführer kaufen. 2. An deiner Stelle würde ich im World Wide Web nachsehen. 3. Auf jeden Fall solltest du dich erkundigen, ob eine Malaria-Impfung nötig ist. 4. Wenn ich du wäre, würde ich Reiseschecks mitnehmen. / ... das Geld erst dort wechseln.

6) Zwei Briefe – einmal an eine Freundin, einmal an einen Kollegen

Mögliche Lösung: Lieber Herr Fichte, ... Könnten Sie mir bitte einen Gefallen tun? Ich brauche ein deutsches Lehrwerk und kann es hier nicht bekommen. Könnten Sie mal nachsehen, ob die Universitäts-Buchhandlung es auf Lager hat? Und wäre es möglich, dass Sie es mir schicken? Das wäre sehr nett von Ihnen! Ich würde Ihnen natürlich die Unkosten ersetzen. Könnten Sie mir bitte so schnell wie möglich per E-Mail antworten?

81.

1) Wünsche

2. Könnte ich doch Chinesisch sprechen! 3. Wenn ich nur mehr Zeit für meine Hobbys hätte! 4. Wenn mich doch mein Freund anrufen würde!

2) Das wäre gut gewesen

2. Wenn du es mir nur rechtzeitig gesagt hättest! 3. Wenn Ben doch auf seine Eltern gehört hätte! 4. Wenn wir das doch gewusst hätten!

3) Ein verpatzter Urlaub

Frau Unger denkt: ... (2) Und wenn wir uns nur vorher über Sitten und Bräuche informiert hätten. (3) Wenn wir doch Reiseschecks mit hätten (4) und auch die Landkarte eingesteckt hätten. (5) Wenn wir doch etwas über das Klima gewusst (hätten) und genug warme Kleidung dabei hätten.

4) Was hätten Sie besser machen können?
Mögliche Lösungen: 2.Wenn wir doch in ein anderes Restaurant gegangen wären! 3. Wenn ich mich doch an die Vokabeln erinnern könnte. / Wenn ich doch die Vokabeln besser gelernt hätte!

5) Gloria ist vorsichtig
2. Ja, es könnte (müsste) um 7 Uhr fertig sein. 3. So wie es aussieht, müsste es ein schönes Fest werden.

6) So wäre das Leben leichter!
Beispiele: Wenn ich doch mehr Zeit für meine Kinder hätte! Dann könnten wir öfters zusammen einkaufen oder ins Kino gehen. – Wenn ich doch ein Auto hätte! Dann könnte ich am Wochenende ins Grüne fahren. – Wenn ich doch den Beruf wechseln könnte! Dann müsste ich nicht ständig vor dem Computer sitzen. – Wenn ich doch nettere Kollegen hätte! Dann könnten wir uns auch einmal am Wochenende treffen. Wenn …

82.

1) Wie kann man diese Sätze anders formulieren?
2. Er erklärte uns, dass das Buch schon lange vergriffen sei. 3. Er glaube auch nicht, dass der Verlag an eine Neuauflage denke.

2) Sie hat Zeit
1. *Rolf*: Hast du heute Nachmittag Zeit?
2. Rosa: Ich bin gerade mit dem Artikel für die Sonntagszeitung fertig.
3. *Rolf*: Kannst du zum Kaffeetrinken zu mir kommen?
4. *Rosa*: Ich komme gern. Was soll ich dir denn mitbringen?
5. *Rolf*: Das ist nicht nötig. Ich habe nämlich selbst einen Kuchen gebacken. Den können wir ja essen.
6. *Rosa*: Ich freue mich sehr auf dich. Wir sehen uns also gleich!

3) Drücken Sie die direkte Rede in indirekter Rede aus:
2. *Der Zeitungsbericht*: (Ein Abgeordneter meldete sich zu Wort und forderte,) die Umwelt müsse uns wichtiger sein als der wirtschaftliche Gewinn. Deshalb dürften die Bäume im Park nicht gefällt werden.

4) Ein Interview
(Auf unsere Frage, ob sie sich über den Preis freue, antwortete sie, dass sie sich natürlich) darüber freue. Nach so viel Training und Spannung sei das eine schöne Belohnung. Wir fragten sie, was denn das Wichtigste am Eiskunstlaufen sei. Sie meinte, das Wichtigste sei, dass man jeden Tag mehrere Stunden lang trainiert. Auch auf die Diät müsse man sehr achten. Wenn sie zu viel wiegen würde, könnte sie nicht mehr so gut springen. Auf unsere Frage, wie viele Stunden am Tag sie denn trainieren würde, antwortete sie, dass zuerst die Gymnastik käme, die sie in der Gruppe machen würden. Danach würden sie noch mal vier bis fünf Stunden aufs Eis gehen, vor einem Wettkampf sogar länger. Wir wollten wissen, ob ihre Familie erleichtert sei, dass das ganz intensive Training erst mal vorbei sei. Das bejahte sie. Besonders ihre kleine Tochter sei froh, dass sie wieder mehr mit ihr spielen könne.

83.

1) Heide erzählt
1. sei 2. sei 3. habe 4. können 5. habe 6. unterstütze 7. seien 8. hätten

2) Konjunktiv II in der indirekten Rede?
2. Sie erzählten, die Affen seien direkt an die Tische der Gäste gekommen und <u>hätten</u> um Futter gebettelt. (Grund: haben → hätten, da Konjunktiv I gleich ist wie Indikativ.)
3. Obwohl besonders Erika am Anfang etwas Angst gehabt habe, <u>hätten</u> sie sich am dritten Tag dann schon an die ungewohnten Gäste gewöhnt.
(Grund: haben → hätten, da Konjunktiv I gleich ist wie Indikativ.)

3) Was haben sie gesagt?
2. Heinz versprach seiner Mutter: „Ich werde noch heute die Bewerbung an die Firma schicken." 3. Die Gäste sagten: „Wir müssen jetzt gehen, weil unsere Kinder zu Hause allein sind. Wir werden aber morgen gern wieder kommen."

4) Drücken Sie die direkte Rede in indirekter Rede aus:
2. Bernd erklärte, er <u>habe</u> sich das einfach nicht erklären können. 3. Ute erzählt, sie <u>habe</u> eine Fachschule für Erzieherinnen besucht. Im letzten Jahr <u>hätten</u> alle ein zweimonatiges Praktikum machen müssen. Nun <u>werde</u> sie wahrscheinlich erst mal in einem Kindergarten arbeiten.

5) Wann haben sie was gesagt?
1.b: …, es tue ihm Leid, aber er habe kein Kleingeld dabei. 2.a: …, dass sie das schon immer gewusst habe. 2.b: …, dass sie das schon immer gewusst habe.

84.

1) Vorlieben
1. mag 2. Mögen, mag 3. mögt, mögen

2) „mögen" oder „möchte"?
2. mögen 3. möchten 4. mag 5. möchtest

3) Ergänzen Sie „kennen":
1. kenne 2. kennst 3. kennt 4. kennen gelernt

4) Wissen Sie, …?
2. Wissen Sie, wo ich Fahrkarten kaufen kann? 3. Wissen Sie, wie viel ein Brief nach Japan kostet? 4. Wissen Sie, wer hier verantwortlich ist?

5) „kennen" oder „wissen"?
1. weiß 2. kennen 3. wissen

6) Formulieren Sie mit „lassen":
2. Lass das Kind doch Schokolade essen! 2. Ich lasse den Schlüssel hier. 3. Ich lasse die Kinder aufräumen. 5. Diese Frage lässt sich schnell klären.

85.

1) Signal oder kein Signal?
Seit gestern steht ein Mann vor unserem Haus und beobachtet die Straße. Er sieht allen Leuten nach, die das Haus verlassen oder hineingehen. Habe ich diesen Mann nicht schon mal gesehen? Ich finde die Sache langsam unheimlich. Vielleicht ist es irgendein Krimineller? Oder ein Geheimagent? Ich glaube, ich spreche mal mit meinem Nachbarn – vielleicht weiß er, was für ein Mann das ist und was er vor unserer Tür will.

2) Ergänzen Sie die Endungen:
1. was für ein Problem, irgendein Problem 2. manchen Leuten, was für eine Lösung 3. was für ein Hut, zu diesem Mantel, was für einen Schal, Bei jeder Entscheidung, irgendwelche Dinge, aus diesen Läden 4. Dieses Luxusauto, der Traum aller Manager, unsere Erfahrung, unser Können, für Ihr Vergnügen

3) Was für ein Waschmittel?
2. Welches, den 3. was für, – 4. welcher, Der

4) Psychologische Beratung
1. keinen 2. welchen 3. dieses 4. Jedes 5. was für ein 6. irgendwelche

86.

1) Die gute, alte Zeit
Beispiele: 2. Das süße, kleine Kind 3. Der strenge, alte, nette Herr 4. Die schönen, blauen, fröhlichen Augen 5. Der dynamische, junge, nette, fröhliche, strenge Chef 6. Die fröhliche, junge, schöne Mutter 7. Die schlechten, guten Nachrichten 8. Das schwere Examen

2) Ich freue mich schon sehr darauf!
2. ... den schönen langen Strand. 3. ... immer wieder an den weiten Himmel. 4. Ich freue mich auf das gute Essen. 5. Ich freue mich auf die saubere Luft.

3) Ich arbeite nur mit dem neuen Computer!
2. dem teuren Frisör in der Milchstraße. 3. die billigen Lebensmittel 4. den eleganten Hut 5. der vollen U-Bahn

4) Das Geheimnis der alten Frau
Mögliche Lösungen: 2. Die Tränen des kleinen Mädchens / der jungen Eltern 3. Das tragische Schicksal der jungen Familie / des kleinen Mädchens 4. Der Stolz der erfolgreichen Forscher / der jungen Eltern 5. Das Pech des gefährlichen Verbrechers / der erfolgreichen Forscher 6. Das Glück der jungen Eltern / des erfolgreichen Forschers

5) Büroregeln!
2. den grauen Schrank 3. die schöne Pflanze 4. das neue Kopiergerät 5. dem großen und dem kleinen Schlüssel

87.

1) Unterstreichen Sie die Signal – Endungen:
Warum erzählte er jedes Mal eine andere Geschichte? Das war kein gutes Zeichen. Vielleicht hatte er ein schlechtes Gewissen? Oder er hatte ein ernstes Problem? Gab es ein persönliches Geheimnis? Zuerst fühlte sie großes Mitleid mit ihm, als er da so hilflos stand. Aber auch vorsichtige Fragen halfen nichts: Er blieb bei seiner Geschichte. In großer Wut fragte sie ihn schließlich ganz direkt ...

2) Assoziationen
Zum Beispiel:

USA:	wirtschaftliche Macht, politische Macht, gutes Essen / schlechtes Essen, ...
Brasilien:	tropische Wälder, tropisches Klima, grüne Wälder, gutes Essen, große Armut, schöne Kultur, ...
Deutschland:	alte Kultur, schöne Schlösser, wirtschaftliche Macht, gutes Essen / schlechtes Essen (?), gutes Klima, grüne Wälder, kalte Winter, ...
Russland:	Große Energiereserven, politische Macht, kalte Winter, alte Kultur, schöne Kirchen, ...

3) Ergänzen Sie:
1. schlechtem 2. starken Kaffee 3. langer Mühe

4) Entwicklungen
2. Der einsame Rentner, ein glücklicher Millionär. 3. Das alte Gebäude, ein gutes Hotel. 4. Das kleine Dorf, eine große Stadt

5) Kompetente Mitarbeiter!
1. guter Qualifikation 2. großem Fleiß 3. positiver Einstellung

88.

1) Aber das ist doch schon gemacht!
2. Aber die Küche ist doch schon aufgeräumt! 3. Aber die Korrespondenz ist doch schon erledigt! 4. Aber das Auto ist doch schon gewaschen!

2) Der Vogel flog durch das geöffnete Fenster herein
1. gedeckten 2. erstreckten 3. geputzte 4. gewaschene 5. geschlossene

3) Schreckensvisionen
Beispiele: tropfende Wasserhähne, ein brüllender Chef, überkochende Milch, strömender Regen, ein bellender Hund

4) Idylle
grasende Kühe, eine strahlende Sonne, singende Vögel, ein plätschernder Bach, blühende Wiesen

5) Momentaufnahme
Lösung a: (Partizip beim Verb ohne Endung)
Ein Motorrad fuhr knatternd vorbei, eine Frau schrie aufgeregt aus einem Fenster im Nachbarhaus. Ein Flugzeug flog donnernd über sie hinweg. Ein Hund lief

bellend hinter einem anderen Hund her. Sie blickten sich erschöpft an: Es gab nichts mehr zu sagen!
Lösung b: (Partizip als Adjektiv)
Ein knatterndes Motorrad fuhr vorbei, eine aufgeregte Frau schrie aus einem Fenster im Nachbarhaus. Ein donnerndes Flugzeug flog über sie hinweg. Ein bellender Hund lief hinter einem anderen Hund her. Erschöpft blickten sie sich an: Es gab nichts mehr zu sagen.

6) Sprichwörter
Die Sprichwörter heißen:
1. Schlafende Hunde soll man nicht wecken! 2. Aufgeschoben ist nicht aufgehoben. 3. Frisch gewagt ist halb gewonnen! 4. Die Ratten verlassen das sinkende Schiff.
Bedeutung: 2.a, 3.b, 4.c

89.

1) Der Fremde
1. fremd 2. besonders 3. groß 4. weiß 5. scharf 6. reisend 7. komisch

2) Weisheiten
1. Fleißigen 2. Armen, Reichen 3. Fremder 4. Gutes, Schlechtes. 5. Reisende

3) Nur Superlative ...
2. Wichtigste 3. Schlimmste 4. Beste

4) Sehr geehrter Vorsitzender ...
1. Angestellten 2. Beamten 3. Arbeitsloser 4. Kranken 5. Alten 6. Verheirateten 7. Alleinerziehende 8. Alleinerziehender 9. Jugendlichen

90.

1) Prima Party
Mögliche Lösungen: Die Leute waren alle sehr nett, die Musik hat mir ganz besonders gut gefallen, und das Essen war recht lecker. Klar, dass ich ziemlich gute Laune hatte! Und – ich hab' auch eine sehr sympathische Frau kennen gelernt. Wir haben uns sehr lange unterhalten. Vielleicht ruft sie bald an? Am Ende vom Fest waren alle ziemlich müde – ich wäre auf dem Heimweg fast in der U-Bahn eingeschlafen.

2) Enttäuschungen
2. Ich hatte die Präsentation sehr gut vorbereitet – aber das Interesse war nur schwach. 3. Der neue Kollege ist ganz nett – manchmal aber auch etwas stressig.
4. Wenn fremde Leute zu Besuch kommen, sind unsere Kinder immer ziemlich schüchtern.

3) Nur hier kann man sich richtig entspannen
2. Hier entwickeln Sie endlich wieder Lebensfreude – sogar Pessimisten sehen die Zukunft wieder positiver.
3. Die Inselbewohner freuen sich auf Sie – nur bei uns können Sie solche Gastfreundschaft finden. 4. Der Strand ist nicht die einzige Attraktion – auch die Hügel mit ihren tropischen Wäldern sind ein wahres Paradies.

91.

1) Kollegen und Kolleginnen
1. einer 2. einer 3. Eine 4. eine 5. eine 6. einem 7. einen

2) der, das, die
2. die – denen 3. Der 4. dem

3) Annehmen oder ablehnen?
1. keines 2. ich nehme gerne noch eine – keine
3. welche – keine 4. einen – keinen

4) Geheimnisse
1. keinem 2. keinem 3. keinen 4. keines 5. keiner

92.

1) Was passt?
2. a, 3. f, 4. d, 5.c, 6.e

2) Unentschlossen
2. welcher 3. was für eine 4. welches 5. Welchen

3) Was für einer / welcher?
2. ein – In was für eines denn? 3. seinem – Mit welchem denn? 4. ein – Was für eines denn?

4) Dieser hier?
2. diesen 3. der

5) Bezüge
2. Sie kamen an eine Kreuzung. Ein Weg ging in den Wald, der andere führte zurück in die Stadt. (Auf diesem ging sie weiter.) 3. Er traf Frau März und Frau Pollack jeden Tag auf dem Weg zur Arbeit. (Mit dieser verstand er sich recht gut, jene war ihm unsympathisch.)

93.

1) Nein, das ist meins!
2. meiner 3. meine 4. meine

2) Ist das Ihrer?
1. meiner 2. deiner 3. Ihrem 4. eurer

3) Veränderungen
1. alles 2. viele 3. einiges 4. manche

4) Geheimnisse
1. jedem alles 2. alles, jeder

5) Immer dasselbe!
2. denselben 3. dieselben 4. denselben

6) Ein schöner Tag
2. Im Büro verstehe ich mich mit jedem gut. 3. Auf dem Heimweg könnte ich jeden umarmen. 4. – deshalb habe ich jeder ein Geschenk mitgebracht.

94.

1) Träume
2. jemand(en) 3. jemand(em) 4. jemand(em) 5. jemand(em) 6. jemand(em)

2) Großzügigkeit
2. Man, einem, man 3. Man, einen

3) Sehnsucht und Einsamkeit
Man fühlt sich einsam, weil man niemand(en) hat und weil niemand einen versteht ./ 1) und weil einen niemand versteht. So sucht man verzweifelt jemand(en), der einen endlich glücklich macht.

4) Ich mag Menschen, die ...
2. Ich mag Menschen, die sehr direkt mit einem sind. 3. ..., die schnell Vertrauen zu einem haben. 4. ..., die einen auch mal kritisieren. 5. ..., die sich für einen interessieren. 6. ..., die einen ernst nehmen. 7. ..., die einem zuhören. 8. ..., die einem in die Augen schauen.

5) Etwas Lustiges
Mögliche Lösungen:
Stell dir vor, gestern ist mir etwas Tolles passiert: Ich habe eine Gehaltserhöhung bekommen. – Stell dir vor, gestern ist mir etwas Dummes passiert: Ich habe den Bus verpasst. – Stell dir vor, gestern ist mir etwas Eigenartiges passiert: Ich bin von einem Unbekannten umarmt worden. – Stell dir vor, gestern ist mir etwas Angenehmes passiert: Ich bin zum Essen eingeladen worden. – Stell dir vor, gestern ist mir etwas Peinliches passiert: Ich habe der Chefin eine private E-Mail geschickt.

95.

1) Feste Feiertage
2. der sechste Januar 3. der erste Mai 4. der dritte Oktober 5. der fünfundzwanzigste Dezember 6. Der sechsundzwanzigste Dezember

2) Setzen Sie die Ordinalzahlen ein:
2. dritten 3. vierten 4. elfte 5. zwanzigsten 6. neunzehnten

3) Terminsorgen
1. mit dem fünfzehnten Elften 2. der fünfzehnte Elfte 3. mit dem dreiundzwanzigsten 4. am dreißigsten 5. der dreißigste Elfte

4) Ungeduldig
2. zweitens 3. drittens 4. viertens

5) Lauter Sieger!
1. Zweiter 2. Erste 3. Dritte 4. Zehnte

96.

1) Woraus bestehen die Substantive?
2. der Freund + - in 3. lös(en) + -e 4. klar+ -heit 5. der Bürger + -tum 6. der Wald + -chen 7. wahrscheinlich + - keit 8. wähle(en) + -er 9. machen(en) + -t 10. der Pfleger + -in

2) Welches Genus?
1. *Feminine Substantive*: die Renovierung, die Wählerschaft, die Gesundheit, die Chefin, die Schrift, die Höflichkeit, die Bewegung, die Rede 2. Maskuline Substantive: der Maler, der Mixer, der Boxer 3. Neutrale Substantive: das Künstlertum, das Bächlein, das Flüsschen

3) Was fehlt in der Reihe?
2. die Lehre, lehren 3. der Fahrer, fahren 4. der Schreiber 5. der Künstler 6. der Sport, die Sportlerin 7. der Wissenschaftler, die Wissenschaftlerin 8. Italien, die Italienerin

4) Jemand, der ...
2. ein Zuhörer 3. ein Leser 4. ein Besucher 5. ein Dichter 6. ein Berater

5) Ein Gerät, mit dem man ...
2. ein Schalter 3. ein Geschirrspüler 4. ein Schraubenzieher

6) Bei den Zwergen
Die Zwerge saßen auf kleinen Stühlchen an kleinen Tischchen, sie aßen von kleinen Tellerchen und benutzten kleine Messerchen und Löffelchen. In den Zimmerchen sah es ähnlich aus: Dort standen kleine Bettchen, man schaute in kleine Spiegelchen und setzte sich auf kleine Sesselchen.

97.

1) Woraus bestehen die Substantive?
2. das Leder + der Sessel 3. fahr(en) + die Bahn 4. der Pass + das Foto 5. der Fußball + der Spieler 6. das Auge + n + die Ärztin 7. rot + das Licht 8. die Küche + die Uhr 9. häng(en) + der Schrank 10. die Jugend + die Arbeitslosigkeit

2) Alle möglichen Geschichten
Beispiele: Kriminalroman, Katzengeschichten, Reiseroman, Abenteuerfilm, Spionagefilm, Internatsgeschichten, Pferdegeschichten, ...

3) Dinge und Zeiten
Beispiele: der Badeurlaub, der Sommerurlaub, das Sommergewitter, die Sommerzeit, der Schiurlaub, der Mittagsschlaf, die Mittagszeit, der Winterurlaub, der Kurzurlaub, die Kurznachrichten, das Wochenende, der Schönheitsschlaf, ...

4) Verb + Substantiv
2. ein Zimmer, in dem man wohnt 3. ein Becken, an dem man sich wäscht 4. eine Stunde, die man mit Schwimmen verbringt / eine Unterrichtsstunde, in der man schwimmen lernt 5. ein Tisch, an dem man isst 6. ein Platz zum Spielen

5) Ordnen Sie nach der Bedeutung:
wofür / für wen?: Heizöl, Sportplatz, Wartezimmer, Duschcreme
wo / wohin?: Bergtour, Waldweg
wann?: Abendspaziergang
von wem?: Dichterlesung, Kanzlerrede
woraus?: Vollkornbrot
worüber?: Umweltdiskussion
funktioniert mit?: Kohleofen

98.

1) Landschaft und Wetter
2. eine baumlose Landschaft 3. eine hügelige Gegend 4. ein sonniger Tag 5. eine sternlose Nacht

2) Zugehörigkeit
2. (die Ideologie des) Sozialismus 3. das Zeitalter Europas 4. eine philosophische Theorie 5. theologische Fragen

3) Woher kommen die Adjektive?
2. der Feind + -lich 3. die Orientierung + -los 4. jetzt + - ig 5. der Laie + -haft 6. der Fachmann + -isch 7. der Morg(en) + -ig 8. der Mensch + -lich

4) Was passt?
Beispiele: sich kindisch verhalten, sprachlos dastehen, verständlich sprechen / schreiben, verantwortlich handeln, indisch kochen, sich verantwortlich verhalten, freundlich reagieren

5) Hoffnungslos?
2. skrupellos 3. ideenlos 4. mutlos 5. rücksichtslos

99.

1) Was passt?
2.h: glasklar 3.a: hellwach 4.e: kerngesund 5.c: eisenhart 6.d: schneeweiß 7.f: kinderleicht 8.g: todtraurig

3) Das Land der Superlative
1. blitzgescheit 2. eiskalten 3. pechschwarz 4. schneeweißen 5. blitzschnell

4) Bilden Sie Adjektive:
2. Dies ist ein fettarmer Käse. 3. Dies ist ein fehlerloser Text. 4. Dies ist eine fantasievolle Dichterin. 5. Dieser Patient ist (jetzt) schmerzfrei.

5) Umwelt und Gesundheit
1. schadstoffbelasteten 2. umweltschonende 3. kalorienreduzierte 4. computergesteuerten

6) Schlechtes Zeugnis
Herr Wieser ist ein sehr unordentlicher, unhöflicher und unangenehmer Mensch. Er hat ein unsicheres Auftreten und ist äußerst unkooperativ. Mit allen technischen Dingen geht er sehr ungeschickt und unvorsichtig um. Er arbeitet unselbstständig und kompliziert. / Seine Arbeitsweise ist unselbstständig und kompliziert. / Er ist unselbstständig und kompliziert.

Die Zahlen beziehen sich auf die Kapitel.